5판 개정증보판

자기이해를 통한 마음과 마음 나누기
사티어 빙산의사소통

5판 개정증보판

자기이해를 통한 마음과 마음 나누기
사티어 빙산의사소통

copyright ⓒ 2012 김영애가족치료연구소

초판 1쇄 인쇄　2008년 12월　1일
5판 1쇄 발행　2023년 10월 23일

지 은 이　김영애
펴 낸 이　김영애

펴 낸 곳　김영애가족치료연구소
등　　록　제2-541호
주　　소　서울특별시 용산구 서빙고로 67 용산파크파워 103동 502호
전　　화　02-793-6150 / 팩스 02-793-6151
홈페이지　www.familycounseling.co.kr

ISBN : 978-89-91567-25-2 (03180)

본 저작물은 저작권법에 따라 등록되었으며, 저작권법 및 국제협약에 따라 보호를 받습니다.
이 책의 전체 또는 일부, 그림이나 도표를 변조, 복사하거나 배포 또는 전송하는 등의
무단이용 행위를 엄격히 금합니다.

저작권등록 제-2010-0100193호

김영애가족치료연구소 소속 의사소통 훈련강사 이외에는 이 책의 내용을 근거로 한 어떤 형태의 강의나 워크숍을 진행할 수 없습니다. 만일 연구소 강사 이외의 사람이 훈련과정을 진행할 경우에는 법적 제재를 받을 수 있습니다.

5판 개정증보판

자기이해를 통한 마음과 마음 나누기

사티어 빙산의사소통

김영애 지음

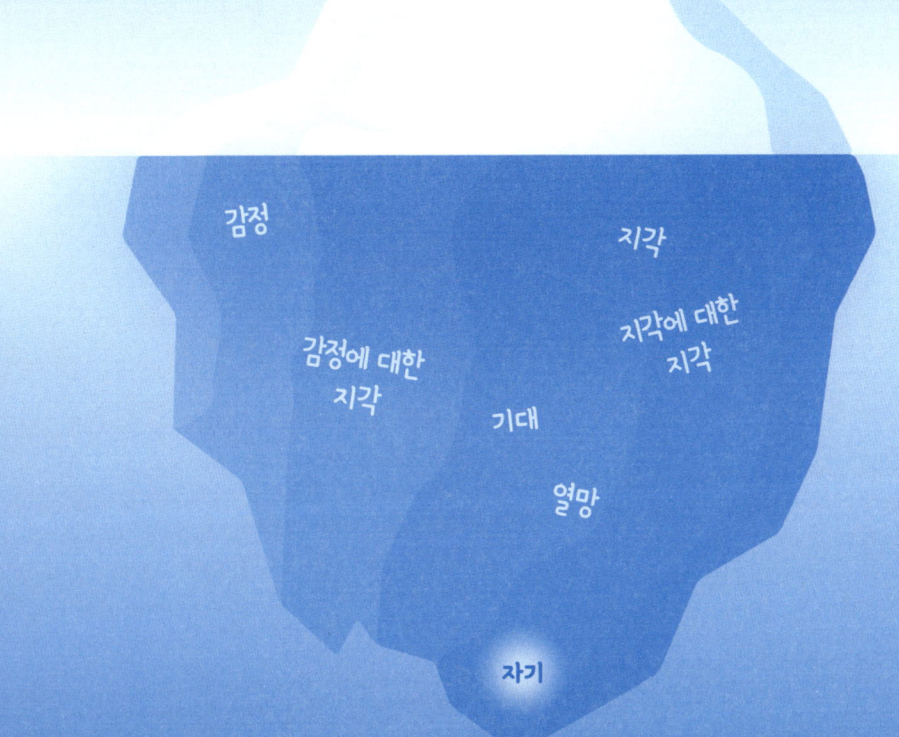

머리말

우리는 듣지만 듣지 않고, 말하지만 말하지 않는다.
우리는 듣고 싶은 것만 듣고, 말하고 싶은 것만 말한다.
아마 우리는 우리 안에 갇혀있는지도 모른다.

나의 영혼 깊숙한 곳에서 사랑과 기쁨, 슬픔과 외로움, 또 고통과 만날 때 타인의 영혼 깊숙한 곳에 있는 사랑과 기쁨, 슬픔과 외로움, 또 고통과 만날 수 있다.

영혼과 영혼, 마음과 마음이 와닿는 말을 할 수 있는 사람은 행복한 사람이다.

이 책은 고통스러운 삶의 이야기이며, 마음과 마음이 통할 수 있는 소통에 대한 이야기이고, 사랑하는 사람들과 연결될 수 있는 길에 대한 이야기다.

나의 인생길에서 만난 모든 이들에게 감사하며
2023년 10월에
김 영 애

차례

 1부 빙산의사소통을 위한 인간 이해

1장 우리는 의사소통을 어떻게 배우는가? • 11
의사소통 방식은 사회로부터 배운다
의사소통 방식은 가족으로부터 배운다
의사소통 방식은 가족으로부터 배운 인간관계방식이다

2장 의사소통과 성격 차이 • 24
사람들의 성격은 왜 다른가?
사람들의 성격 차이가 의사소통에 영향을 주는가?
남녀의 생물학적 차이가 의사소통에 영향을 주는가?
남녀의 심리적 차이가 의사소통에 영향을 주는가?

3장 의사소통을 위한 인간 이해 • 47
인간은 신체에 거한다
인간은 살아있는 한 행동(의사소통)한다
인간은 감정을 느끼는 존재다
인간은 생각하는 존재다
인간은 기대를 충족시키고자 한다
인간은 기대를 채우면서 열망을 충족시킨다
인간의 중심은 자기(중심-나)다

4장 의사소통과 자존감 • 73
자존감이란?
자존감 형성에 영향을 끼치는 부모의 자존감
자존감 형성에 영향을 끼치는 생애 초기 경험
자존감 형성에 영향을 끼치는 가족생활

5장 일치적 의사소통과 비일치적 의사소통 • 107
일치적 의사소통이란?
비일치적 의사소통이란?

6장 의사소통과 가족규칙 • 130
가족규칙이란?
가족규칙이 영향을 끼치는 삶의 영역
부적절한 가족규칙의 변화

7장 의사소통과 인간관계 경계선 • 151
인간관계 경계선이란?
경계선의 종류

8장 자기중심적인 사람들에 대한 이해 • 164
  자기중심적인 사람과의 의사소통
  자기중심적인 사람의 가짜자기: 우월자기와 열등자기
  자기중심적인 부모의 자녀에 대한 태도
  자기중심적인 사람들의 배우자와의 만남
  자기중심적인 부부의 관계 역동

9장 용서하기와 수용하기 • 195
  용서하기
  수용하기

2부 빙산의사소통 방법

10장 의사소통 과정과 걸림돌 • 211
  의사소통 과정
  의사소통 걸림돌

11장 의사소통 듣기·말하기·공감하기 • 226
  상대방의 언어적 표현 듣기
  상대방의 신체적 표현 읽기
  상대방의 말을 정확하게 듣고 말하기
  상대방의 말에 공감하기

12장 사티어의 빙산의사소통 • 242
  빙산의사소통 말하기 6단계

13장 분노 해결을 위한 의사소통 • 276
  분노는 자기보호 감정이다
  분노의 왜곡된 지각체계
  분노 해결을 위한 대안
  분노 폭발을 막기 위한 훈련

14장 갈등 해결을 위한 의사소통 • 295
  갈등 해결을 위한 태도
  갈등 해결을 위한 협상 단계
  부부갈등을 협상할 수 없을 때 사용할 수 있는 방법
  상대방의 기대를 충족시켜주기
  협상을 거부해야 하는 경우
  자신과 협상하기

참고문헌 • 320

1부

빙산의사소통을 위한 인간 이해

1장

우리는 의사소통을 어떻게 배우는가?

의사소통 방식은 사회로부터 배운다
의사소통 방식은 가족으로부터 배운다
의사소통 방식은 가족으로부터 배운 인간관계방식이다

아주 오래전 유학 시절의 이야기다. 나는 영어 실력도 부족한 상태에서 상담 훈련을 받고 있었다. 내가 속해있던 센터는 저소득층을 위한 무료 상담센터였기 때문에 다양한 문화권의 내담자들이 찾아왔다. 한번은 멕시코계 미국인 학교 직원이 상담을 신청하였다. 내담자의 고민은 딸과의 갈등이었다. 가족중심의 멕시코 사회와 우리 사회에서 흔히 볼 수 있는 딸에 대한 어머니의 간섭에서 발생한 문제였다. 그래서였는지 딸에 대한 그녀의 마음이 나는 그냥 이해가 되었다. 그 상담 이후 그녀가 입소문을 내준 덕분에 초보 상담사였던 내가 갑자기 교내 최고 상담사가 되어버렸다. 상대방이 속한 사회문화적 배경을 이해하는 것이 서로를 이해하는 데 얼마나 중요한지를 깨닫게 해준 경험이었다.

40대 이혼한 백인 여성이 상담을 왔었다. 그녀는 동거하던 남자가 갑자기 다른 여자를 사랑하게 되었다고 떠나버려 우울증을 앓고 있었다. 그 내담자는 상담이 종결되자 그동안 고마웠다며 직접 만든 선물까지 주었다. 영어를 제대로 알아듣지도 못하던 나에게 그 내담자는 왜 고마움을 느꼈을까? 나는 진심으로 같이 마음 아파하면서 그냥 열심히 들어주었을 뿐이었다. 이 경험은 표현되는 말보다 마음과 마음이 통하는 공감이 매우 중요하다는 사실을 깨닫게 해주었다.

프라하에서 온 정신과 의사와 워크숍에서 한 팀으로 훈련을 받게 되었다. 그런데 그녀는 영어를 나보다도 못했다. 한참 생각하다 내뱉는 말은 단어 하나뿐이었다. "감정feeling!!" 지금 느끼는 감정은 무엇이냐는 질문이었다. 그 말을 들은 미국인 교사는 생각에 잠겼다가 스스로 깨달은 것을 술술 이야기하였다. 또 정신과 의사가 "생각thinking!!" 하고 외치면 또 자기 생각을 말하였다. 그렇게 상담이 진행되었다. 상담 연습이 끝나자 미국인 교사는 프라하 정신과 의사에게 진심으로 감사를 표했다. 마음과 마음이 통하는 대화를 하는 데 많은 말을 할 필요가 없다는 것을 보여준 사례다. 상대방 마음의 핵심을 짚어주면 스스로 혼란에서 벗어나 답을 찾는다.

사람은 말을 어떻게 배울까? 어린아이가 말을 배우는 과정은 말하는 사람과 눈을 맞추고 아기들의 옹아리에 주위 사람들이 반응하면서 시작된다. 아기의 '음마', '마마'라는 소리에 엄마가 '엄마' 혹은 '마더'라는 말을 반복해서 들려주고, 아기는 엄마의 말을 따라 하면서 말을 배운다. 이 과정에서 단순히 말만 배우는 것이 아니라 그 말에 배어있는 그 사회의 모든 것, 즉 언어,

문화, 그리고 정신ethos까지 자연스럽게 받아들인다. 그러면서 점차 그 사회의 일원이 된다.

의사소통 방식은 사회로부터 배운다

한국 사회의 기본 단위는 가족이다. 나보다는 가족이 더 중요하기 때문에 가족의 이익이나 명예를 지키려 한다. 목소리를 높여 싸우다가 상황이 불리하다고 판단되면 "너 몇 살이야? 넌 부모도 없니? 부모가 그렇게 가르쳤니?"라고 느닷없이 상대의 가족을 들추면서 비난하는 경우를 본 적이 있을 것이다. 여기에는 순간적으로 상대방의 가족에 대한 수치심을 불러일으켜 기를 꺾으려는 의도가 숨어있다. 아이를 혼낼 때도 서구 사회에서는 아이를 방에 가두어 자유를 제한하는 반면에, 우리는 아이를 가족과 떼어내 집 밖으로 쫓아내는 것이 큰 벌이다.

개인은 가족에게 충성하고, 가족은 개인을 보호한다. 가족 구성원이 외부로부터 공격을 당하면 법과 정의보다 가족의 안전과 이익이 우선한다. 그리고 개인은 스스로를 가족과 동일시한다. 가족중심 사회는 가족의 연장선에서 수많은 유사 가족 집단을 만든다. 집단에 충성하면서 소속감과 안전감을 보상으로 받는다. 개인의 의견을 주장하기보다는 자기가 속한 집단의 이익과 소신을 따르려고 한다. 내가 속한 집단의 이익이 전체 공동체의 이익보다 먼저다. 집단에 대한 확대된 소속감은 외국으로 이민 간 사람들에게도 적용된다. 과거 미국 버지니아대학교에서 일어났던 총기 난사 사건에 대해 미국 언론은 범죄사건에 초점을 맞추는 데 반해 한국 언론은 가해자가 한국 이민자라는 사실에 초점을 맞췄다.

가부장적 가족중심 집단주의 사회에서는 가족의 구성원들 사이의 서열이 엄격하다. 이러한 서열은 사회적 관계에도 그대로 적용되어 나이, 지위, 성별, 학력 등에 따라 위아래가 결정된다. 이런 구조에서는 통제가 불가피해지며, 통제는 폭력을 동반하기 때문에 모두가 피해자가 된다. 가족을 예로 들자면, 장남 혹은 장녀에 대한 부모의 높은 기대는 특권이자 벗어날 수 없는 굴레다. 한편 나머지 자녀들은 사랑과 인정에 대한 결핍감을 느끼게 되고, 아들과 딸에 대한 차별 대우는 불공평에 대한 분노를 품게 한다. 이러한 부정적인 영향은 다음 세대로 전달되면서 사회 전체가 역기능적으로 된다.

이런 사회의 구성원들은 동조 욕구가 강하다. 이러한 특징은 집단이 성장할 수 있는 원동력이 되기도 하지만 지나치게 평등해지려는, 나와 네가 같아지려는 욕구를 느끼게 한다. 학력, 외모, 지위, 소유를 비교하면서 결국은 자기파괴로 향하게 된다. 나보다 더 높은 위치, 더 많이 소유한 사람은 항상 있게 마련이기 때문이다. 이러한 욕구는 지나치게 일류 학벌이나 외모에 집착하게 하거나 고급 차, 일정 지역의 주거지를 쫓게 하며 함께 어울리도록 강요하는 회식 문화 등에서 드러난다. 이렇게 집단에 동조하다 보면 점차 개인의 자기표현은 억제되고 부정적 감정이 쌓이다가 '욱'하면서 폭발하게 된다. 관계로 인한 정情의 사회가 한恨의 사회가 되고, 더 나아가 분노 공화국이 되고 만다.

존재하는 모든 것들 사이에는 경계선이 있다. 특히 사람과 사람 사이에는 적절한 경계선이 있어야 한다. 가족중심 집단주의 사회에서는 내 가족과 외부 세계와의 경계선은 분명하다. 그러나 가족 구성원들 사이의 경계선은 불분명한 경우가 많다. 부모는 쉽게 자녀의 경계선을 침범한다. 그러나 자녀는 부모와 소통하가 쉽지 않다. 아랫사람, 약한 사람의 경계선은 윗사람, 힘이 있는 사람에 의해 침범당하기 쉽다. 그중 가장 나쁜 경우가 부모 혹은 나이 많은 형제나 친척이 어린 딸에게 가하는 폭력, 특히 성폭력이다.

인간의 중요한 욕구 중 하나는 관계 형성이다. 인간은 세상에 태어나는 순간 자기를 돌보는 사람은 물론, 주위 사람들과 관계를 형성하고자 한다. 가족중심 집단주의 사회에서는 처음 만나는 사람들과도 어떻게든지 연결고리를 찾고자 나이, 결혼, 사회적 위치, 가족관계 등 사적인 질문을 쉽게 던진다. 가족과 같은 관계를 만들려는 경향은 식당에서 '아줌마', '언니', '이모' 등의 친족 호칭을 사용하는 데서도 드러난다. 심지어 남녀관계, 부부관계에서도 '오빠'라고 친족관계의 호칭을 사용하려 한다. 한때 '형'이라는 호칭이 유행했던 때도 있었다. 우리에게 당연해 보이는 이런 모습은 개인주의 사회에서 온 외국인들에게는 사뭇 어색하고 낯선 모습이다.

이러한 사회적 특성은 언어에도 스며들어 있다. '나의 나라', '나의 엄마', '나의 아버지', '내 학교' 대신 '우리나라', '우리 엄마', '우리 아빠', '우리 학교'라는 표현이 우리에게는 더 자연스럽다. 우리의 문화와 언어를 잘 이해하지 못하는 외국인에게 "나는 우리 집사람이랑 어제 같이 잤어"라고 말하면 매우 혼란스러워할 것이다. 개인주의 사회에서는 '나'가 중요하고, 우리 사회에서는 '우리'가 중요하다. 이런 사회의 문화적 특징은 사람과 사람 사이의 경계선을 혼란스럽게 만들고, 이런 관계의 혼란은 또다시 자기에 대한 혼란으로 이어진다.

가족중심의 집단주의 사회에서는 타인과의 관계 속에서 존재 의미를 찾기 때문에 타인에 대해 관심이 많다. 타인의 눈치를 보고 상황을 계속 살피려 하거나, 자신의 감정을 억압하고 타인의 감정을 먼저 배려하면서 갈등을 회피하려 한다. 자기 내면을 정직하게 드러내지 않고 표현을 자제할 때 겸손한 사람으로 인정받고 또 점잖고 신뢰할 만하다고 여겨진다. 이렇게 자기표현을 못 하다 보면 자기도 모르고 다른 사람도 모르게 된다. 이러한 사회에서는 서로에 대해 깊이 알아가기보다 타인중심의 형식적인 대화를 하거나, 말하지 않아도 서로를 안다고 믿는 부적절한 의사소통 방식을 형성하게 된다. 이러한 문화적 특징은 토론과 타협을 통해 갈등을 해결하는 기술을 배우는 데 걸림돌이 된다.

인간관계를 중요하게 여기고, 가족 같은 관계를 맺고자 하는 가족중심 집단주의 사회에서는 정情이 매우 중요한 감정이다. 정은 관계가 유지되면서 점점 더 깊게 느껴지는 감정으로, 한恨과 깊은 연관성이 있다. "미운 정, 고운 정 다 들었다"라는 옛말을 통해 알 수 있듯이, 정이라는 감정은 반드시 좋은 관계에서만 생겨나는 것은 아니다. 사랑이나 고통과 같은 구체적인 감정 자체보다는 때로는 오래된 관계 속에서 우러나오는 정을 오히려 더 중요하게 여긴다. 관계가 단절될 때 경험하는 고통은 인간의 보편적 특징이겠지만, 관계중심의 사회에서 관계의 단절은 더 큰 소외감과 불안, 두려움, 분노, 수치심, 실망감을 낳을 뿐 아니라, 그러한 고통이 한恨으로 남게 된다. 따라서 관계 단절과 상처 입는 것이 두려워 정직한 마음을 표현하기 두려워한다.

정情을 기반으로 하는 사회에서는 호형호제할 수 있을 정도의 친밀감을 형성하고 난 후에야 비로소 서로 통하는 관계가 되었다고 느낀다. 서로 가족과 같은 가까운 관계가 되면 굳이 말이 필요하지 않다고 여기게 된다. 각자가 다른 경험을 할 수 있다는 것을 인정하지 못하고 상대방이 나와 다른 감정이나 생각을 표현하면 '욱'하면서 감정을 폭발한다. 그리고 '나'와 '너'는 하나이기 때문에 경계선은 사라지고, 공과 사의 구별이 불분명해지며, 주관적인 정의의 잣대가 임의로 적용되고, 서로의 과실을 눈감아주게 된다. 결국은 자기중심적이 되고 우리중심적이 된다.

이러한 문화적 특성은 인간관계뿐만 아니라 정치와 사업 등 사회의 모든 측면에서 똑같은 현상으로 드러난다. 특히 하나가 되고자 하는 경향은 곳곳에서 찾아볼 수 있다. 다 같이 느끼고 다 같이 생각하라고 TV 프로그램은 오늘도 시청자에게 계속 강요한다. 언제부터인가 외국어 방송이 아닌 국내 프로그램의 장면에도 자막이 입혀지기 시작했다. 느닷없이 나타나는 자막은 출연자의 말과 행동에 대해 이렇게 느끼라고 요구하며 TV 시청조차 개인의 자유를 허락하지 않는다. 드라마도 어쩌면 그렇게 비슷한 주제가 한꺼번에 나올까? 제작자들이 서로 의논하는 것은 아닌지 의구심이 들 정도다. 전 세계에서 인기를 끌고 있는 K-pop 아이돌의 칼군무는 아마도 우리나라 젊은이들에게만 가능할 것이다.

인간은 연결되고자 하는 열망과 자유롭고 싶은 열망을 동시에 지니고 있다. 어느 하나가 강조될 때 그 사회나 개인 모두 균형을 이루기 힘들다. 인간의 자유와 소속감, 연결되고자 하는 열망 사이의 긴장은 아마도 죽을 때까지 유지될 것이다. 사람들은 하나가 되려고 결혼하고, 결혼하고 나서는 자유를 꿈꾼다.

가족중심 집단주의 사회에서는 상처 입기 두려워 서로를 배려하는 차원에서 솔직히 말하기보다는 우회적으로 표현할 때가 많다. 자기가 원하는 것, 생각하는 것을 정확하게 말하지 않고 애매하게 표현하고, 듣는 사람도 적당히 짐작해서 듣는다면 명확한 의사소통은 힘들어진다. 따라서 분명하게 자기를 알고 표현하는 것이 의사소통의 첫발을 내딛는 것이다. 이제 사회는 빠르게 변화한다. 개인주의적 가치관이 많이 받아들여지고 있고, 이로 인해 개인과 개인, 가족 구성원들, 세대와 세대의 갈등이 높아지고 있다. 그러나 이러한 변화는 긍정적 효과를 가져오기도 한다. 좀 더 인간의 가치를 존중하고, 각자의 개체성을 존중하고, 각자의 다양한 의견을 표현할 수 있는 사회로 변화할 수 있다.

의사소통 방식은 가족으로부터 배운다

인간관계를 맺는 방식과 의사소통 방식은 기본적으로 가족으로부터 형성된다. 인간의 가치가 동등한 사회에서만 자기표현이 자유로울 수 있다. 그러나 한국의 가족관계는 오랜 세월에 걸쳐 가부장적이었기 때문에 가족과 사회 구성원들의 가치가 동등하지 않았다. 가부장적 가족체계에서는 가해자가 피해자가 되고 또 피해자가 가해자가 된다. 아래의 사례는 바로 가부장적 가족의 문제가 가족 구성원들을 파괴하는 모습을 그대로 보여주고 있다.

부모의 부적절한 삶의 방식이 자녀에게 전달되는 모습

【할아버지와 할머니】 친척에게 사기를 당해 무일푼이 된 할아버지는 가장의 책임을 지지도 못하면서 술로 세월을 보냈다. 그러면서 가족의 생계를 책임지던 할머니에게 폭력을 휘두르곤 하였다. 할머니는 할아버지의 폭력 앞에 숨죽이며 목숨을 겨우 유지했다. 이들의 관계방식은 매우 부당한 가해자와 피해자의 관계이다.

【아버지: 비난형】 장남으로 태어난 아버지는 할아버지를 대신해서 여러 측면에서 어머니를 도우면서 성장하였다. 자기는 자신의 아버지와 달리 월급을 아내에게 갖다주고 있다는 것만으로도 남편과 아버지의 역할을 다했다고 믿었다. 월급은 갖다주지만 아내와 자녀에게 비판적이고 폭력적인 점이 그렇게나 싫어했던 자신의 아버지와 똑같다는 사실은 깨닫지 못하고 있었다.

【어머니: 회유형】 어머니가 어렸을 때 시골에서 농사를 짓던 외할아버지가 사망하자 큰오빠가 가장이 되었고 외할아버지의 땅은 큰오빠가 전부 소유하게 되었다. 큰오빠의 아내, 즉 올케는 늙은 시어머니와 어린 시누이를 구박하였다. 이렇게 구박을 받으면서 자란 어머니는 자기를 보호해줄 수 있는 아버지가 있었으면 하는 이루어질 수 없는 소망을 품고 살았다. 성장해서 남편을 만났을 때 아버지처럼 자기를 지켜줄 것 같아 결혼하였다. 그러나 남편은 어머니를 따뜻하게 보살피기는커녕 아버지에 대한 분노, 환경에 대한 분노, 어머니에 대한 양가감정 등 해결하지 못한 부정적 감정이 가득 찬 활화산 같은 사람이었다. 일찍 사망한 아버지와 어머니의 보호 없이 자란 어머니는 폭력적인 남편을 떠날 생각은 없었고, 남편의 비위를 맞추면서 힘들게 살았다.

【장남: 비난형】 폭력적이고 무능한 할아버지 밑에서 할머니를 도우면서 자란 아버지는 공부를 할 수 없었다. 못 배웠다는 한을 품은 아버지는 머리가 좋은 큰아들에 대한 기대가 매우 높았다. 그러나 큰아들은 자신에 대한 부모의 지나친 기대, 폭력적인 아버지에 대한 분노로 인해 공부에 집중할 수 없었고, 결국 아버지가 기대한 만큼 공부를 잘하지 못했다. 이 장남 역시 내면의 분노를 자주 터뜨리고 주위의 모든 사람을 비난하면서 살고 있다.

【차남: 부적절형/철회형】 형에 대한 아버지의 관심과 기대는 둘째 아들을 외롭게 만들었다. 자신도 공부를 잘하면 인정받을까 싶어 오로지 공부만 했다. 그러나 고시에 다섯 차례 실패한 뒤에는 컴퓨터 게임과 SNS에 비판적인 댓글을 다는 것으로 답답한 감정을 해결하고 있다. 결혼에 대한 부정적 생각 때문에 결혼은 아예 생각지도 않는다.

【막내딸: 회유형】 딸은 어머니 옆에서 항상 어머니를 위로하면서 자랐다. 어머니도 아버지도 다 불쌍했다. 부모가 싸우면 이러지도 저러지도 못했다. 불안하기만 했다. 항상 마음이 혼란스러웠다. 나이가 많아도 어머니를 보호해야 했기 때문에 사회로 나가지 못하고 있다. 결혼은 아예 그녀의 인생에 들어있지 않았다.

의사소통 방식은 가족으로부터 배운 인간관계방식이다

의사소통 방식은 기본적으로 인간관계방식이다. 사람은 최초의 관계방식을 가족에서 배운다. 어린아이는 가족 구성원들 사이의 언어적·비언어적 소통방식을 자연스럽게 내면화하고 무의식적으로 반복한다. 외부로 드러나는 표현에는 각 구성원의 내면이 포함되어있다. 점차 어린아이는 가족 구성원들의 내면과 표현되는 방식 모두를 자기의 것으로 만들어간다.

내면의 경험을 적절하게 표현하기 위해서는 내면에서 경험하는 것을 자각할 수 있어야 한다. 그러나 자각한 것을 적절하게 표현하지 못하게 되면 점차 자기를 상실하게 된다. 다시 말하자면 내면과 외부의 의사소통은 동전의 앞뒤와 같다. 자기의 내면을 자각하고 정확하게 표현할 때, 자기의 정체성도 분명해진다.

아래의 사례는 자기의 내면을 자각하지 못한 여성이 남성과 지배-복종의 관계에 놓인 것을 깨닫지 못하다가 점차 두 사람 사이의 부적절한 관계를 알아가는 과정을 보여준다.

 왜 나는 폭력적 관계를 눈치채지 못했을까?

5월의 교정은 눈부셨다. 연극반 동아리에서 만난 그는 내게 정열적으로 다가왔다. 그의 눈빛은 너무 강렬해서 쳐다볼 수조차 없었다. 점차 그의 눈길에 익숙해지면서 그와의 사랑도 깊어졌다. 그러나 언제부터인지는 몰라도 그 사람과 만나는 것이 불안해지기 시작했다. 그는 점차 아주 작은 일에도 화를 잘 냈고, 자신의 의견과 다른 말을 하면 얼굴을 찡그리면서 나를 무시하기 시작했다. 가끔 내 의견을 주장하면 자기를 무시했다고 화를 냈고, 나는 이내 상처를 입었다. 상처 입은 감정을 이야기하려 하면 그는 회피하거나 들으려 하지 않았다.

나는 점점 우울해졌고, 좌절했다. 그리고 내가 뭔가 잘못해서 이렇게 되었다고 생각하면서 죄책감과 회의에 빠지게 되었다. 그와의 관계가 깊어갈수록 나 자신을 잃어가고 있다는 느낌을 지울 수가 없었다.

갈등이 점점 잦아지면서 그는 나에게 '바보', '맹추'라며 막말을 시작했다. 화가 나면 쌍욕도 자주 했다. 그러던 어느 날 자기 말을 듣지 않는다며 내 얼굴을 때리는 믿지 못할 상황까지 벌어졌다. 그 순간 내 머리에 번개같이 떠오르는 장면이 있었다. 불쌍한 엄마를 때리는 것도 모자라 엄마를 보호하려는 나까지 때리던 아버지의 분노에 찬 모습이었다. 나는 아버지의 폭력에 너무 익숙해서 그가 심각하게 폭력적이라는 것을 눈치채지 못했었다. 그와 헤어질 생각을 안 했던 것도 아니었다. 하지만 그때마다 내 속에서 '그는 나를 사랑해'라는 목소리가 들렸고, 나는 다시 그를 믿으면서 용서하였다. 그에게 나를 맞추면 그가 나를 진정으로 사랑해주리라 믿었다. 그의 강렬한 눈빛이야말로 내면의 공격성, 분노, 욕망의 불꽃이었다. 아버지의 분노에 찬 눈길이었다. 아마도 나는 그를 보면서 분노를 열정과 사랑으로 느끼고, 받고 싶었지만 끝내 받지 못했던 아버지의 사랑을 강력하게 갈구한 것은 아닐까?

되돌아보면, 내가 내 감정을 잘 몰랐기 때문에 내가 느끼는 것을 무시했고, 그가 나의 감정을 무시하는 것도 허락하였다. 내가 감정을 말하면 그는 절대로 내 감정을 공감하지도, 들어주지도 않았을 뿐만 아니라 모든 것을 내 탓으로 돌렸다. 혹은 별것 아니라는 듯이 오히려 내가 문제라고 하면서 피하려고 하였다. 그럴수록 나는 내 감정을 의심하고, 존재감을 잃어갔다. 내가 무시당한다고 느꼈다면 무시를 당한 것이고, 내가 조롱당하는 것처럼 느꼈다면 조롱을 당한 것이다. 나의 가치가 무너져 내린 것처럼 느꼈다면 무너져 내린 것이다. 내가 세상과 단절된 것처럼 느꼈다면 나와 세상이 단절된 것이었다. 그러나 나는 그때 그것을 몰랐다.

그와 만나고 난 후 내 생각을 분명하게 전달하지 못한 나에 대해 화가 났던 때도 많았다. 이제부터라도 나의 감정, 생각, 경험을 그대로 받아들이고 믿으면서, 나를 다시 찾아야겠다.

의사소통은 가족에게서 배운다. 그것은 말하는 방법뿐만 아니라 그들이 속한 사회와 맥락을 같이해야 한다. 아직도 한국 사회에서는 젊은 사람들의 결혼에 부모의 목소리가 더 크고, 시부모와 친정 부모 사이에는 지켜야 할 예의 등이 있다. 일치적 의사소통이란 말하는 사람의 내면이 일치적 상태에 있고, 듣는 사람도 일치적 상태에서 상대방의 말을 듣는 것을 의미한다. 두 사람이 처해있는 관계 맥락과도 일맥상통해야 전체적으로 일치적 상태의 의사소통이라고 할 수 있다.

자기중심적인 여자와 타인중심적인 남자와의 만남

여자는 아버지가 일찍 사망하여 외갓집에서 외가 식구들에 둘러싸여 성장했다. 어른뿐이던 외가에 어린아이는 모든 식구의 사랑의 대상이었다. 어린아이는 어른들을 마음대로 조정하면서 자랐다. 특히 외조부모는 아버지를 일찍 여읜 외손녀를 무척이나 위해주었다. 이렇게 성장한 어린아이는 세상이 자기를 중심으로 돌아야 했다.

남자는 항상 불안하게 자랐다. 아버지는 화를 내고, 어머니는 절약의 여왕이었다. 그 결과, 빌라도 여러 채 갖게 되었다. 그러나 여전히 절약하는 생활을 유지했다. 어려서부터 부모 눈치를 많이 보고 자란 남자는 여자를 여왕으로 모시는 데 별로 불편한 마음이 들지 않았다. 자존감이 낮은 남자에게는 공주같이 꾸민 여자는 멋있어 보였을 뿐이었다.

상견례에서는 양쪽 집이 다 불편했다. 결혼 준비를 하던 중에 예비 시어머니와 친정어머니 사이에 약간의 의견 차이가 있었다. 검소하게 살아왔던 예비 시어머니는 한복을 대여해서 입자고 했고, 친정어머니는 꽤 비싼 한복을 같이 맞춰 입자고 했다. 예비 시어머니는 절약해서 아들에게 빌라까지 마련해주었다. 며느리 될 사돈의 소비수준은 예비 시집보다 훨씬 높았지만, 같이 살 집을 얻는 데는 경제적 도움을 거의 주지 못했다. 예비 시어머니는 이런 점이 마음에 들지 않았다. 실속 없이 사치하는 사돈과 예비 며느리가 편치 않았다. 그러나 친정어머니는 아버지 없이 키운 열등감 때문에 하나뿐인 딸의 결혼식을 멋지게 올리고 싶었다. 여기까지는 결혼을 앞둔 부부들이 흔히 겪는 갈등이었다.

이런 과정에서 불편한 말들이 서로 오고 갔다. 그런데 예비 신부는 예비 시어머니가 자기 집까지 와서 친정어머니한테 무릎을 꿇고 잘못을 빌어야 결혼하겠다는 매우 부적절한 요구를 강력하게 주장하였다. 결혼 준비 과정에서 기가 막혔던 것은 예비 시어머니도 마찬가지였다. 이런 요구를 들은 예비 시어머니는 기절해서 병원에 입원까지 하게 되었다. 예비 신부는 남자친구를 마음대로 할 수 있어서 결혼하려 했는데, 이 상황에서 어떤 행동도 취하지 못하는 예비 신랑에 실망하였다. 마침내 결혼은 없던 일이 되었다. 예비 신부는 자기만 있고, 예비 신랑은 자기가 없다.

2장

의사소통과 성격 차이

사람들의 성격은 왜 다른가?
사람들의 성격 차이가 의사소통에 영향을 주는가?
남녀의 생물학적 차이가 의사소통에 영향을 주는가?
남녀의 심리적 차이가 의사소통에 영향을 주는가?

사람들의 성격은 왜 다른가?

의사소통을 단순한 말의 교환이라고 생각하는 이들이 있다. 그러나 의사소통은 사람과 사람의 전全 존재가 만나 마음과 마음을 나누는 과정이다. 따라서 의사소통을 잘하기 위해서는 나를 알고, 상대방을 알 수 있어야 한다. 하지만 "내 속엔 내가 너무도 많아"라는 대중가요의 가사처럼 다른 사람은 고사하고 나 자신을 알기란 쉽지 않다. 내가 나를 모르는데 어떻게 상대방을 알 수 있겠는가!

성격 차이 생물학적 분류에서 봤을 때 우리는 인간*이라는 종種으로 모두 동일하다. 그러나 한 사람 한 사람 모두 그 사람만의 고유한 독특성을 지니고 있다. 일란성 쌍둥이도 자세히 보면 다르다. 사람은 인간이라는 공통점 때문에 관계를 맺을 수 있고, 서로 다른 점 때문에 성장할 수 있다.

성격이 비슷해 보여도 그 사람만의 독특한 특성이 있다. 성격은 태어날 때부터 이미 타고나는 것이다. 따라서 이를 뒤집을 만한 큰 사건이 있지 않는 한 성격적 특성은 변하지 않는다. 예로부터 유전과 환경 중 어떤 요인이 성격 형성에 큰 영향을 미치는가에 대한 논란이 끊이지 않고 있지만, 현재 학계의 지론은 유전적인 요인이 반이고, 외부의 영향이 반이라고 추정한다. 유전자가 같다고 가정하더라도 성별, 형제 서열, 가족 구성원들의 상호작용, 성장 과정의 시대적 상황, 가족 구성원들과 나의 건강 상태 등 수없이 많은 외부 요인으로부터 영향을 받기 때문이다.

심리적 성숙도 대개 부부의 이혼 사유를 흔히 성격 차이라고 하지만 사실 성격 차이라기보다는 차이를 수용하지 못하는 데 있다. 나와 상대방의 차이를 수용하는 능력은 자존감에서 비롯된다. 높은 자존감은 자신을 존중할 뿐만 아니라 상대방도 존중할 수 있어서 대인관계, 의사소통에 매우 중요한 요인으로 작용한다. 그러나 심리적으로 성숙하지 못하면 성격 차이도 받아들이기 힘들다.

---

* '인간人間'의 순 우리말은 사람이다. '산다', '삶', 그리고 '사람'이라는 우리말은 살아있는 생명체로서의 의미가 강하다. 사람의 한자어인 인간人間은 두 사람이 서로 의지하는 관계를 강조한다. 이 책에서는 서로 의지하면서 살아가는 존재라는 의미로 두 단어를 혼용하여 사용한다.

낮은 심리적 성숙도　심리적으로 성숙하지 못한 사람은 외부로부터 위협을 느낄 때면 자기를 보호하려는 심리적 욕구가 더 강하다. 사티어는 이런 사람들의 자기보호 방식을 비난형, 회유형, 초이성형, 부적절형(산만형, 회피형, 철회형)으로 나누었다. 비난형은 자기는 옳고 타인은 틀렸다고 판단하고, 타인에게 분노의 감정을 표출하는 유형이다. 회유형은 자기는 부족하다고 판단하고 모든 잘못을 자기탓으로 돌리는 유형으로, 주 감정은 슬픔이다. 초이성형은 자기의 판단이 옳다고 믿고, 자신이 합리적인 사람이라고 믿는 유형으로, 감정을 억압한다. 부적절형은 산만하게 행동하거나, 상황으로부터 달아나거나, 자기 안으로 들어가는 유형이다.

사람들의 성격 차이가 의사소통에 영향을 주는가?

성격은 좋은 것도 나쁜 것도 아니다. 다만 다른 것뿐이다. 하지만 그러한 차이를 받아들이지 못하면 의사소통이 힘들어지고 관계에 갈등이 발생한다. 성격 차이를 설명하는 이론들은 꽤 많다. 융Jung의 이론을 기반으로 한 MBTI 검사가 우리나라에 많이 소개되어있으므로, 이 이론을 근거로 사람들의 성격 차이를 간단하게 알아보자.

에너지 흐름　생명은 에너지에 의해 유지된다. 외부로부터 영양분을 섭취하면 일부는 신체적 에너지로, 또 심리적 에너지로 사용된다. 심리적 에너지 흐름의 방향은 사람에 따라 다르다. 크게 나누어 에너지가 외부로 흐르는 외향적인 사람이 있고, 또 내부로 흐르는 내향적인 사람이 있다. 어떤 사람은 집에 있는 것이 답답하고, 어떤 사람은 바깥에 나가면 에너지가 소진된다. 집에서 조용히 있기를 바라는 사람은 대체로 소수의 친구와 깊은 친밀감을 원하는데 비해 외부에 나가기를 원하는 사람은 다양한 사람들과 만나는 것을 좋아한다.

예를 들어, 외향적인 아내와 내향적인 남편의 부부관계를 보자. 외향적인 아내의 심리적 에너지 흐름은 외부로 향해있다. 그러나 내향적인 남편의 에너지 흐름은 내부로 향해있다. 아내는 사람들을 만나는 것을 좋아하고 외부 활동을 좋아한다. 그러나 남편은 집에 조용히 있고 싶어 한다. 아내는 속에 있는 것을 다 말해야 정직하다고 생각하고, 남편은 웬만하면 속의 말을 안 한다. 이 부부의 경우, 속이 깊어 보여 좋았었는데 세월이 흐를수록 마음속 말을 털어놓지 않고 힘든 일이 있어도 의논하지 않는 남편의 모습에 아내는 몹시 화가 나게 되고, 명랑하고 활발하며 대인관계를 잘하는 아내의 모습이 신선하게 느껴져 좋았는데 남편은 이제 아내가 너무 피곤하게 느껴져 자꾸만 회피하려고 하면서 두 사람 사이에는 갈등이 생길 것이다.

정보입수   외부 세계에 대한 정보를 받아들이는 방식도 크게 두 가지로 나눌 수 있다. 감각기관을 통해 외부 정보를 받아들이는 경우, 직접 눈에 보이는 것이나 들리는 것, 느껴지는 것 등 사실적 자료를 수집한다. 따라서 매우 현실적이고 실용적이며 구체적으로 상황을 판단하고 결론을 내린다. 반면에 감각기관보다는 직관을 통해 정보를 받아들이는 경우, 보이는 것보다는 보이지 않는 것에 더 관심이 많다. 세상이 어떻게 되어야 하고, 진리가 어떠해야 하며, 사람은 어떠해야 한다는 관념적이고 추상적인 신념에 따라서 세상을 바라보고 세상에 대한 정보를 받아들인다.

정보판단 정보를 입수한 다음에는 판단의 기준이 있어야 행동에 옮길 수 있다. 사람은 감정과 이성이 조화를 이루면서 판단을 내려야 적절하게 행동할 수 있다. 감정은 생존에 필요한 기능으로, 외부에 대한 내적 판단이다. 두려움, 공포 등의 감정은 상황에 빨리 대처하라는 메시지다. 사람은 이러한 감정을 느끼면서 동시에 이성적 판단을 내려서 적절한 행동을 취해야 한다. 이렇게 어떤 상황에서 감각기관을 통해 정보를 수집한 다음에는 생각과 감정이 함께 작동하여 상황을 판단한다.

그러나 상황을 판단하는 데도 차이점이 있다. 이성적 기능에 의해 정보를 판단하는 사람은 매우 논리적이고 이성적이다. 반면에 감정적 기능에 의해 정보를 판단하는 사람은 감성적이고 관계중심적이다. 이성적으로 판단하는 사람한테 감정적으로 접촉하려면 짜증을 낸다. 감정적으로 판단하는 사람한테 이성적으로 접촉하려면 답답해하고 슬퍼한다.

정보판단 기능의 차이는 사람들 사이에 많은 갈등을 유발한다. 감정적인 사람은 항상 감정을 먼저 고려해주기를 바라고, 이성적인 사람은 왜 그런지 이유를 말해주기를 바란다. 이 두 사람의 관계는 물과 기름이 섞일 수 없는 것과 비슷하다. 특히 여성은 이성적인 판단 기능을 하는 사람이라 하더라도 남성보다는 좀 더 감정적 배려를 원하는 경향이 높다. 그래서 여성을 감정판단 기능의 사람이라고 하지만, 이런 차이는 정보판단 기능의 차이라기보다는 남성과 여성의 차이라고 볼 수 있다.

타협할 때 한 사람은 감정적 반응을, 다른 한 사람은 이성적 반응을 하면서 평행을 달리기도 한다. 순간적으로 확 느끼는 반사적 감정 반응은 위급한 상황에 대처하라는 위험신호다. 위급한 상황 이외에 감정과 이성은 조화를 이루면서 기능을 해야 한다. 부모-자녀, 부부관계에서는 이 기능이 매우 큰 영향을 끼친다. 부모-자녀 관계에서 중요한 점은 부모가 자녀의 감정과 생각을 포함한 입장에 공감하는 것이다. 감정적인 자녀는 부모로부터 정서적 지지를 받지 못했다고 괴로워하고, 이성적인 자녀는 부모를 이해할 수 없어서 괴로워한다.

부부 상담을 하다 보면 정보판단 방식, 다시 말해 감정과 이성의 차이 때문에 갈등을 겪는 내담자들이 많다. 아내가 감정을 알아달라고 울면서 호소하면 남편은 눈만 멀뚱멀뚱 뜨고 있거나, 이성적인 아내가 조목조목 남편의 비행을 나열하면 남편은 눈물을 글썽이면서 울 것 같은 표정을 짓고 있다. 특히 성관계에서도 마음을 표현하지 못하면 부부 사이의 골이 깊어진다. 부부 문제는 다양하지만 근본 문제는 성적 불만인 경우도 많다. 성적 욕구는 신체적 욕구이면서 동시에 정서적 욕구를 동반한다. 정서적으로 친밀감을 느껴야 성관계도 원만해진다. 남편을 몰아세우는 아내에게, 또는 감정 없이 성관계만을 요구하는 남편에게 성적 욕구가 생길 수 있을까!

행동방식 세상에 드러나는 것은 행동이다. 내면에서 앞서 살펴본 단계를 거친 다음에는 그 결과가 행동으로 드러난다. 그러나 이 마지막 단계도 사람에 따라 매우 다르다. 아주 쉽게 설명하자면 다음과 같다. 어떤 사람은 어떻게 행동해야 할지를 구체적으로 계획하고, 그 계획에 따라 정확하게 실행하고자 한다. 이들은 외부환경을 통제하고, 자신의 환경을 정리하고, 목표도 분명하게 설정한다. 그리고 계획을 세우면서 미리 준비하고, 시간에 맞추어 정확하게 행동으로 옮긴다. 때로 이들은 계획의 목적보다는 수행을 더 중요하게 여길 때도 있으며, 계획에 지나치게 집착하다 보면 융통성이 떨어지고, 경직될 수 있다.

반면에 다른 측면의 경향을 지닌 사람은 주어진 환경에 맞춰 적응한다. 이들은 상황을 바꾸기보다 적응하려 한다. 계획을 세우더라도 언제든지 변경할 수 있다. 이들에게 계획에 맞추라고 하면 답답해한다. 과제 작성도 이런저런 생각을 충분히 한 다음에 마지막에 보고서를 작성한다. 이렇게 할 때의 장점은 모든 것들을 모아서 통합한 다음에 보고서를 작성하기 때문에 좋은 보고서를 낼 수 있다는 것이다. 반면에 제때에 보고서를 못 내는 경우가 많다. 삶에 유연하게 대처하는 대신에 지나치게 느긋해지거나 반복적인 일상을 지루해서 참기 어려워하기 때문에 이들과 관계 맺는 사람들은 힘들어할 수 있다. 특히 성장 과정에서 자녀에게 심리적인 문제가 없는 경우라고 할지라도 부모가 지나치게 계획적인 반면 자녀는 행동이 느리다면 자녀는 많은 통제를 받았다고 느낄 수 있고 커서도 부모에게 분노를 품기도 한다.

부부의 경우, 한 사람은 집안 정리, 시간 맞추기, 재정계획, 그 외의 모든 계획 등을 중요시하는 반면, 다른 한 사람은 정리정돈에 관심이 적고 시간이나 계획을 잘 맞추지 못한다면 갈등을 피할 수 없다. 한번은 아내가 정리정돈을 하지 못한다고 불만에 휩싸인 남편과 그런 점 때문에 비난당해서 우울증이 심해진 아내가 상담을 왔다. 이 부부는 성격이 다르다고 생각하기보다 자기와 다른 성격을 지닌 상대방이 틀렸다고 판단한 것이다. 남편은 아내가 게으르다며, 아내는 남편이 지나치게 강박적이라며 비난하고 있었다. 그러면서도 방을 계속 같이 쓰고 있었다. 아내는 자라면서 부모의 구박을 받고 거부당했다고 느끼면서 성장했기 때문에 남편과 한 방에서 지내야 안심을 하였다. 가난해서 지저분한 환경에서 자란 남편은 방이 정리정돈이 안 되면 참기 힘들어했다. 두 사람의 차이와 더불어 그들의 삶의 배경이 자기 방식에 고집스럽게 매달리게 한 것을 볼 수 있었다.

남녀의 생물학적 차이가 의사소통에 영향을 주는가?

여성과 남성의 차이도 의사소통 방식에 영향을 준다. 그러나 남녀 성별의 특성은 개인의 특성보다 하위에 있다. 어떤 여성은 여성적 특성보다 남성적 특성을 더 많이 소유하기도 하고, 어떤 남성은 남성적 특성보다 여성적 특성을 더 많이 소유하기도 한다.

남녀 뇌 구조 남녀의 차이는 어디서 오는 것일까? 물론 가장 뚜렷한 차이점은 XY 염색체로 인한 신체적 차이일 것이다. 뚜렷이 보이는 신체적 차이와 더불어 남녀는 뇌 구조도 다르다. 여성의 뇌 크기는 남자의 것보다 작다. 그러나 우뇌와 좌뇌 사이 연결 부위인 뇌량은 남성의 것보다 여성의 것이 훨씬 더 크다. 비유적으로 말하자면 남성의 뇌는 양쪽에 큰 집이 있지만 두 집 사이의 길은 골목길인 반면에, 여성의 양쪽 집은 약간 작지만 두 집 사이의 길은 고속도로다. 그래서 여성의 뇌는 멀티태스킹이 가능하다. 통화하면서도 아이를 돌보다가 아이가 위험하다고 판단하면 즉시 대처할 수 있다. 반면에 남성은 한 번에 한쪽 뇌를 사용하기 때문에 한 가지에 집중하면 다른 것에 잘 집중하지 못한다.

남편이 신문을 읽거나 다른 생각을 하고 있을 때 아내가 말을 걸면 잘 듣지 못할 수 있다. 남성은 한 측면만 보기 때문에 여성보다 현실적이고 통합적인 판단 능력이 떨어진다. 위기 상황에서 여성은 통합적 기능과 집중력이 동원되면서 상황을 예리하게 판단하는 경향이 있어 남성은 여성의 촉이 더 발달했다고 느낀다.

시각 능력 남아는 시각피질이 잘 발달되어있어 동작에 대한 반응이 빠르다. 진화 과정에서 야수 등의 공격에 예민하게 반응하기 위해 아마도 시각이 발달했으리라! 이러한 인류 초기 자연환경은 남성의 공격성, 성취 욕구, 지배적인 경향성과 연관되어있다.

적의 위치를 잘 파악하기 위해서는 시각의 발달뿐만 아니라 공간파악 능력도 발달해야 하고, 사냥도구도 잘 만들어야 했기 때문에 남성은 수학, 공작, 기계 관련 분야에서 여성보다 좀 더 발달하였다. 남성이 기계조립, 움직이는 자동차, 조립식 장난감을 사 모으려고 하는 것도 이러한 진화 과정에서 기인한 특성이 아닐까 생각된다.

남성의 독립적인 경향은 유아기부터 다른 사람과의 신체적인 접촉을 선호하지 않는 것에서 드러난다. 남아는 어려서부터 누군가가 잡아주는 손을 잘 뿌리친다. 이성에 대한 성적 자극도 여성은 정서적 자극과 피부접촉을 선호하는 데 반해 남성은 시각적 자극과 성적 행동 자체에 집중되어있다.

남성의 이러한 독립적 성향은 사람들과 문제를 함께 해결하기보다 혼자 생각하고 결정하려는 경향성을 높인다. 그래서 남성은 고부 갈등 속에서 어머니와 아내의 마음을 각각 헤아리기보다는 옳고 그름을 혼자 판단해서 해결하려 한다. 때로는 누구의 편도 들어주지 않는 것이 최선의 이성적인 답이고, 두 사람 모두에게 최선의 정의를 베풀었다고 느낀다. 이에 두 사람은 모두 불만스러워하게 되는데 남자들은 왜 여자들이 이렇게 느끼는지 이해하지 못한다.

문제해결 방식 한 가족의 생존을 책임져야 하는 남성은 문제 상황에서 빠른 판단을 해야 하고, 직접 문제를 해결할 수 있어야 한다. 또 위험으로부터 가족을 잘 보호하기 위해서는 신체적인 힘이 있어야 하고, 가족을 통제할 수 있는 능력이 필요하다. 반면에 가족의 양육을 책임져야 하는 여성은 자녀를 잘 돌보기 위해서 자녀의 마음을 빨리 알아차리고 공감하면서 관계를 맺어야 한다. 그러나 문제를 직접 표현하면서 해결하기보다 관계를 상하지 않기 위해 우회적으로 해결하려고 한다. 아내가 단순히 남편의 의견을 물으면 남편은 문제를 해결하라는 메시지로 받아들인다. 그러고는 부담이 되면 화를 낸다. 아내는 단순히 의견을 물었을 뿐인데 말이다!

청각 능력 여아는 촉각과 듣기와 말하기, 그리고 정서적 반응이 남아보다 더 빨리 발달하기 때문에 훨씬 말을 빨리 배운다. 어른이 되어서도 여성은 대화하기를 선호하기 때문에 사랑한다는 말을 직접 듣기를 원한다. 여성은 성행위보다 그것을 통해 경험하는 사랑, 배려, 따뜻한 마음을 더 중요하게 여긴다. 그러나 남성은 성행위에서 감정의 나눔을 그리 중요하게 여기지 않는 경향이 있다.

성과 의사소통   여성은 관계중심의 정서적인 말을 선호하는 반면에, 남성은 논리적이고 이성적인 문제해결적인 대화를 선호한다. 여성은 문제에 봉착했을 때 대화를 통해 마음을 나누려 하고, 남성은 행위를 통해 문제를 해결하려 한다. 부부싸움을 한 뒤, 아내는 화난 감정이 풀린 다음에 사랑의 행위를 하고 싶은 데 반해 남편은 아내와 사랑의 행위를 나누면 자연스럽게 화해할 수 있다고 생각한다. 남성은 여성이 하는 말에 대응할 수 없어 여성과의 언쟁을 피하려고 한다. 여성은 이런 남성의 태도에 대해 '성의 없다', '회피한다', '무시한다'고 받아들인다.

남성들이 술집에서 나누는 대화의 내용도 마음을 나누는 관계중심의 이야기보다는 사회·정치적인 주제, 혹은 일과 관련된 이야기다. 이를 마치 자기가 통제력을 가지고 있는 것처럼 열을 내면서 공격적으로 표현한다. 반면에 여성들은 친척이나 다른 사람들에 대해, 그리고 관계로 인한 감정을 끊임없이 나누고 싶어 한다. 그러나 아내의 이런 이야기를 진지하게 듣는 남편들은 그리 많지 않다. 하지만 여성은 남편이 자기의 이야기를 잘 들어줄 때 자기를 진심으로 사랑한다고 느낀다.

성 역할   성 역할의 구체적 내용은 사회가 규정하는 것에 따라 다르다. 따라서 어느 사회에 소속되느냐에 따라 성 역할의 구체적 내용은 달라질 수 있다. 한 예로, 중국의 나시족은 모계사회의 전통을 유지하고 있다. 능력 있는 여자는 남자에게 바깥일을 시키지 않는다. 부계사회의 성 역할과는 다르다.

즉, 여성과 남성의 성 역할은 고정된 것이 아니라 그 사회에서 부여한 역할이다. 우리 사회에서 남성의 역할은 사회적 활동을 통해 돈을 벌어오는 것이고, 여성은 집에서 가사와 자녀를 돌보는 것이었다. 한 사회의 성 역할은 그 사회가 살아남는 데 효율적이리라 여겨지는 방향으로 유지된다.

그러나 성 역할은 사회가 변화함에 따라 변화해야 한다. 변화에 적응하지 못하는 성 역할 규칙은 사회 전체의 효율성을 떨어뜨린다. 특히 요즘 사회에서 남편이 가장 역할도 제대로 하지 못하면서 전통적인 권위적 태도를 고집하거나, 아내가 남편에게 전적으로 의존하려 한다면 가족 기능은 저하될 것이다. 남녀 차이가 환경에 적응하고 생존하기 위한 결과였다고 한다면, 사회적 환경이 변화할 때 그 변화에 적응하는 것이 진화론적 관점에서도 적절할 것이다.

성 역할의 차이는 생물학적·진화론적 관점에서는 종種의 확산이다. 종의 확산을 위해 남성은 능력만 있으면 자기의 씨를 퍼뜨리기 위해 좀 더 젊고 건강한 여성을 찾으려 한다. 여성은 종種의 확산을 위해 힘과 능력이 있는 남성을 선택하려 한다. 그러나 사람이 종種의 번식을 위해서만 살 수 있을까? 외도가 본능적인 것이라고 합리화할 수 있을까?

남녀의 심리적 차이가 의사소통에 영향을 주는가?

남녀 성별의 차이가 반드시 의사소통 방식에 영향을 끼치는 것은 아니다. 앞에서 설명한 성격적 특징, 가족 환경이 더 많은 영향을 끼친다. 그래도 남녀의 신체적·심리적 차이 역시 의사소통 방식에 영향을 끼친다. 특히 심리적 특징을 설명하는 대부분의 인간 심리에 대한 이론들은 남성학자들에 의해 제기되었고 남성의 관점에서 전개되었기 때문에 여성학자들에 의해 비판받고 있다. 그중 가장 대표적인 이론이라 할 수 있는 프로이트의 이론과 함께 다른 성격 이론을 간단히 살펴보자.

프로이트의 성 정체성 오이디푸스 콤플렉스에 대한 설명은 이러하다. 3~6세 남아가 어머니에게 성적 충동을 느끼고 어머니를 차지하기 위해 아버지를 없애고 싶은 감정이 올라오는데, 이때 자기의 욕구를 눈치챈 아버지에게 거세당할 것 같은 불안을 느낀다. 이 불안을 남아는 아버지와 자신을 동일시하면서 어머니에 대한 욕구를 아예 제거해버린다는 것이다. 이 과정에서 남아는 양심, 즉 초자아를 발달시킨다고 주장하였다.

프로이트가 오이디푸스 콤플렉스 가설을 세운 다음에 그 가설을 그대로 여아에게 적용한 것이 엘렉트라 콤플렉스이다. 여아는 아버지를 소유하길 바라기 때문에 어머니가 경쟁 대상이 되어버린다. 여아는 자신이 어머니와 같은 여성이므로 어머니와 자신을 동일시하고 자기도 아들을 낳을 수 있다는 희망을 품게 되면서 어머니에 대한 경쟁심을 해결한다. 남아는 남성이기 때문에 아버지에 대한 콤플렉스를 충분히 해결하지 못하거나 늦게 해결하면서 결과적으로 양심, 즉 고상한 가치관을 발달시킨다. 반면에 아들을 낳을 수 있다는 희망을 지닌 여아는 결론적으로 초자아, 즉 양심이 덜 발달하게 된다.

프로이트는 어느 시점에 이르러 어머니가 아들을 자신으로부터 떼어놓기 때문에 남아는 상대적으로 어머니에게 큰 거부감을 느끼게 되고, 어머니를 차지하는 아버지를 질투하면서 정체성을 형성하기 때문에 문제가 발생한다고 설명하였다. 이런 문제가 있게 되면 남성은 무모하고, 허세를 부리며 잘난 척하거나, 성적환상에 빠지거나 성도착증을 일으키기도 한다. 여성의 경우 남성을 정복하기 위해 지나치게 여성성을 과장하기도 한다. 프로이트의 이론은 아버지 남성 대 아들 남성의 힘과 경쟁에 대한 갈등 이론이며, 이 이론을 남녀 차이에 대한 고찰 없이 그대로 여아에 적용하였다.

여성 정신분석가 초도로Chodorow는 프로이트 이론과 대비한 다른 가설을 제시하였다. 여자아이는 어머니와 분리되는 과정이 없다. 따라서 어머니와 동일시 과정은 연속적이다. 어머니와의 분리 과정이 없으므로 어머니에 대한 분노가 남아에 비교해 적다. 초도로는 어머니와 동일시할 수 없는 남성이 가진 여성에 대한 질투를 남성의 공격성과 폭력성의 원인이라고 설명하였다.

프로이트나 초도로 모두 유아가 심리적으로 독립된 개체가 되기 위해 유아의 성장 과정에서 가장 중요한 사람인 어머니와 분리되어야 하는 과정에서 느끼는 유기불안과 두려움을 성 정체성과 연관 지어서 설명하고 있다. 프로이트는 어머니와의 분리 과정에서 남성이 초자아 및 고상한 가치관을 형성한다는 남성우위 이론을 제기하였고, 초도로는 남아가 어머니와 자신을 동일시할 수 없어서 여성을 질투하며 여성에게 공격적이라고 프로이트의 남성우위 이론에 대해 반론을 제기하고 있다.

위의 이론들은 개인주의 사회에서 발생된 것들이다. 프로이트 이론은 가부장적 사회의 산물이기 때문에 우리 사회에 일부 공통되는 점이 있다. 바로 아버지와 아들 사이의 권력 다툼이다. 그러나 초도로의 이론도 프로이트 이론의 연속선상에 있다. 초도로는 남아가 엄마와 동일시할 수 없어서 여성을 질투한다고 했지만, 한국 여성은 아들을 통해 자신의 존재 위치를 획득할 수 있어서 아들과 밀착 관계를 형성한다. 한국 어머니의 아들과의 밀착은 가부장적 가치관과 겹쳐지면서 고부 갈등으로 표출되어왔다. 아들은 어머니와 아내 사이에서 심각한 갈등에 휘말릴 수밖에 없고, 이 갈등을 해결할 수 있는 한국 남자는 그리 흔치 않다.

위니컷의 영유아 분리불안 개인주의 사회에서는 개인의 독립성, 자율성을 성취하는 것이 중요하다. 서구의 학자들, 특히 대상관계 이론가들은 유아의 독립성과 자율성을 향한 분리 과정에 대해 정교한 가설들을 제시하고 있다. 소아정신과 의사인 위니컷Winnicott은 유아가 어머니로부터 심리적 분리 과정에서 경험하는 분리불안, 그리고 그 불안을 덜어주는 대체물인 곰 인형이나 자기에게 포근함을 제공하는 낡은 담요와 같은 '중간 대상'의 필요성에 대한 가설을 제시하였다.

분리불안이 사랑하는 대상과의 분리, 독립에 초점을 맞추었다면, 의존불안은 사랑하는 대상과 하나가 되고자 하는 데 초점이 맞춰진다고 할 수 있다. 과거 우리 어머니들은 어디를 가든 무엇을 하든 아이를 안고, 업고 다니는 것에 익숙하고, 잘 때도 부부 사이에 아이를 재우지 않았던가? 이런 특성은 요사이 젊은 부부들이 가족 침대를 사용하고, 아내는 아이들과 자는 모습에 그대로 보인다. 우리 사회에서는 중간 대상이 그다지 필요하지 않았다. 앞에서도 이야기하였듯이, 우리의 어머니들은 딸과 동일시하면서 딸을 거부하고 오히려 아들과 밀착하려 했다. 그래서 어머니가 자기로부터 분리되려는 아들에게 분노를 느끼는 경우가 더 흔하다. 아들은 결혼한 후에도 자신의 어머니에게 충성하고, 그로 인해 남편에게 소외당한 아내는 또다시 아들과 밀착된 관계를 형성하려 한다. 어머니와 분리된 적이 없었던 남자는 아내에게 자기의 부모에게 충성할 것을 요구하고 동시에 어머니의 역할을 기대하면서 아내가 이 역할을 거부할 때 분노한다.

우리 사회에서는 분리불안 개념보다는 의존불안이 남녀관계를 좀 더 잘 설명한다. 남성은 여성에게 의존하면서도 지배하려는 경향을 보이고, 여성은 남성에게 의존하면서도 통제하려 하면서 갈등이 발생한다. 그러나 이러한 남녀관계 양상은 빠른 속도로 변화하고 있다. 여성들의 높은 교육 수준과 사회진출은 전통적인 남녀관계를 거부하게 한다. 이런 여성들의 변화에 대해 남성들은 분노하고 좌절하고 두려워하고 당황해한다. 분리불안이든, 의존불안이든 남녀관계에 대한 가치관의 변화 없이는 남성·여성의 성차별로 인한 갈등은 사라지지 않을 것이다. 그리고 이러한 갈등은 남녀관계는 물론 의사소통에서도 많은 걸림돌이 되고 있다.

길리건의 도덕성 발달 여성 발달심리학자인 길리건Gilligan은 아동발달심리학자인 피아제Piaget의 제자 콜버그Kolberg가 주장한 아동의 도덕성 발달 과정에 대한 가설을 비판하였다. 그녀는 자신의 저서 『다른 목소리로In A Different Voice』에서 아이들의 놀이를 관찰한 후 가설을 제시하였다. 남자아이들은 규칙을 세우고, 서열을 만들고, 옳고 그름을 판단해가면서 갈등을 해결하고, 경쟁을 통해 마지막 승자를 결정한다고 한다. 반면에 여자아이들은 관계가 손상되는 것을 피하려고 아예 갈등 상황을 회피하려 한다고 한다. 이를 바탕으로 길리건은 이제까지 남성의 특성이 사회의 주요 가치로 여겨져 왔지만, 앞으로는 관계중심의 여성의 특성이 더 중요한 가치로 여겨져야 한다는 여성중심의 도덕성에 대한 이론을 제기하였다.

길리건의 가설이 한국 사회에도 적용될 수 있을까? 한국 사회는 가족중심 집단주의 사회이기 때문에 이미 관계중심의 문화이며, 성별에 상관없이 남녀 모두 관계를 중요하게 여기는 문화에 익숙하다. 문제는 그러한 관계중심의 체계가 지배-복종 체계의 하위체계라는 데 있다. 한국의 여성들은 가족관계를 포함하여 관계 자체를 중요하게 여기는 경우가 많다면, 한국의 남성들은 지배-복종의 가치를 관계중심 가치보다 우위에 놓는 경향이 있다. 그래서 여성, 그리고 관계중심의 가치에서 파생된 평등성과 인간 존중의 관계중심의 가치보다는 지배-복종의 힘의 가치가 사회를 지배하게 된다. 남성은 여성에게 의존하면서도 동시에 자신에게 순종하기를 기대하고, 여성은 남성에게 현실적 삶에서 의존하는 동시에 자유와 독립을 원한다. 남성중심의 지배-복종의 사회에서 여성들이 남편이나 자녀를 통제하면서 자신의 힘을 확보하려 할 때 부부, 자녀, 그리고 친족 사이의 갈등을 피하기가 어렵다.

이론의 한계 이러한 이론들은 현상에 대해 일정한 논리를 제공하기도 한다. 그러나 사실 이런 이론들은 어머니와 자녀의 분리에 초점을 맞추는 개인주의 사회의 관점에서 탄생하였다. 이런 가설들이 가족중심의 집단주의 사회를 적절하게 설명할 수 있을까? 두 사회 모두 궁극적인 성장목표는 상호의존이다. 하지만 개인주의 사회에서는 분리 과정을 통한 상호의존이고, 집단주의 사회에서는 의존 과정을 통한 상호의존이라는 차이가 있다. 따라서 개인주의 사회에서는 분리불안이, 집단중심의 사회에서는 의존불안이 더 크게 다가온다. 물론 분리와 의존은 동전의 양면이기는 하지만, 문화적 관점에 따라 좀 더 중요하게 여기는 것이 다르다.

가족체계론 인간관계는 의사소통 방식뿐만 아니라 나를 알고, 상대방을 알아야 서로 잘 연결될 수 있다. 따라서 나의 성격적 특징과 더불어 가족의 영향에 대해서 숙고해보는 것이 필요하다. 두 사람의 내면에는 각자의 가족이 들어있고, 더 나아가 윗세대의 가족도 들어있다. 그리고 이러한 것들이 서로 상호작용하면서 하나의 가족체계system를 만든다. 이 과정에서 서로의 차이점 때문에 갈등은 불가피하다.

예를 들어보자. 자기와 반대되는 성격에 매력을 느껴 결혼한 한 남녀가 있다. 그러나 점차 비슷한 환경에서 성장하면서 각자 다른 생존방식을 구축하였고, 이를 유지하려는 강력한 의지 때문에 서로 타협하는 것이 어려웠다. 두 사람 모두 가정환경이 안정적이지 못했고, 부모와의 관계가 안전하지 못했다. 그리고 부모와 비슷한 부부관계를 재생산하고 있었다. 부부 모두 서로를 존중하기보다 지배 및 복종하는 인간관계를 배웠고, 적절하게 자기를 표현하기보다는 지나치게 자기를 주장하거나 억압했다가 폭발하는 의사소통 방식을 사용하고 있었다. 또 부모가 서로를 신뢰하지 못하고, 자녀를 믿어주는 경험을 하지 못했기 때문에, 상대방을 존중하고 신뢰하지 못하고 있었다.

남편은 지나친 불안과 책임감으로 아내를 통제하려 했고, 아내는 어머니한테 억압당하고 있던 욕구를 현재 결혼생활에서 충동적으로 채우려 하고 있었다.

성격과 성장과정이 다른 부부의 모습

【결혼 동기】 사십 대 초반인 부부는 한 동호회에서 만나 결혼하였다. 두 사람이 처음 만났을 때 남편은 명랑하고 순수하며 하고 싶은 말을 다 하는 아내가 사랑스러웠다. 아내는 말이 없고 점잖고 우직하지만 성실하고 자기가 맡은 일은 끝까지 책임을 지는 남편이 믿음직스러웠다. 그러나 결혼생활 6년이 지난 지금, 남편에게 아내는 철부지 아이처럼 보이고, 아내에게 남편은 뚱하고 융통성 없는 고집쟁이처럼 보인다.

【남편의 원가족 배경】 아버지는 착하지만 무능했고, 술로 세월을 보내다가 병이 들었다. 어머니는 생계를 위해 읍내에서 국밥집을 시작했고, 술을 팔던 어머니도 술을 마시기 시작하였다. 어머니는 장사를 마치고 힘들다며 집에 들어오지 않을 때가 많았다. 어렸지만 맏아들인 남편은 연로하신 아버지를 돌보고 집안 살림을 해가면서 동생들을 돌봐야 했다. 그러다 초등학생 때 아버지가 돌아가셨다. 어머니는 남자들과 바람이 나더니 동네 창피하다며 갑자기 자식들을 모두 데리고 무작정 서울로 상경했다. 그때부터 큰아들이었던 남편은 학교도 다니지 못하고 돈을 벌기 위해 안 해본 일이 없었다. 어머니는 재혼하였고, 남편은 동생들을 돌보면서 검정고시로 고등학교를 어렵게 졸업하였다.

【아내의 원가족 배경】 한학漢學을 하시던 부모님 밑에서 태어난 어머니는 신교육을 받지 못하였다. 중매로 아버지와 결혼한 후 초등학교 앞에서 조그마한 문방구를 운영했다. 아버지는 여리고 정이 많았지만, 말이 없다가 조그만 일에 갑자기 욱하면서 화를 내곤 했다. 사실 문방구는 어머니가 운영하는 거나 마찬가지였다. 아버지는 대낮부터 술을 마셨고 축 처져서 누워있을 때가 많았다. 그러면서도 어머니를 감시하고 바깥출입을 못 하게 하였다. 끝내 아버지는 위암으로 사망했다. 그 후 문방구를 처분한 어머니는 시장에서 이것저것 떼다 팔곤 하였다. 어머니는 딸이라는 이유로 교육을 못 받고 자랐다고 항상 억울해하

면서도 딸에게 일을 시키고 자신의 어머니와 똑같이 엄격하게 통제하였다.

【원가족의 영향】 성장배경이 비슷하면 심리적 역동 또한 비슷해서 서로가 익숙하게 느껴지고 만남이 비교적 쉽게 이루어진다. 두 사람 모두 무능하고 술을 많이 마시는 아버지를 두었으며, 어머니가 생계를 책임져야 했던 가정에서 성장하였다. 남편에게는 아버지의 모델이 없었고, 아내 역시 아버지가 적절한 역할을 하지 못하면서 어머니를 의심하고 통제하는 환경에서 자라났다. 남편은 어머니가 아버지를 배신하고 바람을 피웠기 때문에, 어머니에게서 느꼈던 불안을 현재의 아내에게 투사하면서 아내를 계속 의심하고 통제하려 했다. 그럴 때마다 아내는 무능했던 아버지에게 느꼈던 멸시감, 딸이라는 이유 하나만으로 부당하게 통제하던 어머니에 대한 분노를 남편에게 투사하면서 갈등이 심해졌다.

【생활방식】 남편은 어려서 집을 떠나 동생들을 돌보았기 때문에 집안 살림을 잘했다. 또 어린 나이에 모든 것을 혼자 결정하곤 했기 때문에 자기 방식대로 일을 처리하려는 욕구가 강했다. 행복하지 못했던 어린 시절 때문에 그가 꿈꾸던 행복한 가족을 만들고 싶다는 바람은 몹시 강했다. 그는 어머니가 집에 있기를 원했듯이 아내가 집에 다소곳이 있기를 바랐다.

아내는 어렸을 때부터 집이 지옥처럼 느껴졌다. 집이 싫었고, 친구와 노는 것이 재미있었으며, 어머니가 못하게 하면 반항심에 더 하곤 했다. 사춘기 이후 아내는 어머니의 눈을 피해 술을 마시고, 춤도 추러 다니고, 하고 싶은 것은 반드시 했다. 아내는 다음과 같이 말했다. "술 취한 아버지는 어머니를 못 나가게 하고, 어머니는 나를 못 나가게 했어요. 하지만 남동생은 자기가 하고 싶은 대로 다 했죠. 어머니는 내게 집안일을 하지 않는다고 항상 야단을 치셨고, 나는 집이 답답해서 미칠 것만 같았어요. 지금의 남편을 만났을 때 처음으로 편안하게 의지할 수 있는 사람이라고 느꼈고, 나는 도망치듯 집을 나와 남편과 결혼하였어요. 결혼할 때조차도 집에서 아무런 도움을 받지 못했기 때문에 맨손으로 결혼생활을 시작해야만 했어요." 그러나 이제는 집이 답답하고, 남편이 답답하고, 하고 싶은 대로 놀아야 직성이 풀렸다.

꼼꼼한 성격 때문에 남편은 집이 꼼꼼하게 정리되어있어야 만족스러워했다. 하지만 털털

한 성격의 아내는 남편이 정리정돈을 요구할 때마다 어머니가 자신에게 집안일을 시켰을 때 느꼈던 답답함을 느꼈다. 아내는 집안 살림을 하는 것을 배우지 못했기 때문에 차라리 밖에서 일할 때 훨씬 마음이 편하다고 하였다. 아내는 자신이 정리는 잘 못해도 쓸고 닦는 것은 잘한다고 자신했다(남편은 그 말에 어이없어했다). 그리고 맞벌이하면서 왜 남편은 집안일을 돕지 않고 잔소리만 하는 것인지, 왜 자신만 집안일을 해야 하는지 이해하지 못했다. 집에서 청소나 정리를 고작 몇 번 한 것이 전부고, 정리를 그렇게 잘하면 본인이 하면 될 텐데 남편은 왜 자신에게만 집안일을 강요하는 것인지 이해가 안 된다며 불평했다. 남편의 요구는 친정어머니와 똑같이 아내에게는 불공평하고 부당한 요구로 들릴 뿐이었다. 남편이 불평하면 할수록 아내는 밖으로 나돌았고, 술을 마시고 친구들과 어울려 다녔다. 남편은 이런 아내의 모습을 보고 그렇게 증오하던 어머니 모습을 떠올리곤 하였다.

【재정관리 방식】 남편은 이렇게 말했다. "읍내에서 장사하는 어머니에게 학급비를 타러 가면 어머니는 내가 돈이 어디 있냐고 하면서 저를 집으로 쫓아버리곤 했습니다. 그때부터 저는 철저하게 돈을 아끼게 되었습니다. 사람들로부터 수모를 당하지 않으려면 돈이 있어야 합니다. 나는 가난하게 자라서 경제관념이 철저합니다. 돈은 귀하게 여겨야 합니다. 돈을 함부로 쓰는 것은 용서할 수 없어요!" 그리고 "나는 나를 위해 돈을 쓰지 않습니다. 월급의 거의 전부를 저축하고 아주 적은 용돈으로 살고 있지만, 나는 내가 일하고 돌아올 수 있는 내 집, 아니 내 방, 내 공간이 있다는 것만으로도 행복한 사람입니다"라고 말하였다. 그런데 남편은 아내가 어디에 그렇게 돈을 쓰는지 알 수 없고, 그렇게 쓰라는 가계부를 한 번도 적지 않으니 아내를 믿을 수가 없다고 했다(그 말에 한 번은 적지 않았냐고 아내가 항의했다). 그러자 아내는 남편이 통장을 한 번도 보여준 적이 없다며 불평하였다. 아내는 남편이 자신에게 생활비를 제대로 주지 않기 때문에, 자신이 벌어서 쓰는 것뿐이라고 항변했다. 자신도 일하니까 당신도 집안일을 하라고 쏘아붙였다. 남편은 아내가 쥐꼬리만 한 돈을 벌고 자기가 다 쓰면서 가정도 돌보지 않는다고 화를 냈다.

한번은 부부싸움 끝에 남편의 입에서 홧김에 이혼하자는 말이 나왔는데, 다음 날 바로 아내가 대뜸 새 차를 뽑았다며 남편은 아내를 비난했다. 13평짜리 임대아파트에 사는 사람이 할 짓이냐며 남편은 아내가 너무나 한심해 보인다고 했다. 이에 아내는 이혼하면 자신이 아이를 키워야 하는데 차가 있어야 아이를 맡기고 일을 하러 가지 않겠느냐고 대꾸했다. 하지만 운전을 못 해서 차를 산 다음에 직접 가지고 오지도 못했다며, 아내는 자신이 지나치게 충동적이었다는 사실을 인정했다.

【가치관】 남편은 모든 것을 계획한 후에 행동으로 옮기지만, 아내는 하고 싶은 것이 있으면 즉시 행동으로 옮겼고, 이런 아내를 남편은 불안한 눈으로 바라보고 있다. 자녀 교육도 남편은 자녀가 학교공부 하나만이라도 제대로 따라갈 수 있기를 바라고, 아내는 자녀를 여기저기 데리고 다니면서 체험학습을 시키려 했다.

남편은 아내가 차를 사고 나서 주말마다 집에 있는 꼴을 보지 못했다며 아내를 비난했다. 그러자 아내는 아이를 데리고 좋은 곳에 다니면서 체험학습을 시키고, 문화회관에서 좋은 것들을 배우게 하고 있다고 했다. 남편은 아내가 그림이니 자수니, 수시로 새로운 것을 시작하면서 재료만 잔뜩 사놓고 끝을 내지 못한다며 불평하였다. 남편은 미래를 계획하면서 현재 저축을 많이 해야 안심이 되는데, 아내는 느닷없이 일본 여행을 가자고 하니 얼마나 철딱서니 없이 느껴지는지 모르겠다고 하소연하였다. 아내는 결혼생활 6년 동안 제대로 된 여행이라도 간 적이 있냐면서 반박했다.

【성관계】 아내는 남편이 성관계를 갖고 싶을 때는 아무 때나 덤벼들고, 자기 볼일이 끝나면 그냥 돌아누워 버린다고 하소연을 했다. 그리고 아내는 성관계할 때 한 번도 만족한 적이 없었고 남편을 위해 만족한 것처럼 흉내를 내었다고 하였다. 그리고 가끔 자신이 먼저 성관계를 요구하면 마치 색色을 밝히는 더러운 여자라도 되는 것처럼 자신을 취급한다고 분통을 터트렸다.

언제부터인가 아내는 남편과의 성관계 자체를 거부하고 있다. 한편 남편은 아내가 아이를 낳고부터 자신에 대해서는 신경도 쓰지 않고 아이한테만 매달린다고 불평하였다. 아이가 꽤 자랐는데도 핑계를 대면서 지금까지도 성관계를 거부할 뿐만 아니라 안방 침대를 차지하고 있는 아내와 아이 때문에 자신은 거실에서 자기 일쑤라고 하며 침울한 표정을 지었다.

남편은 결혼 초부터 성관계를 갖기 위해서는 아내 눈치를 보아야만 했다고 말했다. 그동안 아내가 자신과의 성관계를 즐기지 않았다는 사실을 오늘에야 처음 알게 되었다며 충격을 받은 표정을 지었다.

【의사소통】 아내가 보기에 남편은 아버지와 비슷하게 평상시에 말이 없다가 갑자기 화를 벌컥 낸다. 마치 아버지가 어머니에게 하던 것과 똑같았다. 아내는 아버지와 자신에게 끊임없이 잔소리하던 어머니와 똑같이 남편을 비난했다.

한편 남편은 아내가 자신의 말을 무시하고 대답도 하지 않다가 어느 날 갑자기 자신에게 "앉아 봐!"라고 명령하면서 한 시간씩 따지고 드는데, 정말이지 말로 당할 길이 없다고 하소연하였다. 그럴 때는 피하는 게 상책이라 집을 나가버린다고 했다. 자기의 말을 잘 들어주지 않는다는 아내의 불평에서 시작된 말싸움은 결국 남편에게 설득당한 아내가 미안하다는 말을 하는 것으로 끝이 난다. 두 사람 모두 싸움 같은 대화를 통해 불만을 품은 채로 말이다.

3장

의사소통을 위한 인간 이해

인간은 신체에 거한다
인간은 살아있는 한 행동(의사소통)한다
인간은 감정을 느끼는 존재다
인간은 생각하는 존재다
인간은 기대를 충족시키고자 한다
인간은 기대를 채우면서 열망을 충족시킨다
인간의 중심은 자기(중심-나)다

사티어는 가족치료 분야의 선구자로서 획기적인 가족치료 방법론을 제시하였다. 그녀의 가족치료 방법론 중심에는 의사소통에 관한 이론과 구체적인 방법론이 있다. 그녀는 의사소통이란 마음과 마음을 나누고, 나와 너의 존재가 연결되는 과정이라고 믿었다. 그래서 제대로 된 의사소통을 하려면 나를 알아야 하고, 또 상대방을 알아야 한다고 이야기하면서, 인간을 빙산에 비유하여 설명하였다. 우리가 서로 보고 들을 수 있는 말, 행동, 신체적 표현 등은 수면 위로 드러나는 부분이고, 감정, 생각, 기대, 열망, 자기(중심-나)는 수면 아래 보이지 않는 부분이라고 설명하였다. 이 장에서는 의사소통을 잘하기 위해 사티어의 인간 이해에 대해 살펴보고자 한다.

사티어의 인간 이해: 빙산 메타포

제1수준
행동 차원

행동
표현되는 행동과 삶의 이야기

반사적 감정, 일반적 감정
기쁨, 흥분, 매혹, 분노, 상처, 두려움, 슬픔 등

지각
신념, 가정, 사고방식, 주관적 현실

감정에 대한 감정
감정에 대한 판단으로 발생하는 감정

지각에 대한 지각
지각에 대한 판단으로 발생하는 지각

기대
자신에 대한 기대, 타인에 대한 기대, 타인이 나에게 갖는 기대

제2수준
심리내적 차원

열망
보편적 소망(사랑, 소속, 수용, 안전, 인정, 힘, 능력, 삶의 목적과 의미, 자유, 즐거움, 공평, 옳다는 승인 등)

제3수준
영적 차원

개체적 자기
영성적 자기

생명력, 영성, 정신, 핵심, 본질과의 만남

인간은 신체에 거한다

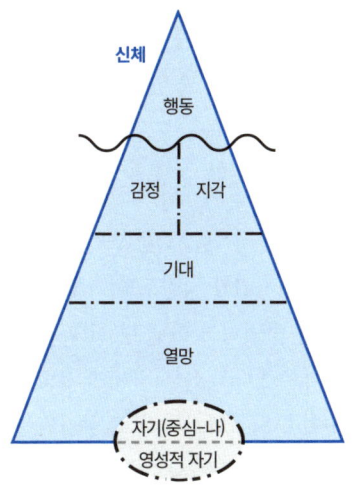

사람은 태내, 탄생, 신생아, 유아 시기의 경험까지도 모두 뇌에 저장한다. 그리고 언어를 배우기 이전의 신체적 경험은 잠재적 기억으로 저장된다. 유아기를 지나 언어를 습득한 이후에도 충격적 경험들은 기억해낼 수 없는 잠재적 기억으로 남는다. 유아뿐만이 아니라 성인도 외부의 자극이 지나치게 강력하면 감정을 정리하는 뇌의 기능이 제대로 작동하지 못하여 기억창고에 저장되지 못하고 변연계[*]에 남아있다. 이렇게 순간적인 혹은 만성적인 강력한 자극은 뇌의 형태까지도 변형시키고, 신경계, 심혈관계, 호르몬계에 영구적인 영향을 미친다.

'기가 막히다'라는 말은 외부의 자극이 지나치게 커서 마음에서 처리하지 못할 때 기氣의 흐름, 즉 생명의 에너지 흐름이 막힌다는 우리말의 표현이다. 마음에서 처리하지 못한 외부 자극은 신체적 증상 혹은 꿈이나 이미지로 드러난다. 어떤 내담자들은 정신병리 증상이 아님에도 불구하고 환상을 보기도 한다.[**]

---

[*] 변연계 limbic system : 대상회, 해마, 편도체, 시상하부로 구성되어있으며, 감정과 느낌을 관장한다.
[**] 융의 자서전인 『카를 융 기억, 꿈, 회상』에 소개된 미래 예언적 환상이 좋은 사례다.

따라서 우리는 신체가 나에게 보내는 신호를 알아차릴 수 있어야 한다. 상담치료는 주로 언어로 진행되지만, 언어로 표현하지 못하는 신체적 경험을 다루면서 변화를 시도하는 것이 더 효과적일 때가 많다. 다음의 사례는 우리의 신체와 마음이 긴밀하게 연결되어있다는 사실을 잘 보여주고 있다.

한 참가자는 수업을 시작하려고 하면 자기가 먼저 말을 꺼낸다. 내가 "프로이트" 하고 말을 꺼내는 순간 프로이트에 대해 알고 있는 모든 지식을 총알 쏘듯이 말하려 하였다. 이 참가자의 행동은 너무 심각해서 수업을 진행하기가 정말로 어려울 정도였다. 적당히 말의 방향을 틀어봤자 아무 소용이 없었다. 방법이 있다면 단 한 가지였다. 바로 수업에 들어오지 말라는 것뿐이었다. 그러나 배우겠다고 온 사람에게 그렇게 야멸차게 대하기도 힘들지 않은가! 그러던 어느 날 수업을 시작하자마자 그 참가자는 또 말하기 시작하였다. 그 순간 나는 나도 모르게 그의 의자 뒤로 가서 그를 감싸 안았다. 순간 그 참가자는 갑자기 얼어붙었다. 그는 마치 딴 세상에 있는 사람처럼 보였다. 그 순간 나머지 참가자들도 말로 표현할 수 없는 그 무엇을 느꼈다고 했다. 그 사건 이후 신기하게도 이 참가자는 전혀 다른 사람이 되었다. 수업을 방해하던 말이 사라졌고, 차분해졌다. 그 참가자는 지속적인 상담이 필요하겠지만 단 한 번의 신체적 접촉을 통해 내면에 변화를 경험하고 불안이 줄어드는 경험을 한 것이다.

인간은 살아있는 한 행동(의사소통)한다

언어에는 표정이나 신체적 움직임 등으로 표현되는 신체적 언어와 말로 표현되는 언어적 표현이 있다. 마음이 슬플 때 슬픈 표정과 함께 "슬퍼요"라고 말한다면 이는 신체적 표현과 언어적 표현이 일치하는 경우다. 그러나 마음이 약한 사람은 자기의 마음을 표현하는 것이 두려워 느끼는 대로 솔직하게 표현하지 못한다. 한 내담자는 격한 슬픔을 느껴 흑흑 흐느끼는데 입은 웃

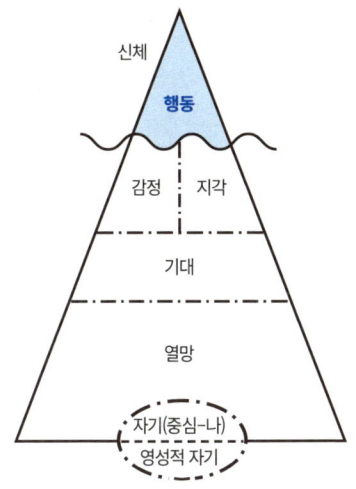

고 있었다. 신체적 언어와 말로 표현되는 언어가 일치하지 않는 모습이었다. 그녀의 부모는 그녀를 때리면서 "웃어? 울면 더 맞는다!"라고 야단치곤 했단다. 그녀에게 정직한 감정표현은 사치였다.

표정의 변화, 목소리의 높낮이 혹은 떨림의 변화, 호흡의 변화, 피부 색깔의 변화, 침을 삼킨다든가, 목이 막힌다거나, 눈의 초점이 흔들린다든가, 딴 곳을 응시한다든가, 땀을 흘린다든가, 눈물이 흐른다든가, 다리를 초조하게 떠는 등의 행동은 많은 정보를 제공한다. 이런 신체적 표현은 '말하면 안 돼'라는 판단을 거치지 않은 내면의 솔직한 표현이다.

한 어머니가 아들에게 문제가 있다고 상담을 왔다. 상담소를 여러 군데 다녔다고 한다. 그래도 아들이 변하지 않아서 찾아왔단다. 어머니는 숨도 쉬지 않고 30분 이상을 아들의 문제를 나열하였다. 그 옆에 아들은 자기를 비난하는 어머니의 말을 들으면서 입꼬리를 위로 올린 채 웃는 표정을 계속 짓고 있었다. 어머니가 그렇게 비난하는데 어떻게 아들은 웃고 있을까? 이야기를 듣다 보니 어머니의 불안이 문제의 원인임이 분명해 보였다. 그리고 한 군데에서 치료받는 것에 만족하지 못한 채 이곳저곳을 다니면서 아들이 문제임을 치료사에게 확인시키고 있었다. 어머니 자신의 불안을 해결하기 위한 매우 잘못된 방법이었다. 나는 아주 심각한 표정을 지으면서, "어머님, 왜 이렇게 불안하신가요? 어머님의 불안이 아드님 문제의 원인인 것 같습니다"라고 말했다. 그 순간 경직된 어깨가 푹 내려앉으면서 아들은 '휴' 하고 숨을 푹 내쉬었다. 그의 얼굴은 울 것처럼 보였다.

어떤 사람은 상반된 말을 하기도 한다. 그러면 듣는 사람은 어떤 쪽을 받아들여도 실패할 수밖에 없다. 이를테면, "나는 당신과 같이 있으면 답답해!"라고 하다가 "당신이 혼자 있으려는 것은 나를 싫어하기 때문이야!"라고 한다면 듣는 사람은 혼란스럽다. 의대를 다니다 조현병이 발병한 내담자와 어머니가 상담에 왔다. 그는 어머니가 돈 걱정하지 말고 공부만 하라고 하면서 책상에 앉으면 다른 집 아들은 공부하면서도 돈을 벌어 엄마 용돈도 준다고 했단다. 계속 두 가지 메시지를 동시에 듣는 아들은 혼란스러울 수밖에 없었다. 이렇게 이러지도 저러지도 못할 명령을 듣고 이를 지켜야만 하는 아이는 혼란스럽다. 이런 의사소통 방식을 소위 이중 메시지 double message 라고 한다.

앞의 사례에서 보았듯이 부모가 자녀에게 이중 메시지를 자주 보내거나, 불분명하게 말하거나, 지나치게 엄격한 의사소통 규칙을 요구하면서 말하는 것을 제한하면 성장한 뒤에도 자유롭게 자기표현을 하지 못한다.

이외에도, 성장 과정의 경험으로 인해 의사소통을 제대로 하지 못하는 사람도 있다. 부모의 지나친 기대가 버거워 공부하기를 거부하면서 반항하는 오빠와 그 오빠를 무섭게 때리는 아버지를 보면서 죽은 듯이 있었던 동생은 '하고 싶은 말을 하는 것은 위험하다'는 규칙을 스스로 만든다. 또는 어머니를 가혹하게 때리는 아버지를 향해 "나는 아버지를 죽이고 싶어!"라고 말하지 못하고 방 한쪽 귀퉁이에서 숨죽이고 있었다면 성장한 후에도 갈등이 발생할 것 같은 상황에서는 감정을 닫고, 생각을 멈추고, 그 상황을 피하려 하거나 갑자기 폭력적으로 변할 수 있다. 이렇게 느끼는 것을 적절하게 표현하지 못하면 마음으로 경험하는 것과 말로 표현하는 것이 일치하지 못하게 된다.

인간은 감정을 느끼는 존재다

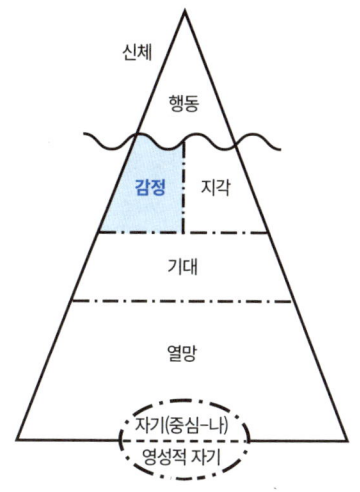

감정은 마음의 상태를 나타내는 마음의 체온계다. 감정은 내가 현재 어떤 상태인지를 알려주는 메시지다. 이 메시지를 듣고 적절한 조치를 하면 감정은 곧 안정적 상태로 돌아온다. 그러나 이를 무시하거나 아무 조치도 취하지 않으면 감정은 내면 깊숙이 어딘가에 숨어서 계속 나를 찌른다.

사람들은 긍정적 감정보다 부정적 감정을 훨씬 더 오래 기억한다. 더욱이 뇌는 부정적 감정과 긍정적 감정을 동시에 경험하지 못하기 때문에, 부정적 감정을 자주 느끼다 보면 뇌는 긍정적 감정보다 부정적 감정을 느끼는 데 익숙해진다. 이런 상태가 지속되면 뇌는 그 감정 상태를 유지하려 한다. 특히 어린 시절의 심각한 부정적 경험은 잠재적 기억으로 남아 비슷한 감정을 느끼는 순간에 반사적으로 튀어나온다. 이렇게 부정적 감정에만 집중하면 '나'를 부정적으로 경험하게 된다.

해결하지 못한 과거의 상처는 분노로 표출된다. 사람들은 상처를 입었다고 말하는 대신 화를 낸다. 상처, 분노, 슬픔, 두려움, 우울, 불안, 혐오, 놀람, 수치, 당황, 경멸 등의 감정이 지속되면 우울증, 강박증, 분노조절 장애와 같은 심각한 증상을 유발한다. 특히 유아기, 아동기에 감정을 제대로 표현하지 못하거나 감정을 충분히 인정받지 못해서 발생하는 우울과 불안은 성인이 된 후에도 유지된다.

열 살의 시온은 슬프다. 아버지는 새벽에 집을 나가 11시가 되어서야 들어오시는데, 늘 화를 내신다. 어머니와 싸울 때는 어머니를 마구 때리신다. 누나나 형도 때리신다. 그래서 무섭다. 어머니도 아버지와 마찬가지로 일만 하신다. 어머니도 슬퍼 보이는데 안 슬프다고 하신다. 열다섯 살 큰누나는 부모님과 싸우다가 가출했다. 열두 살 형은 부모님 눈치만 본다. 그리고 화가 나면 나를 아버지처럼 때린다. 가족 상담이 끝난 뒤 다시 물었다. "시온아, 지금 마음이 어떠니?" 무섭고 슬프다고 한다. 그리고 고개를 떨어뜨리고 자기 때문에 식구들이 행복하지 않다고 식구들에게 미안하다고 눈물을 떨군다. 자신의 존재가 식구들에게 짐이 된다고 우울한 표정을 짓고 있었다.

우리가 알고 있는 다양한 종류의 감정은 상황에 따라 일차감정이 될 수도 있고, 이차감정이 될 수도 있다. 상황에 대한 직접적 반응으로 발생하는 생존 감정을 일차감정이라고 한다. 일차감정은 상황에 빨리 적절하게 반응하라는 메시지다. 차가 달려오는 것을 보면 두려움을 느끼고, 불쌍한 아이를 보면 슬프고, 무서운 동물을 만나면 공포를 느낀다. 생존을 위해 필요한 감정이다. 그러나 이러한 부정적 감정을 자주, 그리고 지속적으로 느끼면 스트레스가 높아지면서 신체적 반응을 일으킨다.

이차감정은 일차감정에 대한 감정이다. 상황에 대해 처음으로 느끼는 일차감정을 느낀 다음에 뒤따라 느끼는 감정이 이차감정이다. 즉 "내가 엄마 때문에 화가 나서 미칠 것 같아!"라고 소리 지른 다음에 '엄마한테 버릇없이 화를 내는 것은 나쁜 짓인데'라는 규칙이 떠오르면서 죄책감을 느낀다면, 바로 이 죄책감이 이차감정이다. 슬픔을 느끼지만 (일차감정) '슬퍼하는 것은 나

약한 사람이나 하는 짓이야. 슬퍼하는 나는 약한 사람이야. 나는 이런 내가 마음에 들지 않아'라고 생각한다면(감정에 대한 감정), 자신에 대한 분노(이차감정)를 느끼게 된다. 이렇게 이차감정은 일차감정을 경험하는 과정에서 주로 자신을 판단하는 결과로 발생하는 '자기(중심-나)'와 관련된 감정일 때가 많다.

"나도 내가 달라졌으면 좋겠습니다. 내가 봐도 스스로가 한심하고 기가 막힙니다. 나를 꼭 좀 고쳐주세요. 화가 날 만한 일도 아닌데 왜 이렇게 화가 치미는지. 높은 사람한테는 절대 화를 못 냅니다. 약한 사람들한테만 화를 냅니다. 내가 정당하게 받아야 할 서비스를 받지 못했다고 생각되면 불같이 화를 냅니다. … 내 내면에는 일단 화가 폭발하기 시작하면 끝까지 가는 나 자신을 보고 있는 또 다른 내가 있습니다. 이럴 때 마치 술을 끝까지 마실 때와 비슷한 짜릿한 느낌을 심장에서 느낍니다." 상담사가 내담자의 아버지에 대해 이야기를 꺼내자 그는 화들짝 놀라면서 "아버지를 존경합니다. 아버지는 잘못이 없습니다"라고 외쳤다. 아버지에 대한 분노를 표현하기 두려워한다는 것을 드러내고 있었다. 자수성가한 아버지는 할아버지가 너무 무서워서 숨도 못 쉬고 자랐다고 한다. 그리고 내담자의 아버지도 할아버지와 똑같이 엄격하고 무서웠다. 내담자는 왜 아버지가 화를 내는지도 모른 채 방에서 매를 맞았다. 아버지는 나를 위해서 때리셨는데 이런 말을 해서 아버지께 죄송하다며 머리를 푹 숙이고 있었다. 그 당시 어머니는 다른 방에 계시면서 아버지를 말리러 한 번도 나오시지 않았다고 한다. 내담자는 돌아가신 아버지와 어머니한테 느꼈던 부정적 감정을 풀어내고서야 부모와 자신을 용서할 수 있었다.

일차감정이나 이차감정은 감정의 수준에 따라 해결하는 방법이 조금 다르다. 일반적으로 느낄 수 있는 적정한 수준의 부정적 감정은 내면 탐색을 통해서 해결할 수 있다. 그러나 깊은 수준의 부정적 감정은 그 감정을 경험했던 상황으로 들어가서 그 감정을 풀어내야 한다. 다음의 표는 사티어 모델에서 감정의 수준에 따라 적용하는 치료방법을 분류한 것이다.

자료 감정 수준과 사티어 모델의 치료개입

감정 수준	감정에 대한 뇌의 기능	감정 반응	감정 대처방식	사티어 치료개입
일반 수준의 감정	- 반사적 뇌 기능: 상황에 대한 자동적 감정 반응 - 대뇌피질 작동: 상황에 대해 순간적인 판단이 개입한 다음에 느끼는 감정	- 상황에 대해 순간적으로 느끼는 감정 - 지각체계가 잠깐 작동한 다음에 느끼는 감정	- 상황이 정리되면서 감정이 가라앉음 - 감정을 표현하면서 긴장을 해결함 - 감정을 약간의 방어기제를 사용하여 해결함	- 내면 탐색을 통해 감정을 해결함 - 자기와 연결함
중간 수준의 감정	- 반사적 뇌 기능: 상황에 대한 자동적 감정 반응 - 해마와 대뇌피질 작동: 해마에서 일반적인 수준의 감정을 암호화, 체계화하여 대뇌피질로 보내 정리함	- 일차감정: 상황에 대해 느끼는 감정으로 지각체계가 아주 잠깐 개입할 수 있음 - 이차감정: 감정과 지각체계가 긴밀히 연결되어 감정에 대해 느끼는 감정	- 감정을 억압하거나 비일치적 대처방식을 사용하여 표현함	- 내면 탐색을 통해 감정을 해결함 - 과거의 부정적 경험을 여러 기법을 사용하여 해결함 - 자기와 연결함
강한 수준의 감정	- 변연계의 편도체: 외부 위협에 대한 경보를 울려서 해마를 작동시킴 신체적 경험을 통한 정보, 위협적인 상황에 대한 기억, 비언어적 정보, 불안, 공포 등 정서 내용의 정보를 해마로 보냄 - 편도체의 해마: 슬픔, 분노, 공포, 혐오, 놀람, 질투, 수치, 당황, 경멸 등의 기분 나쁜 감정, 후두엽 쪽에서 오는 감각기관의 시신경 소리, 촉각 등의 스트레스 높은 경험을 조절함 그러나 스트레스가 너무 크면 작동이 멈추어 자각을 못 하게 되면서 처리 못 한 감정은 편도체에 남아있게 됨	- 유아 초기의 트라우마 및 과한 스트레스 감정은 편도체에 남음 - 지나치게 자극적인 경험, 과거의 부정적 경험, 트라우마 등의 비언어적 차원의 경험은 신체적 경험 및 이미지로 저장됨	- 이미지, 신체적 경험 등으로 저장된 잠재적 경험과 감정이 아주 작은 자극에도 활성화되어 반사적으로 반응함 - 극단의 경우에 해리, 기억상실, 정신질환이 발생됨	- 빙산 탐색을 통해 감정을 해결함 - 잠재적 경험을 해결해야 함 - 신체적 경험을 통해 억압한 감정을 자각하고 해결함 - 신체적 경험 혹은 내적 시각화 등을 통해 경험적으로 해결함 - 자기와 연결함
매우 강한 수준의 감정	- 해마와 뇌간: 뇌간은 생명체의 보존기능을 담당. 교감, 부교감 신경 체계를 조절 - 생존과 관련된 강력한 감정을 관장 - 스트레스가 너무 크면이 기능이 교란되어 신체적 증상을 일으킬 가능성이 매우 큼	- 생명을 위협하는 폭력전쟁, 자연재해, 가정폭력, 성폭력, 그 외의 죽을 것 같은 상황에서 경험하는 극도의 두려움, 공포, 극심한 불안	- 죽음을 각오하고 싸우거나, 혼비백산해서 도망가거나, 정신을 잃어버리는 등 심리적 기능을 멈춰버림 - 강하게 억압함 - 극단의 경우에 해리, 기억상실 등 정신질환이 발생할 가능성이 큼	- 빙산 탐색 - 과거의 경험을 다룸 - 내적 시각화, 신체적 경험 등을 통해서 해결해야 함 - 자기와 연결함 * 장기치료가 필요할 수도 있음

인간은 생각하는 존재다

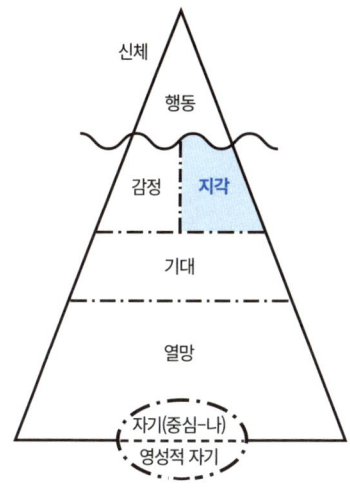

생각, 즉 지각^{知覺, thinking}*은 좌뇌의 정신기능을 의미한다. 자극을 받아들이고, 체계화하고, 해석하고, 의미를 부여하는 과정이다. 지각thinking기능은 뇌기능의 문제나 뇌 손상이 없으면 유아 초기부터 빠르게 발달한다. 유아가 받아들인 자극을 뇌에 저장하고, 자신의 경험에 주관적 해석과 의미를 부여하면서 점차 사고체계와 가치관을 형성한다. 따라서 지각체계는 지각을 통해 형성된 사고방식, 주관적 현실, 관점, 규칙, 가치관, 신념, 가설 등 지각기능 전체를 포함한다.

감정과 지각은 서로 협조적이어야 한다. 둘은 조화를 이루어야 한다. 불이나거나 무서운 동물과 만났을 때 느끼는 반사적이고 원초적 반응(3F: 죽은척 하거나, 싸우려고 하거나, 도망가는 행동) 말고는 감정을 느낄 때 지각이 같이 상호 균형 있게 작동해야 한다. 둘 중의 하나가 변화하면 다른 하나도 달라진다. 지각이 달라지면 감정도 달라지고, 감정이 달라지면 지각이 달라진다. 감정에만 공감하는 것이 아니라 지각 차원에서도 이해가 되어야 한다. 그래서 진정

---

* 사티어는 자신의 방법론을 설명할 때 보편적인 단어를 사용하였다. 예를 들어 '생각' 기능으로 thinking이라는 단어를 '지각'으로 번역하였다.

한 공감은 상대방의 생각과 감정에 공감하는 것이다. 그러나 잘못된 지각(생각, 신념, 가치관 등)에 공감하고 동조하면 큰 죄를 지을 수도 있다. 독재주의자, 히틀러의 추종자들을 보라! 또 감정에만 쏠려서 공감하면 스톡홀름 증후군 같이 위험한 사람에 동조하게 된다.*

남편은 어린 시절 집안의 기둥이 되라는 이야기를 듣고 자랐고, 아내는 아들이 태어나기를 바랐던 집안의 구박데기 딸이었다. 그녀는 남편이 초등생을 가르치듯 매일 붙잡아놓고 대화하자고 하는 것이 지겨웠다. 그녀에게 대화는 마음, 즉 감정을 나누는 것이었지만, 남편에게는 자기가 알게 된 지식을 전달하는 것이었다. 지식을 채우는 것이 남편에게 있어서는 살아가는 데 절대적으로 필요한 생존방식이었다. 그녀는 알아듣지도 못하는 의학 용어가 가득한 이야기를 열심히 듣는 척하면서 점점 에너지를 잃어가고 있었다. 그녀는 자라면서 감정표현을 통제당했고, 어린 시절부터 '잘난 척하면 안 된다', '양보해라', '왼쪽 뺨을 때리면 오른쪽 뺨까지 내주어라' 등의 이야기를 들으며 자랐기 때문에 남편이 원하는 것을 거절할 수가 없었다. 그리고 남편의 자존심을 지켜주고 남편이 잘났다는 감정을 느끼게 해주어야 한다는 것을 알고 있었기 때문에 그의 요구를 들어주어야 한다고 믿었다. 그녀는 마음이 힘들수록 교회에서 살다시피 하였다. 그러나 현실적인 삶에 변화는 없었다. 우울증만 깊어갔다.

인간은 기대를 충족시키고자 한다

인간의 가장 깊은 바람은 존재의 중심, 즉 자기(중심-나)에서 열망을 충족시

---

* 1973년 스톡홀름의 한 은행에서 납치범들이 은행원들을 인질로 삼아 은행을 털려고 하였다. 은행원들은 6일간 인질로 잡혀있었는데, 이들은 풀려난 뒤에 인질범들을 옹호하는 말을 한 것으로 유명해졌다. 인질로 잡혔었던 동안 인질범들과 정서적 친밀감이 형성되었기 때문에 인질범들의 죄보다 오히려 이들에게 정서적 공감을 한 것이다. 이 현상을 스톡홀름 증후군이라고 한다.

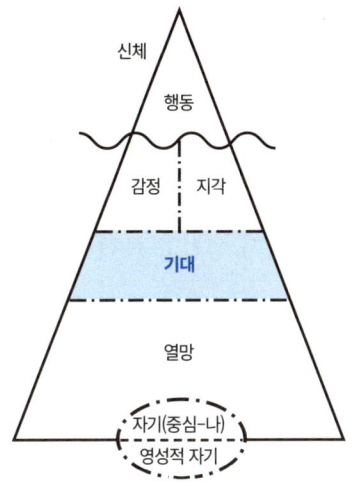

키는 삶을 사는 것이다. 모든 사람은 사랑, 소속, 수용, 안전, 인정, 힘, 능력, 삶의 목적과 의미, 자유, 즐거움, 공평, 옳다는 승인을 받고 싶다는 보편적이고 근원적인 열망을 지니고 있다.

인간은 누구나 사랑을 느끼고 사랑을 주고 또 받고 싶어 한다. 자녀들이 부모에게 분노를 표출할 때 분노 밑에는 사랑의 열망이 채워지지 못한 상처가 있다는 사실을 부모는 모른다. 미성숙한 부모는 자녀의 분노가 억울하고, 슬프고, 섭섭하단다. 이럴 때 자녀들은 또 한 번 좌절하고 분노한다. 어린 시절 부모로부터 입은 상처 때문에 어린아이같이 우는 어른들을 얼마나 많이 보았는지 모른다.

대부분의 사람들은 누군가와 연결되고 싶어 한다. 부모, 형제, 친구, 연인과 연결되고 싶어 한다. 이는 더 나아가 모든 사람들과 연결되고 싶은 열망으로 확장되면서 인류애가 움튼다. 그러나 인간이 최초로 연결되고자 하는 사람은 자기에게 생명을 전달한 부모다. 부모와 든든하게 연결되었을 때 세상에 나아갈 힘이 생긴다. 이러한 연결은 어머니, 아버지, 가족, 더 나아가 친구, 이웃으로 퍼진다. 이렇게 사랑을 느끼고, 소속감을 느끼기 위해서는 수용받았던 경험이 있어야 한다. 또 내가 괜찮다는 나의 존재에 대한 인정을 받은 경험도 있어야 한다. 이런 경험을 통해서 자기(중심-나)는 조금씩 성장한다.

이런 세상에서는 안전감을 느낄 수 있다. 내가 힘들 때 누군가에 의지할 수 있고 또 나도 누군가에게 힘이 될 수 있기 때문이다. 그리고 누가 나를 해칠 것이라는 두려움이 줄어든다. 점차 이 세상을 살 만한 곳으로 느끼게 된다. 나도 뭔가 할 수 있다는 자신감, 내가 가진 능력을 펼칠 수 있다는 자신감이 생긴다. 그럴 때 내가 왜 살아야 하는지에 대한 의미가 생기고 목적이 생긴다. 세상이 공평하고 정의가 넘치는 사회가 되기를 바라는 마음, 다른 사람과 자연과 우주와 내가 하나가 되는 일치적 상태로 나아가게 된다. 일치적 상태를 경험하기 시작하면 자기(중심-나)의 개체성을 넘어서 우주의 생명력, 우주적 영성, 모든 존재의 본질, 정신 등과 연결된다. 이런 상태에서는 측은지심, 고요함, 충만한 은혜, 자비로움, 호기심, 희망, 감사함, 순수함, 겸손함, 돌봄과 배려, 공감, 창조성이 나의 중심, 자기(중심-나)에서 흘러나온다.

인간은 기대를 채우면서 열망을 충족시킨다

이러한 열망은 기대를 통해서 충족된다. 이렇게 기대-열망-자기(중심-나)는 함께 연결되어있다. 동시에 기대가 채워지면 열망이 채워지고, 열망이 채워지면 자기가치감이 높아지며 자기(중심-나)가 힘을 얻게 된다.

열망을 충족시킬 수 있는 기대를 채우기 위한 구체적인 방법은 다양하다. 사랑의 사례를 보자. 유아기, 사춘기, 성인기에 따라 사랑의 구체적인 대상은 달라진다. 사랑의 대상은 바뀌어도 사랑하는 마음과 사랑의 열망은 같다. 그러나 사람들은 열망을 한 가지 방식으로만 채우려 한다. 어떤 이는 첫사랑을 잊지 못해 평생 혼자 살기도 한다. 혹은 자신이 이루지 못한 일류 대학의 꿈

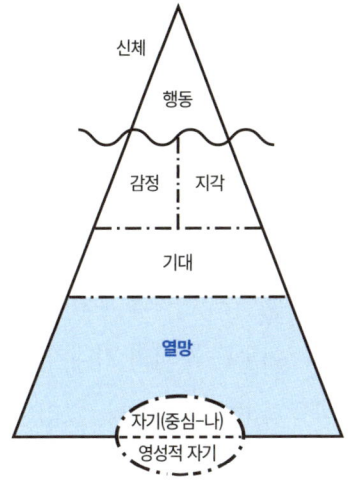

을 자녀가 채워주기를 기대하는 부모도 있다. 부모 자신이나 자녀들이 진정 원하는 것은 반드시 일류 대학 입학이 아닐 수도 있다. 일류 대학에 가고자 하는 기대를 통해서 채우고자 하는 열망을 알아내서 다른 방식으로 채울 수 있음에도 불구하고 한 가지 방법으로만 채우려 고집하는 데에서 문제가 발생한다.

기대에는 내가 자신한테 갖는 기대, 내가 타인한테 갖는 기대, 그리고 타인이 나에게 갖는 기대가 있다. 나는 나에 대한 기대도 알아야 하지만, 상대방의 기대도 알아야 한다. 그리고 두 사람의 관계가 잘 유지되려면 쌍방 간의 기대를 타협할 수 있어야 한다. 나의 기대만 중요하거나, 상대방의 기대만 중요하게 여기면 좋은 관계를 형성하기가 쉽지 않다.

그러나 우리는 원하는 것을 다 충족시켜가면서 살 수는 없다. 우리가 원하는 것을 다 채우는 것도 그리 바람직하지는 않다. 아들러Adler가 이야기하듯이 약간의 결핍이 삶의 추동력이 될 수도 있다. 어린 시절의 적절한 좌절은 욕구에 대한 조절을 배우게 하고 오히려 어려움을 이겨내려는 동기를 제공한다. 환경이나 부모로부터 지나치게 많은 좌절을 경험한 사람들뿐만 아니라 과보호를 받았던 사람들의 경우 외부로부터의 조그마한 비판에도 자기(중심-나)에 손상을 입는다.

가족중심의 우리 사회에서는 부모 혹은 조부모 때로는 증조부모 세대의 기대까지 안고 사는 사람들이 꽤 많다. 사람들의 기대에는 윗세대의 한(恨)과 자식에 대한 사랑이 함께 들어있다. 그러나 내 삶에 대한 책임은 나에게 있다. 다음 세대에게 내 삶에 대한 책임을 지게 해서는 안 된다.

어린 시절 가족 내에서 불평등한 대우를 받았거나 그러한 관계를 보면서 자란 사람들은 불평등한 상황에 예민하게 반응한다. 이들은 자기의 기대가 충족될 때 공평하다고 느끼고, 충족되지 않으면 불공평하다고 느낀다. 그러나 타인에 대한 그들의 기대는 불공평할 때가 더 많다는 사실을 잊지 말아야 할 것이다.

   나는 우울한 감정이 익숙하다. 우울은 오래된 친구 같다. 아무도 내가 우울하다는 것을 눈치채지 못한다. 나는 두세 살 때부터 우울했다. 어린아이가 왜 그렇게 우울하였는지 지금도 이해할 수 없다. 다섯 살 때 어머니가 친척 집에 며칠 다니러 가셨다. 그때 나는 온 힘을 다해서 어머니의 치맛자락을 움켜잡고 놓지 않았다. 울부짖는 나에게 어머니는 소파수술을 하러 간다고 했다. 아니면 동생을 낳을까 물었다. 나는 싫다고 했다. 동생이 생기면 어머니를 뺏길까 봐 두려웠다. '소파수술', 이 단어는 나를 힘들게 하곤 했다. 이 단어만 들으면 몸의 느낌이 이상했다. 어머니는 줄곧 너를 소파수술로 없애려고 했다고 말하곤 했다. 그 말을 들을 때마다 나는 어머니의 인생에 빚쟁이가 되곤 하였다.

   어머니는 소같이 일했다. 하지만 어머니가 일해서 모은 돈을 아버지가 다 날렸다. 아버지는 젊어서 딴 여자와 새살림을 차리기도 했다. 어머니는 매일같이 아버지와 싸웠다. 어머니는 나에게 수십 번 아니 수천 번 아버지가 잘못한 일들을 나열했다. 어머니는 아버지를 화나게 하는 기술이 탁월했다. 싸우고 나면 어머니는 나를 붙잡고 골

백번 너를 뗐어야 했었다는 푸념을 늘어놓았다. 어머니를 떠나면 나는 죽을 것 같았다. 한시도 떨어지려 하지 않았다. 어머니를 힘들게 하는 아버지가 미웠고 두려웠다. 큰형은 아버지에게 대들다가 낙오자가 되었다. 둘째 형은 공부만 했다. 그래서 사회적으로 성공했다. 나는 그 형이 매우 행복할 것이라고 믿었다. 그러나 그 형도 죽고 싶다고 했다. 나는 이상하게 화가 나면 나를 해치고 싶다. 나는 살아서는 안 되었다. 나는 어머니를 힘들게 한 아이였다.

이 내담자는 자기를 불편하게 느꼈다. 이 내담자가 경험한 것은 생명에 대한 불평등한 대우였다. 그러나 내담자 역시 자신의 가족에 대해 채워지지 않은 기대와 열망, 그리고 분노를 자기가 가장 사랑하는 아내와 자녀에게 불평등하게 터뜨리고 있었다.

우리는 어떤 삶을 원할까? 모두 열망을 충족시키면서 살고자 한다. 그러나 열망을 채우는 방법은 사람마다 다르다. 또 열망을 채우고 싶은 정도와 순서는 사람마다 조금씩 다르다. 내가 가장 절실하게 채우고자 하는 열망이 무엇인지, 그 열망이 왜 그렇게 나에게 절실하게 느껴지는지 그 원인을 찾아보면 많은 문제가 해결될 수도 있다.

사춘기 아들을 둔 가족이 상담을 요청했다. 보통 어머니가 자녀 문제를 더 걱정하는 편인데, 이 어머니는 창밖을 내다보고 상담에 전혀 관심을 표현하지 않았다. 어머니는 그동안 아들하고 갈등을 많이 겪어서 이제 더 관심을 가질 기운이 남아있지 않다고 했다. 그리고 남편이 변하지 않는 한 아들은 변하지 않을 거라며 상담에 관여하고 싶지 않다고 하고는 다시는 상담에 참여하지 않았다. 이들의 모습에서 아버지, 어머니, 그리고 아들 세 식구의 역동을 금방 알아차릴 수 있었다. 치료사인 내가 아들한테 질문하면 어머니는 창밖을 보았고, 아버지가 대답했으며, 아들은 가만히 있었다. 아들은 아버지에게 휴지를 달라고 해서 휴지에 코를 풀고 나서는 바로 앞에 있는 쓰레기통에 버리지 않고 코 푼 휴지를 아버지에게 주었고, 아버지는 그것을 자연스럽게 버렸다.

또 아들은 어디를 가든지 아버지가 따라다닐 것을 요구하고, 자기가 한 행동을 아버지가 반드시 반복해야 했다. 길을 가다가도 자기가 본 것을 아버지도 똑같이 보아야 했고, 화장실도 같이 가야 했으며, 화장실을 나올 때는 자기가 사용한 화장실을 한참 동안 자세히 살펴본 다음에 아버지도 똑같이 살펴보아야만 했다. 대충 보면 안 되었다. 충분한 시간과 관심을 가지고 들여다보아야 했다. 상담을 끝내고 떠날 때가 되자 아들은 다시 의자 위를 한동안 꼼꼼히 살펴보았다. 그리고 아버지도 똑같이 살펴보게 하였다.

아들은 무엇을 찾고 있었을까? 나는 그가 잃어버린 자기를 찾는다고 이해했다. 그러나 그가 찾는 자기는 아무 데도 없었다. 아버지는 계속해서 아들의 미래를 걱정하고 있었고, 아들은 계속해서 자기가 할 일을 아버지에게 시켰다. 그리고 아들이 이렇게 자기를 붙잡고 있는 것에 대한 만족감의 미소가 아버지의 얼굴에 살짝 비치는 것을 나는 놓치지 않았다.

열망은 지식이 아닌 경험을 통해 채울 수 있다. 우리는 생존이 아니라 열망을 충족시키면서 살아갈 때 행복하고 높은 자기가치감을 형성할 수 있다. 그렇지 못하면 개인의 성장에 많은 제한이 따르게 된다. 예를 들어 자신의 열망을 타인을 통해서 충족하려다 보면 타인을 통제하게 되고, 타인에 의존하게 되면서 자기를 상실하게 된다. 행복한 삶은 무지개 너머에 있지 않다. 이 순간 작은 행복들이 모여서 행복의 바다를 이룬다.

인간의 중심은 자기(중심-나)다

열망을 충족시킬 수 있을 때 자기가치감이 높아지고, 자기(중심-나)가 든든해진다. 사티어는 자기(중심-나)를 특정 형태로 설명하지 않는다. 그것은 우리 안에서 느껴지는 것이지 형태를 가진 것이 아니며 생명 그 자체라고 말했

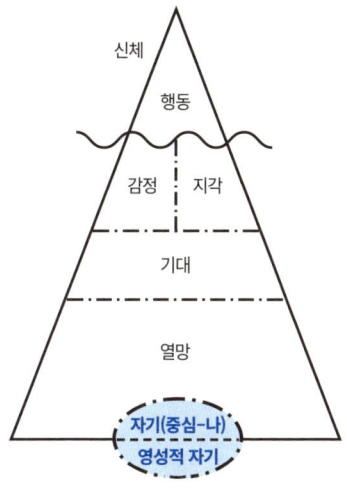

다. 이런 관점에서 사티어의 자기(중심-나)는 일반적으로 심리학에서 말하는 자기와는 조금 다르다. 탯줄이 어머니와 연결되어 물리적인 '나'라는 하나의 독립된 존재를 만들어냈다면, 탯줄을 통해 전달되는 생명은 나만의 것이 아니라 모든 살아있는 존재에 흐르는 생명 에너지다. 그래서 자기(중심-나)에는 '개체적 자기'와 '보편적 자기'가 있다.

인간은 애초부터 신성한 존재이며, 인간의 핵심인 자기(중심-나)는 본질이자 생명력이며, 정신이고, 영성이다. 사티어는 영성에 대해 다음과 같이 말하고 있다.

> 사람들이 자기를 제한하고 거부함으로써 만들어낸, 두껍고 시커먼 실린더에 갇혀있는 것처럼 보이지만, 나는 그 속에서 여전히 빛나는 영성을 본다. 내가 보는 것을 사람들도 볼 수 있게 하고 싶다. … 그래서 나는 사람들이 변화하는 첫 번째 단계가 그들의 영성과 접촉하는 것이라고 믿는다. 그렇게 하고 나서 우리가 함께 걸림돌을 치워 건강한 방향으로 에너지가 흐르도록 하는 것이다. 우주에는 질서가 있다. 인간 역시 그 질서를 따라 살아간다. 하지만 우리가 항상 이러한 질서를 볼 수 있는 것은 아니다. 우리가 아예 그것을 보지 못하거나, 아니면 열린 눈으로 보려 하지 않기 때문이다. 분명 어딘가에 존재하고 있을 인간의 질서를 보는 것이 나에게는 중요하였다. 나에게 인간의 근본은 생명력 Life Energy과 같기 때문이다. (Satir, V. 1988. pp. 340-342)

그러나 인간은 태어나는 순간부터 죽음에 대한 불안을 안고 살아간다. 부모로부터 지지와 사랑을 경험하지 못하면 내면이 약해지기 때문에 죽음에 대한 불안이 더 높아진다. 삶의 초기 경험, 특히 어머니 그리고 아버지와 연결되지 못하면 자기(중심-나)에 손상을 입는다. 이 경험이 긍정적이면 무엇을 꼭 성취하지 않아도 심리적 안정감을 느낄 수 있다. 이러한 상태에서 생명력은 자연스럽게 흐르고, 삶이 활기찰 수 있다. 이런 상태가 일치적 상태다. 일치적 상태에 있을 때 우리는 자기의 본질, 생명력, 핵심이 가장 잘 드러나는 삶을 살 수 있다.

사람이 자기(중심-나)와 만날 수 있을 때 다른 사람과도 자기self 수준에서 만날 수 있고, 연결될 수 있다. 자기(중심-나)가 충분한 힘을 가지고 있을 때 자기(중심-나)를 중심으로 내면의 부분들을 조화롭게 다스리면서 살 수 있다. 그러나 자기(중심-나)가 힘을 잃으면 감정이나 지각, 신체적 욕구에 지배당하게 된다. 화를 낼 때 자신이 힘을 가지고 있는 것처럼 느끼지만 실상은 분노 감정에 의해 지배당하는 것과 다름없다. 감정을 차단한 채 이성만을 내세우면 이성에 의해 지배당하는 것이며, 술이나 약물 등에 의존하다 보면 물질에 대한 신체적 욕구에 지배당하게 된다. 많은 정신병리의 원인은 자기(중심-나)의 상실에서 출발한다.

우리는 크고 작은 사건들로부터 충격을 받으면서 살아간다. 탄생과 죽음 같은 엄청난 사건은 물론, 아주 사소한 것부터 큰 사건에 이르기까지 연속적인 사건들을 통해 충격을 입고 살아간다. 어떤 사건들은 우리에게 계속 부정적인 영향을 끼친다. 특히 여성들이 겪는 성폭력 사건은 삶의 전반에 걸쳐 엄청난 부정적 영향을 끼친다. 다음은 한 내담자의 고백이다.

성폭력 후유증으로 인해 자기를 상실한 여인의 이야기

"저는 결혼을 하지 않고 수도원에 들어가려 했는데 남편이 적극적으로 구혼을 해서 결혼하게 되었습니다. 남편은 좋은 사람이었고, 지금까지도 저에게 과분하게 잘해줍니다. 그런데 저는 남편한테는 성적 매력을 못 느끼고 오히려 부적절한 남자들에게 성적 매력을 느낍니다. 그리고 이런 제 마음을 들킬까 봐 전전긍긍합니다. 특히 아는 남자들에게도 이런 감정이 느껴지는데, 이런 제가 정말 싫습니다. 그런 날에는 어김없이 악몽에 시달리곤 합니다."

사업에 실패한 아버지는 술독에 빠져 지냈다. 술에 취하면 폭력을 마구 행사하였다. 어머니는 갑작스럽게 변한 환경에 적응하다 병이 나서 먼 곳에 있는 외가로 떠났다. 아버지는 우리를 친척 집에 맡기고 어디론가 떠나버렸다. 나는 매일같이 어머니가 그리워서 울었다. 갑자기 아이들을 떠맡은 친척은 우는 나를 때리곤 하였다. 일곱 살이 되던 해, 중학교에 다니는 친척 오빠와 둘이 집에 있게 되었는데, 오빠가 내 성기를 들여다보고 만졌다. 그때 약간 이상한 기분이 들었다. 초등학교 3학년이 되었을 때 같은 동네에 살던 청년이 나의 온몸을 만지고 자기 성기를 만지게 했다. 중학교 2학년 때는 친척 아저씨 중 한 사람이 나를 성폭행하려고 했다. 병세가 나아져서 어머니가 집으로 돌아오셨다. 그래서 나도 집으로 돌아오게 되었다. 아버지는 여전히 술을 마셨다. 술을 진탕 마시고 온 어느 날 아버지는 내 가슴을 만지기 시작했다. 나는 숨을 죽이고 자는 척했다. 어머니에게 이 사실에 대해 말하려고 했지만 어머니는 들으려 하지 않고 모른 척했다. 그때부터 나는 말이 없어졌다. 성적도 떨어지고 친구들도 못 사귀었다. 공부를 못해서 대학교는 갈 수 없었다. 나는 상담사와 성폭력 사건들을 다루기로 한 날부터 밤마다 악몽에 시달렸다. 상담사는 어린 시절의 내 모습을 떠올리라고 했다.

그 아이는 시골집 툇마루에 앉아 울고 있었다. 주위에는 아무도 없었다. 상담사는 그 아이가 무엇을 느끼는지 물어보았다. 아이는 대답을 할 수 없었다. 상담사는 그 아이가 울지 못한 것 같다고 하면서 마음껏 울라고 했다. 나는 눈물이 많아 조그만 일에도 꺼이꺼이 목 놓아 울곤 했는데, 이상하게 아이는 크게 울지 못하고 있었다. 아이의 마음을 들여다보니 엄마가 병으로 곧 죽을 것 같고, 친척들한테 쫓겨나지 않기 위해서는 조용히 있어야 한다고 믿었다. 아이는 두려움에 떨고 있었다. 그래서 울지 못했다. 상담사는 더 울어도 된다고 했다. 그런데 목에 무엇인가가 꽉 걸려서 울 수가 없고 가슴만 더 답답해져 왔다. 내가 힘들어하자 상담사는 등을 두드려 주었다. 그 순간 정말 신기하게도 꽉 막혔던 것이 시원하게 빠져나갔다! 너무나 신기하였다. 그리고 상담사는 남성과 관련된 최초의 사건을 기억하라고 했다. 놀랍게도 그렇게 무섭고 두려웠던 사람들에 대한 기억이 아니라 나를 항상 귀여워해주던 동네 중학생 오빠가 떠올랐다. 상담사는 그 오빠에게 느끼는 감정을 말해보라고 했다. 따뜻하고 고마운 느낌이었다. 그 오빠에게 하고 싶은 말을 해보라고 했다. "오빠, 내가 크면 오빠하고 결혼할래!"라고 말했다. 아마 그 어린아이가 그 오빠를 좋아해서 하고 싶었던 말 같다는 생각이 들었다. 그러자 오빠는 내가 귀엽다는 듯이 환하게 웃었다. 그 순간 남편의 얼굴이 겹쳐서 떠올랐다. 나의 기억 중에서 가장 좋았던 중학생 오빠와의 경험을 느끼게 했던 남편을 선택하고 결혼했다는 사실을 깨달았다. 그 오빠와의 좋았던 기억을 나쁜 남자들의 기억으로 의식에서 지워버렸다. 그러고는 집에서 달아나고 싶다고 생각했고, 할 수 없이 결혼하였다고 믿었다. 어린 시절 남자들과의 부정적인 경험 때문에 성적 욕구를 억압하고 남편과 거리를 두었다는 생각이 번쩍 들었다. 과거의 성추행을 했던 남자들의 기억은 내가 좋아했던 중학생 오빠와의 좋은 기억을 지웠다. 갑자기 성추행했던 남자들이 조그만 버러지같이 느껴졌고, 다 쪼그라들었다.

상담사는 지금까지 나에게 부정적 경험을 하게 한 남자들을 전부 한자리에 모으라고 하였다. 놀랍게도 내가 기억하지 못했던 남자들도 그 자리에 있었다. 나는 그들이 다시는 올라오지 못하도록 깊은 바다에 빠트려버렸다. 상담사는 동네 오빠와 함께 있었던 그 어린아이를 성장시킨 다음, 지금의 남편과 아주 자연스럽고 긍정적인 느낌으로 성관계를 갖도록 인도하였다. 나는 처음으로 몸과 마음 그리고 영적 수준에서 남편과 하나가 된 경험을 하였다. 나는 이제 두려움, 수치심, 분노, 불안에서 벗어나 자유로워졌다.

다음의 사례는 잃어버린 자기(중심-나)를 찾아가는 내적 과정을 보여주고 있다.

 자기(중심-나)를 만나는 내적 과정에 대한 이야기

상담에 들어가자 상담사는 나의 심리 상태가 어떠냐고 물었다. 지난주에 첫 상담을 한 이래로 나는 마음에 대해 평상시보다 유심히 관심을 기울였기 때문에 금방 대답할 수 있었다. 나는 아주 사소한 일에도 불안을 느꼈다. '내가 왜 이러지?'라고 생각하면서도 불안은 뱃속 깊은 곳에서부터 올라왔다.

내가 불안에 대해 언급하자 치료사는 불안의 형체가 무엇인지 물었다. 이것은 내가 한 번도 생각해보지 못했던 질문이었다. 나는 불안의 근원에 대해 생각해본 적이 없었다. 그러나 질문을 받자 나도 모르게 뱃속 깊은 곳에서 올라오는 것이 있었고, 그것을 들여다보았다. 그것은 까만 허공 속의 공 같은 것으로, 표면은 산소 용접할 때 나오는 불꽃처럼 빛나고 있었다. 그것의 재료가 무엇인지, 어디 있는 것인지는 몰랐지만 불안한 기분은 전혀 느껴지지 않았다. 좋은 것도 아니고 나쁜 것도 아닌, 그저 약간 따뜻한 느낌을 주었기 때문에 나는 속으로 '이 불꽃 자체는 불안하지 않은데 왜 나는 불안하지? 이상하다'고 생각했다. 상담사는 불꽃이 나의 중심이고, 영혼과 육체 그리고 정신을 모두 합한 것이라고 말해주었다. 나는 그 말에 진심으로 동감했다.

어린 시절 나는 항상 불안했다. 성적이 떨어지면 가족에게 버림을 받을 것 같았다. 이 마음을 누구한테도 말해본 적이 없었다. 그냥 눌러왔다. 불안은 내내 나의 삶을 지배하였다. 갑자기 어린 시절의 나를 만나자 내가 너무 불쌍해졌다. 눈물이 줄줄 흘러내렸다. 내가 너무 불쌍했다. 나는 공부를 잘했고, 집안 형편도 다른 친구들보다 좋아서 모두 나를 부러워했다. 나는 한참 울었다. 어디서 눈물이 그렇게 나오는지 놀랐다. 처음으로 나의 어린 시절의 슬픔을 느꼈고, 그것을 표현했다.

상담사는 나에게 눈을 감고 어린 내가 무슨 말을 하는지 들어보라고 했다. '싸우지 말자', '돈은 많이 필요 없다', '편안한 가정에서 살고 싶다'는 소리가 들렸다. 그 순간 갑자기 아버지가 등장했다. 나는 "아버지를 좋아한다!", "놀이공원에 같이 가자", "피서도 같이 가자"라는 말을 하고 있었다. 아버지는 아무 말씀도 하지 않으셨지만 "그래 하고 싶어, 다 해줄게"라고 하시는 것처럼 느껴졌다. 순간 아버지의 본심을 알 것만 같았다. 돌아가신 아버지와 화해를 했다는 느낌이 들었다.

상담사는 편안한 장소를 떠올리고 그곳으로 가라고 했다. 거기가 어딜까 하고 나는 곰곰이 생각했다. 신혼여행이 매우 즐거웠기 때문에 신혼여행지가 일단 머릿속을 스쳤으나 이내 사라졌다. 산을 좋아하고 등산을 즐겼으므로 산을 떠올렸으나 왠지 어두컴컴하고 추워서 싫었다. 그러다가 이상하게도 한 번도 가본 적이 없는 호숫가가 생각났다. 물이 아주 맑은 작은 호수였고 주변은 나무로 둘러싸여 있었다. 나는 그 호숫가에 펼쳐진 해먹 위에 누워있었다. 그 옆에 뭔지 알 수는 없지만 먹어도 전혀 위에 부담되지 않을 것 같은 먹거리가 놓여있었다. 나는 마치 앉아서 잠든 것처럼 앞으로 목이 꺾이는 것 같았지만, 목이 전혀 아프지는 않았다. 오히려 너무 편안해서 이상하다고 생각했다. 갑자기 생후 50일이 된 아들이 된 것처럼 느껴지면서 이 기분이 아들의 기분이라는 생각도 했다.

나는 계속 그 호숫가에서 편안히 있었다. 그 호수로 햇살이 쏟아져 들어왔는데 실로 엄청난 양의 햇살이었다. 그러나 따갑지는 않았다. 빛이 환해서 하얀색을 띨 지경이었는데, 나중에는 물도 숲도 잘 보이지 않고 그 빛만 있을 뿐이었다. 그것은 사실 햇살도 아니었다. 그러나 가까이 가서 보려고 하면 아무것도 아닌 게 되어버릴 것 같았다. 그냥 느낄 수 있었다. 상담사가 그 빛이 우주와 연결되어있다는 취지로 말씀하신 것만 기억나는데, 나는 이미 그 사실을 알고 있었기 때문에 '당연한 말씀을 왜 하시지?'라고 생각했다. 그만 일어나라는 상담사의 말에 깨어났는데 기분이 너무나 편안하고 미소가 저절로 흘러나왔다. 비로소 나는 평상시에 내가 얼마나 긴장하며 살았는지 알 수 있었고, 처음으로 자유롭다고 느꼈다. 따뜻한 봄날에 느낄 수 있는 그런 마음이라고나 할까?

정확히 기억하지는 못하지만 어느 순간, 갑자기 머리가 아프고 어떤 힘이 나를 짓누르는 것 같아 상담을 잠시 멈추어야 했었다. 그 힘은 묵직하게 나의 전신을 눌렀고, 내 손은 2미터나 되는 고무 손으로 늘어진 것처럼 꼼짝할 수가 없었다. 상담사는 밝은 불빛을 온몸에 퍼지게 하라고 했다. 그러나 잘되지 않아 체념하려 했다. 상담사가 에너지를 보내준다며 내 몸에 손을 대자 그 순간 묵직한 느낌은 사라졌다. 어떻게 해서 그렇게 된 것인지는 지금도 잘 모르겠다.

작업이 끝나고 어머니에 관해 이야기하려고 하자 다시 불안이 올라왔다. 그러나 좀 전에 느꼈던 하얀 빛 덩어리를 떠올리자 이내 불안이 사라졌다. 왜 그런 어두운 감옥 속에 스스로 갇혀서 살아왔을까? 나는 이토록 사랑스러운 사람인데….

일주일이 지난 오늘, 나는 이미 내 생활이 많이 달라져 있다는 것을 느낀다. 삶이 자연스러워졌고 성품이 부드러워졌으며, 자유로워졌다.

> **작업** 나의 빙산 탐색하기

스트레스를 느꼈던 상황을 적어보시오. 그리고 이 상황에서 경험한 것을 아래 영역에 분류해서 적어보시오. 이 방식에 따라서 일기를 작성하는 것도 자기를 아는 데 많은 도움이 된다.

상황	
신체적 경험	
행동	
감정	
감정에 대한 감정	
지각	
지각에 대한 지각	
기대	
열망	
자기, 중심-나	
새로운 선택, 결정, 행동	
자신에 대한 감사	

4장

의사소통과 자존감

자존감이란?
자존감 형성에 영향을 끼치는 부모의 자존감
자존감 형성에 영향을 끼치는 생애 초기 경험
자존감 형성에 영향을 끼치는 가족생활

자존감이란?

자존감에 대한 설명은 다양하다. 그러나 기본적으로 자존감이란 자신의 가치에 대해 스스로 내리는 판단, 신념, 느낌, 이미지를 말한다. 사람의 존재가치는 사회적 위치, 소유, 행동 등 소유 having가 아닌 삶, 생명, 존재 being와 관련되어있다. 사티어는 사랑, 소속, 수용, 안전, 인정, 힘, 능력, 삶의 목적과 의미, 자유, 즐거움, 공평, 옳다는 승인 등의 열망이 충족될 때 스스로가 괜찮은 사람이라는 믿음이 생기고, 자존감이 높아진다고 설명하였다. 그러나 추구하는 열망은 사람에 따라, 발달 단계에 따라 달라질 수 있다.

반면에 자존감이 낮으면 사람은 자기를 객관적으로 평가하기보다는 지나치게 낮게, 혹은 지나치게 높게 평가한다. 나는 잘하지 못한다고 생각하는데 오히려 다른 사람은 내 능력을 인정하고 높게 평가하거나, 반대로 나는 잘한다고 믿는데 딴 사람은 나의 능력을 믿어주지 않는다면 나는 나를 객관적으로 평가하지 못한다고 할 수 있다. 이렇게 내가 보는 나와 타인이 보는 나 사이에 격차가 클수록 나는 나를 제대로 알지 못하는 것이다.

때로 사람들은 자존감과 자존심을 혼동한다. 자존감은 주로 수준이 '높다', '낮다'로 표현한다. 반면에 자존심은 '긍정적', '부정적'으로 표현한다. 일반적으로 자존심이 세다는 표현은 주로 부정적인 자존심으로 자존감이 낮은 것을 말한다. "제 아내가 자존심이 강해요", "우리 시어머니가 자존심이 너무 세요"라는 말은 자존심의 부정적 표현이다.

자존감이 낮은 사람은 타인의 평가에 나의 가치를 맡기고, 타인을 통해 원하는 것을 충족시키고자 한다. 그러므로 이들은 자신의 욕구가 채워지지 않으면 타인을 비난하고 원망한다. 이들은 자신이 원하는 것을 얻기 위해 상대방의 비위를 맞추려 하거나, 조정하려 하거나, 통제하려 하거나, 극단적으로는 협박하고 폭력을 가하기도 한다. 또는 사람들이 자기를 떠날까 봐 두려워 상대방에게 자신을 맞추면서 자신의 필요나 욕구를 잘 돌보지 못한다.

"나는 대학 시절에 어떤 남자를 사랑하였습니다. 그때 나는 나를 잃어버렸던 것 같습니다. 이성은 사라지고 오로지 그 사람한테만 몰두했습니다. 나 자신을 놓지 않으려고 노력했지만 그렇게 할 수 없었습니다. 마치 불꽃 속으로 뛰어드는 한 마리 나방과도 같았습니다. 그런데 그는 나를 떠나고 말았습니다. 그때 느꼈던 고통이란 죽음 그 자체였습니다. 그 후 다시는 똑같은 잘못을 저지르지 않기 위해 지금의 남편과 자식들에게도 거리를 두며 살고 있습니다."

이 여성은 과거에는 애인을 통해서 자신의 열망을 충족하려 했고, 지금은 과거 애인의 그림자를 가족에게 투사하고 있다. 이 여성은 현재를 살지 못하고 있다. 현재에 살지 못하면 나의 삶은 없다. 자존감이 낮은 사람은 과거를 후회하고 미래를 두려워하기 때문에 현재가 없다.

사람들은 자존감 수준이 비슷한 배우자를 선택하는 경향이 높다. 그리고 성장하면서 배운 관계방식을 반복하면서 불행하게 산다. 우리는 사랑하기 때문에 헤어진다는 노랫말을 자주 듣는다. 그런 말을 들으면 무엇이 그들을 헤어지게 했을까 궁금할 때가 많다. 무의식적으로 서로 끌리고 사랑하지만, 함께하기는 힘들다는 것일까? 흔히 자존감이 낮은 사람들은 인정받기를 몹시 바라지만 인정해주면 거짓이라고 하고, 인정하지 않으면 화를 낸다. 사랑해달라고 하지만 사랑받아도 불안하다. 또는 아무리 사랑을 해줘도 부족하다고 비난한다. 그러면서 그들이 원하는 방식으로 사랑해주지 않으면 격노한다. 이들은 행복한 상태에 익숙하지 않고 갈등 상태에 익숙해서, 행복하지 않아도 오히려 이런 상태에서 묘한 편안함을 느낀다. 이들은 행복할 때 행복을 느끼기보다는 불행을 느끼면서 살아가려 한다. 어쩌면 이들은 행복을 원하면서도 과거의 불행에 익숙해서 자신도 모르게 불행을 선택하는 것은 아닐까?

아빠랑 떨어져 산 지 얼마 되지 않은 여섯 살 때, 엄마와 함께 온 낯선 아저씨가 자기를 아빠라고 부르라고 말한 기억이 지금도 선명하다. 생계는 엄마가 책임지고 계부는 특별한 직업 없이 집에 있으면서 나에게 폭력을 가했다. 들이닥치는 대로 손에 잡히는 것으로 가혹하게 어린 나를 때렸다. 더 용서할 수 없는 것은 엄마의 눈빛이다. 이혼한 아빠를 싫어해서 나까지 미워했다. 나는 고등학교 때부터는 남의 집을 떠돌며 생활했고, 스무 살에 아들을 출산했다. 동갑이었던 아이 아빠는 도박에 외도까지 해서 스물한 살에 이혼했다. 5년을 열심히 일해서 작은 아파트도 마련했다. 마음씨 따뜻한 남자친구도 생겨 내 곁을 지켜준다. 그런데 문득 알 수 없는 불안이 엄습하고 이런 편안한 일상이 꼭 폭풍전야 같아 가슴이 조여들곤 한다. 그러면 나는 순한 남자친구에게 싸움을 걸고 모욕을 주면서 '너 이래도 내 옆에 있을 거야?'라며 시비를 걸어 결국 극단적인 방식으로 싸움을 하고 만다. 그러면 불안이 줄어들면서 왠지 편안해지는 느낌이 든다. 남자친구가 집을 나가자 월세를 살고 있던 그렇게 싫었던 계부와 엄마를 내 아파트로 이사 오게 했다. 요즈음 나는 집에 들어가기가 싫어져서 아들과 지인 집을 떠돌아가며 살고 있다.

> **자료** 자존감이 높은 사람의 일반적 특징

- 자신의 내면에 대해 잘 알고, 표현을 잘한다.
- 활력이 넘치고, 친밀감, 사랑, 생산성, 창조성이 높다.
- 자신을 믿고 자신의 가치를 존중하기 때문에 다른 사람도 존중할 줄 안다.
- 유연성, 현실성, 상황판단 능력, 구체적 계획과 실천 능력이 있으므로 난관을 잘 극복한다.
- 실제로 많은 영역에서 성취를 이루고, 자신감이 많고, 자기조절을 할 수 있는 능력이 있다.
- 자기의 수행을 객관적으로 판단하고, 새롭고 긍정적인 목표를 설정하여 도전한다.
- 적절하지 않은 목표에 대해서는 수정하고 더 나은 것을 추가한다.
- 자존감이 높은 사람도 난관에 봉착했을 때 낙담을 하지만 곧 회복한다.
- 자신의 삶, 그리고 원인과 결과, 또 과정에 대해 책임진다.
- 자신의 실수를 방어하려 하지 않는다.
- 자기표현을 적절하고 명확하게 한다.

자료 자존감이 낮은 사람의 일반적 특징

- 자기를 잘 모르기 때문에 삶이 무색무취하고 지루하다.
- 두려움, 불안, 외로움, 분노, 슬픔 등의 부정적 감정이 많다.
- 감정 자각과 공감 능력이 떨어진다.
- 부정적 감정을 억압했다가 부적절하게 터뜨린다.
- 자각이 둔하거나 지나치게 예민하다. 특히 비판이나 거부에 대해 매우 예민하다.
- 자신의 결점을 타인에게 투사하려는 경향이 높고 공격적이다.
- 사람을 이용 가치로 판단하고, 경계선을 침범하며, 지배하려 하고 통제하려 한다.
- 자신의 삶에 대한 책임은 회피하면서 다른 사람의 비위를 맞추면서 인정을 받으려고 한다.
- 완벽을 추구하고 권력, 돈, 외모 등으로 자기와 다른 사람을 비교하고 판단한다. 그리고 자기의 우월함을 확인하려 한다.
- 현재에 만족하지 못해 계속해서 일을 만들어내며 자기를 채찍질한다.
- 다른 사람을 비판하면서 자기의 가치를 느끼려 한다.
- 결정할 힘이 없어서 질질 끌려간다. 그래서 항상 누군가에게 의지하려 한다.
- 모험을 회피하고 안전한 상황에 안주하려 한다. 그리고 가끔 정직하지 않다.

작업 사티어 자존감 검사

이 검사는 주관적 검사로서 객관적 심리검사를 대체할 수 없다.
점수가 지나치게 높거나 낮으면, 상담 분야 전문가와 의논하기를 권유한다.
사티어 의사소통 정식 강사가 아닌 사람들이 검사를 오용하는 경우가 있기 때문에 독자는 유의하기 바란다.

점수 배정: 항상 그렇다 (4), 그렇다 (3), 가끔 그렇다 (2), 안 그렇다 (1), 전혀 안 그렇다 (0)

나는…
- 높은 지위를 얻어 사람들로부터 인정받고자 한다. ( )

- 우유부단하고 결단력이 부족하여 좋은 기회를 놓치곤 한다. ( )
- 다른 사람을 자주 비판한다. ( )
- 다른 사람과 나 자신을 비교한다. ( )
- 나 자신을 있는 그대로 받아들이지 못한다. ( )
- 조금이라도 상황이 안 좋아지면 최악의 상황을 상상한다. ( )
- 돈을 많이 소유할 때 안전감, 자신감, 자기가치감, 그리고 힘을 느낀다. ( )
- 사람들과 깊고 친밀한 관계를 맺는 것이 어렵다. ( )
- 나의 능력을 평가 절하한다. ( )
- 외부적인 조건을 통해 사람들로부터 인정받으려 한다. ( )
- 어려운 일이 닥치면 무력감, 좌절감, 두려움 때문에 쉽게 주저앉곤 한다. ( )
- 완벽해야 한다. ( )
- 인생을 잘 살아갈 수 있는 자원과 능력이 부족하다고 느낀다. ( )
- 많은 사람으로부터 사랑과 인정을 받아야만 한다. ( )
- 스트레스를 받으면 부적절하게 반응한다. ( )
- 문제를 직면하지 않고 회피한다. ( )
- 일이 뜻대로 되지 않으면 불행하다고 느낀다. ( )
- 내가 불행하게 되는 것이 다른 사람들 때문이라고 믿는다. ( )
- 내가 변화할 수 없다고 믿는다. ( )
- 다른 사람들이 원하는 것을 우선 들어주려 한다. ( )
- 다른 사람들보다 항상 능력이 부족하다고 느낀다. ( )
- 배우자 또는 자녀가 내가 기대하는 모습대로 되어주기를 바란다. ( )
- 나 자신이 항상 불만스럽다. ( )
- 흑백논리가 강하다. ( )
- 상황이나 감정의 영향을 많이 받는다. ( )
- 과거에 잘못한 것이 많으므로 미래에도 잘 안될 것 같다는 불안감이 든다. ( )
- 자주 우울하다. ( )
- 내가 여성(남성)인 것에 만족하지 않는다. ( )
- 실패했다는 자괴감에 자주 빠지곤 한다. ( )
- 다른 사람들이 나를 싫어할 때 불안해진다. ( )
- 매우 예민하여 쉽게 상처받는다. ( )

- 평소에 많이 긴장한다. ( )
- 실패했을 때 나 자신을 수용할 수 없다. ( )
- 중요한 인물과의 교분을 통해 나의 가치가 더 높아질 수 있다고 믿는다. ( )
- 자랑할 만한 것이 별로 없다고 생각한다. ( )
- 좋지 않은 일이 벌어질 때 세상이 끝난 것처럼 느껴진다. ( )
- 사람들이 내가 원하는 대로 행동하지 않으면 화가 난다. ( )

자존감 형성에 영향을 끼치는 부모의 자존감

부모는 자녀의 자존감 형성에 지대한 영향을 끼친다. 자존감이 높은 부모는 적절한 경계선을 지키면서 자녀를 인정하고 사랑해준다. 그러나 자존감이 낮은 부모는 자녀를 과보호하거나, 오히려 자녀에게 매달리면서 자신의 희생을 인정하라고 강요한다. 혼자 있으면 불안해하며 자녀한테도 상처를 잘 받고, 자녀가 잘못한 것을 잊지 않으며 끊임없이 걱정하지만, 진정한 공감은 하지 못한다.

까다롭고 비판적인 부모는 한 번도 자신이나 자녀에 만족하지 않고, 끊임없이 잔소리하며 완벽해지길 요구하고, 자녀의 불평에 매우 예민하게 반응하며, 자신이 힘들면 다른 사람을 비난하고, 다른 사람들의 가치를 깎아내리거나 우습게 여기며, 매우 방어적이다.

자기 의지가 지나치게 강한 부모의 경우에는 누구보다도 자신이 가장 훌륭한 사람이라 믿고 자녀를 자기가 원하는 방향으로 끌고 가려고 하며, 어떤 대가를 치르더라도 자녀에게 자기가 옳다는 것을 증명하려 한다. 때로는 거짓말도 서슴지 않고, 회유하고, 유혹하고, 강제적이며, 자녀를 이용하기도 하고, 자기 말을 듣지 않는 자녀와는 단절하려 한다.

이러한 부모의 모습은 흔히 볼 수 있는 잘못된 부모의 모습이다. 한편 최근에는 수용의 기준을 잘 몰라 자녀에게 지나치게 긍정적 피드백을 하는 부모가 많아졌다. 긍정적 피드백은 구체적인 상황에서 구체적인 행동에 적절한 양으로 해야 한다. 그것도 아주 작은 행동에 대해서까지 일일이 긍정적 피드백을 하는 것은 좋지 않다. 자녀의 어떤 외부적인 조건에 대해 지나치게 긍정적 피드백을 하면 자녀가 실패하거나 타인에게 인정받지 못할 때 흔들릴 수 있다.

곱상하게 생긴 한 대학생이 조심스럽게 상담실에 들어섰다. 이 청년의 증상은 심각했다. 중학생 때부터 상담을 해왔는데도 증상이 해결되지 않았다고 한다. 얼마 전에 정신과에서 우울증약을 처방받았는데 의사가 증상을 고치기 힘들다고 했단다. 이 청년은 사람들이 자기를 쳐다보면 너무나 부담스럽고 행동이 매우 부자연스럽게 된다고 했다. 그리고 다른 사람과 눈길이 마주치면 그 사람의 눈동자가 자신의 눈동자와 붙어버린 것 같아서 진땀이 흐르는데, 또 사람들이 자기가 진땀을 흐르는 것을 알아챌까 봐 두렵다고 했다. 성장배경에는 별다른 문제가 없어 보였다. 따뜻하고 조용하고 성실한 아버지와, 답답한 남편에게 소리를 지르기는 하지만 큰아들인 이 청년한테는 끔찍하게 잘하는 어머니 밑에서 성장했다. 증상을 제외하면 청년 역시 해맑았다. 그러나 이 증상 때문에 삶이 너무 힘들어 죽고만 싶다고 했다. 이 청년은 다른 사람들의 시선에서 자유로워지면서 증상이 나아지기 시작했다.

부부가 자녀 문제로 상담을 신청하였다. 꽤 심각한 상태였다. 남편은 가난한 소작농 집 막내아들로, 공부를 열심히 하는 것 외에는 자기의 자존심을 지킬 것이 아무것도 없었다. 아내 역시 막노동하는 부모 밑에서 겨우 입에 풀칠할 수 있었다. 아내도 악

착같이 공부해서 상고를 나와 직장에 취직하였다. 이들 부부는 삶에 있어서 열심히 노력해서 공부하는 것이 최선이었으므로 학력이 최고라고 자녀들에게 강요하게 되었다. 큰아들은 삼수 끝에 서울에 있는 대학에 다니고 있으나 사회성이 낮아 학교를 제대로 다니지 못하고 공황장애 증상 때문에 집에만 있다. 재수 2년 차인 둘째 아들 역시 자기 방에서 나오지를 않고 있다. 중학교에서 전교 일등을 하던 셋째 아들도 외고에 입학한 다음부터는 밤마다 괴성을 지르면서 학교 가기를 거부하고 이제는 방에서 전혀 나오지 않고 있다.

수미는 자해를 자주 시도해서 상담을 받게 되었다. 어머니는 딸이 고등학교 시험을 앞두고 스트레스를 받기 때문에 이런 행동을 한다고 확신에 차서 설명하였다. 심각하게 말썽을 피우던 딸은 기숙학교에 다니기 때문에 만날 수가 없었다. 이들 부모는 아이들이 어렸을 때 이혼하였다. 아이들이 아버지를 만나는 것을 어머니가 싫어하였기 때문에 수미는 아버지와 자주 만나지 않았다. 수미 자신도 몇 년 전 아버지를 만났을 때 뜬금없이 아버지가 자신의 여자친구에 대한 고민을 털어놓고, 자기의 명품들을 자랑하듯 말하는 것에 정이 떨어져 그 이후 아버지를 만나지 않고 있다. 어머니는 이혼 후에 직장을 그만두고 주식과 게임에 몰두하고 있다. 어머니 역시 남자친구가 있는데 두 사람 사이가 나빠지면 딸을 붙잡고 하소연하거나 화를 내곤 하였다. 수미는 공부에 집중하려 하면 머리가 어지럽고 토할 것 같아 공부에 집중할 수 없었다. 커터칼로 손목을 그으면 묘한 희열과 머리가 시원해지는 것처럼 느껴져 자해한다고 했다.

> **자료** 자기중심적인 부모 밑에서 성장한 사람들의 특징

부모와의 관계
- 자신의 삶을 부모의 삶의 연장선으로 생각하고, 부모의 뜻대로만 살려고 한다.
- 부모에 대한 분노를 억압하고, 감사와 존경심만을 표현한다.
- 부모의 기분이나 마음을 상하게 하지 않으려고 필사적인 노력을 한다.
- 부모의 기대를 저버리는 행동을 절대 하지 않으려 한다.
- 부모의 규칙, 그리고 부모가 원하는 것은 그 즉시 따른다.

- 부모가 인정하지 않는 삶은 별로 중요하지 않다.

자녀와의 관계
- 자녀가 부모의 기대를 채워줄 때만 조건부로 사랑과 인정을 준다.
- 자신의 가치를 높이는 것에 자녀를 이용한다.
- 자녀의 성공이 곧 자신의 성공이라 믿는다.
- 자녀가 오히려 부모를 심리적·신체적으로 돌봐주기를 기대한다.
- 자녀를 낮추고 깎아내리면서 자신의 낮은 자존감을 보상하려 한다.
- 자녀의 가치를 인정하지 못하고, 자녀의 요구에 무척 화를 낸다.
- 자녀의 처지를 이해하는 힘이 없다.
- 자녀가 복종하지 않으면 엄마가 집을 나간다는 등 심리적·신체적 위협을 가한다.
- 자신의 좌절감, 분노 등의 감정을 여과 없이 자녀에게 폭발시킨다.
- 자신의 부정적인 내면을 오히려 자녀에게 투사한다.
- 자녀를 싫어하는 사람과 연관시키면서 미워한다.
- 자녀들끼리 비교하면서 어느 한 자녀를 무시한다.
- 자녀에게 해명할 기회도 주지 않고 무조건 몰아붙인다.
- 자녀의 조그만 실수도 용납하지 않고 냉랭한 태도로 대하기도 한다.

다른 사람과의 관계
- 다른 사람들의 감정 상태를 계속 파악하려고 한다.
- 타인이 내 마음에 들도록 조종하거나 통제하거나 이용한다. 혹은 겁을 주려고 한다.
- 사람들이 나를 존중하지 않는다고 느끼면 지나치게 거부감을 느끼면서 화를 낸다.
- 지위가 나보다 높은 타인의 설득에 쉽게 동의하면서 원하지 않는 일도 한다.
- 타인이 나 또는 나의 행동을 언제나 반드시 좋아하고 인정해주기를 바란다.
- 믿었던 타인에게 배신당하거나 거부당했을 때 지나치게 힘들어한다.
- 타인을 지나치게 책임지려 한다.
- 타인이 불편해하거나 불평하는 점에 대해 잘 알아차린다.
- 타인의 감정에 대해 매우 예민하게 반응하거나 지나치게 엉켜버린다.
따라서 감정이 항상 날카롭고 강력하다.

- 자기가 연루되지 않은 갈등 상황이지만 어떻게든지 나서서 해결하려 한다.
- 주위 사람들이 행복해야 나도 행복하다. 그러나 이들의 감정은 전반적으로 우울하다.

자존감 형성에 영향을 끼치는 생애 초기 경험[*]

태내기 경험   자존감 형성은 태내에서부터 시작된다고 해도 과언이 아니다. 산모가 스트레스에 자주 노출되면 산모의 스트레스 호르몬이 탯줄을 통해 태아에게 전달되고, 태어나서는 외부 자극에 예민하게 반응을 한다. 특히 임산부가 원치 않는 임신을 하였거나, 정서가 우울하거나 불안하면 태아는 그 정서를 흡수한다. 이렇게 태내기, 유아기에 부정적인 정서적 환경에 노출되면 그 정서는 유아의 기본 정서가 된다. 또 부모 혹은 가족 구성원들 간의 갈등, 근심과 걱정, 위기 상황 등에 자주 노출되면 유아는 불안, 우울, 무력감 등의 부정적 감정을 많이 느끼게 되고, 이러한 경험은 이후 정신병리나 외상 후 스트레스 증상의 전조가 되기도 한다.

유아기의 경험   유아의 뇌 크기는 한 살이 되면 태어날 때보다 2배로 커지고, 열 살 정도가 되면 거의 어른 뇌만큼 커진다. 그러나 뇌의 기능을 결정하는 것은 뇌의 크기가 아닌 환경 자극으로 형성되는 신경전달물질과 시냅스의 세포 수다. 외부에서 들어온 정보가 지나치게 위협적이지 않으면 변연계의 해마가 정리해서 기억창고인 대뇌피질로 보내 저장한다. 점차 유아의 인지 기능이 발달하면서 외부 정보를 체계화하고 의미를 부여하여 특정한 패턴

---

[*] 생물학, 후성학, 뇌신경학의 발전은 부모가 자녀에게 전달하는 다양한 영역에 대해 잘 설명해주고 있다. 더 자세한 내용은 『사티어 경험주의 가족치료: 이론과 실제』 4판 개정판(2024)을 참조하라.

을 만들고, 이것이 기억에 저장된다. 이제 '외부의 세계가 언어와 의미체계로 바뀌는 내적 대화'가 시작되고, 나와 세상에 대한 관점이 형성된다. 이 관점에 따라 외부 세계를 분류하고 체계화하면서 세상을 구조화한다.

그러나 뇌의 인지 기억 기능이 형성되기 이전의 경험은 경험 그 자체로 기억된다. 인지 기능이 발달되기 이전의 기억상실을 유아 기억상실이라고 한다. 그러나 이 시기 이후에도 경험이 지나치게 자극적이면 변연계의 해마에 과부하가 걸려 경험이 분류되어 기억창고로 저장되지 못한다. 결국 태내기, 유아기, 그 후의 지나친 자극은 잠재적 기억으로 남게 된다.

잠재적 기억은 경험은 그 자체로 저장되기 때문에 이미지, 냄새, 소리, 피부접촉 등 오감의 경험 그대로 잠재적 혹은 무의식적 기억으로 저장된다. 그러다 그 경험과 비슷한 자극이 외부로부터 들어오면 그 경험을 했을 때의 상태에 빠지게 된다. 따라서 이 시기의 경험, 예로 성폭력 혹은 전쟁 경험 등 스트레스가 지나치게 높았던 경험은 기억 못 하지만 그 사람의 삶에 계속 부정적 영향을 끼친다. 특히 지나치게 어린 시기의 경험을 기억하면, 유아의 왜곡된 지각체계가 그 사람의 지각체계의 기본을 이루기 때문에 문제가 심각해진다.

사춘기 아들의 문제가 심각했다. 아들의 분노폭발 원인은 부모에게 있었다. 어머니는 강한 규칙으로 아들을 통제하고, 아버지는 어머니에 대드는 아들에게 언어적·신체적 폭력을 심각하게 가했다. 급기야 부자가 같은 공간에 함께할 수조차 없게 되었다. 아버지는 자기에게 뭔가 문제가 있는데 그게 뭔지 모르겠다고 했다. 이 아버지의 특징은 7~8개월 시기의 일까지 또렷이 기억한다는 사실이었다. 그는 걸음마를 시작했을 때 대변이 보고 싶다고 어머니에게 표현했음에도 어머니는 동네 아주머니와 수다를 떨면서 이를 알아차리지 못했다. 그는 그때 어머니에게 엄청난 분노를 느꼈다고 했다. 그리고 사람들이 자기 말을 안 들었을 때 느꼈던 엄청난 분노가 이 감정과 흡사한 것을 깨닫고 나자 속이 후련해졌다며 분노가 훨씬 줄어들었다고 했다.

이 아버지는 또 학교에 다닐 때 회장을 놓치지 않았고, 대학입시, 입사시험 등에서 한 번도 실패하지 않았다. 최고가 되는 기회에는 짜릿한 흥분을 느끼면서 집중하는데, 누군가의 지시를 받는 일에는 흥미를 잃고 게을러지곤 하였다. 이 내담자의 유아기 기억은 자기가 발걸음을 떼자 모든 사람이 모여서 자기를 자꾸 걷게 해서 피곤했다는 것이다. 부엌 싱크대를 잡고 일어나서 한쪽 끝에서 저쪽 끝까지 걸으라고 하였는데 그 거리가 너무나 멀게 느껴졌다고 했다. 게다가 한 번도 아니고 여러 번 똑같이 요구했다고 한다. 그때 한 살도 안 된 유아였던 자기가 생각한 것이 '내가 절대 먼저 무언가를 하면 힘든 일이 벌어질 거야'라는 것이었다고 한다. 지금도 이 남성은 해야만 하는 것, 하라고 시킨 것은 절대로 하려고 하지 않기 때문에 조직생활에 어려움을 겪을 뿐만 아니라 일을 자꾸 미루다가 많은 문제에 봉착했다. 그는 유아기의 기억이 자신에게 끼친 영향을 깨닫고 놀라워했다.

영유아 시기의 경험은 매우 중요하다. 대부분 3~4세 이전의 경험은 기억하지 못하지만 뇌에는 저장되어있다. 이 시기에 인정과 사랑을 충분히 받을 때 적절한 안전감을 형성하게 된다. 안전감은 외부 세계를 탐색하고 새로운 것을 배우는 힘을 키워준다. 부모가 아이의 의지, 인내, 노력, 용기, 능력에 대해서 인정해주면 아이는 자신감을 가지고 자기의 삶을 살아갈 수 있다. 유아가 처음 무언가를 붙잡고 섰을 때의 모습을 상상해보라. 자기가 무언가를 해냈다는 데에서 오는 만족감, 성취감을 느끼며 자랑스러운 표정을 지으면서 주위를 둘러본다. 자기의 성취를 인정받고 싶고, 기쁨을 나누고 싶어 한다. 그런데 엄마가 우울하고 아버지가 화가 나 있다면 아이는 부모의 표정을 보고 곧 시무룩해진다. 그리고 자기가 무언가 잘못했다고 느낀다. 외부의 문제가 자신의 문제가 되어버린다.

저는 여섯 살 때의 기억이 아직도 생생합니다. 아홉 살 언니와 나는 원두막에서 놀고 있었습니다. 그런데 갑자기 폭우가 내려 개울물이 불어나자 아버지가 우리를 데리러 오셨습니다. 언니와 나는 아버지의 손을 잡고 개울을 건너가고 있었습니다. 그때 갑자기 큰 플라스틱 상자가 떠내려와서 언니를 툭 건드렸고 언니는 아버지의 손을 놓쳤습니다. 이틀 후 바닷가에서 언니의 시체를 찾았습니다. 어머니는 가슴을 풀어헤친 채 땅바닥을 치면서 꺼이꺼이 몇 날 며칠을 우셨습니다. 그 이후 아버지는 시름시름 앓다가 돌아가셨습니다. 언니는 내가 정말 좋아했던 사람이었습니다. 그 당시 나는 가슴이 먹먹하고 엄청나게 슬펐지만 울 수가 없었습니다. 누군가에게 앞으로 어떻게 될 것인지 묻고 싶었고, 누군가 나에게 무슨 말이든 해주기를 바랐습니다. 너무 무서웠고 아버지, 어머니가 어떻게 될까 봐 두려웠습니다. 그러나 아무도 나에게 얼마나 슬픈지 물어보지 않았습니다. 우리 가족이 앞으로 어떻게 될지 물어보고 싶었는데 누구한테도 물어볼 수가 없었습니다. 말을 하면 안 될 것 같았습니다. 지금 생각해보니 그때부터 나는 사람들한테 물어보지도 말하지도 못하고 살아왔습니다. 언제부터인가 불안 때문에 약을 처방받아 먹기 시작하였고 지금은 약이 없으면 불안해서 한시도 가만히 있을 수가 없습니다.

아래 사례도 잠재적 기억을 생생하게 전해주고 있다.

나는 10년 전 다섯 살 된 작은 아이를 데리고 소아 우울증 치료를 받으러 다녔는데, 치료 효과가 별로 없었다. 일곱 살 된 큰아이도 산만하여 놀이치료를 받았다. 그러나 효과가 지지부진하였다. 그래서 결국 다른 센터를 찾게 되었다. 그곳에서는 가족 전체를 보아야 한다고 해서 가족 상담을 받게 되었다. 가족치료사는 아이들 문제의 뿌리는 엄마인 나에게, 또 나의 어머니에게 있었다는 사실을 알려주었다. 나의 출생과 관련하여 해결하지 못했던 문제 때문에 나는 값비싼 대가를 치러야 했다. 무엇보다 나는 좋은 양육자가 될 수 없었고, 성숙한 부부관계를 가질 수 없었다.

나는 아이의 출생이 늘 달갑지 않고 두려웠다. 아이를 보면 나도 모르는 극도의 불안감을 느끼곤 했다. 죽을 것만 같았고, 그러다 진짜 죽을까 봐 두려움과 불안에 빠지곤 하였다. 나는 아주 작은 생명체를 볼 때 귀엽다는 생각보다 두려움 때문에 가슴이 꽉 조여들곤 했다. 얼마 전 남편이 주먹만 한 작은 고양이를 작은딸에게 사주었는데, 그날 밤 나는 고양이를 당장 다시 데려가라고 난리를 쳤다. 그리고 밤새도록 고양이 때문에 걱정이 되고 두려워서 잠을 자지 못했다. 내가 잘못해서 고양이를 죽이기라도 하면 어쩌나 싶어 불안해 미칠 것만 같았다. 아이를 낳을 때 느끼던 감정과 똑같았다. 오랫동안 잊고 있었던 불안과 무력감의 소용돌이에 휩싸인 것 같았다. 고양이가 집에 있는 동안 나는 울면서 신경질적인 반응을 보였다. 이런 나의 행동은 나도 이해하기 힘들었다. 의식적으로는 기억해낼 수 없는 무언가를 그 고양이가 건드린 것이 아닌가 생각되었다. 사실 나는 고양이뿐만 아니라 갓난아기를 보고 있으면 귀엽다는 생각보다 잘 돌보지 못해 아기가 죽을 것만 같다는 두려움에 압도되었고, 그 때문에 산후우울증도 심하게 겪었다. 이렇게 우울감과 무기력감은 나의 주된 정서였는데, 나 자신도 그 근원을 모르는 감정이었다.

그 고양이 사건은 내가 엄마의 배 속에서 느낀 어떤 것과 관련이 있다는 것을 알게 되었다. 내 기억 속에는 출처를 알 수 없는 장면 하나가 늘 존재한다. 그저 나의 상상인지 아니면 실제 경험인지는 불확실하지만, 긴 터널 속을 엉엉 울면서 걸어가는 엄마의 모습이다. 어떨 땐 그 우는 소리가 마치 메아리같이 울려대곤 했다. 그 터널은 어린 시절 집 근처에 실제로 있었던 것이기도 하고, 외갓집에 가려면 꼭 지나가야 했던 곳이기도 했다. 아마도 그날 엄마는 어떤 결심을 하고 그 터널을 지나 외갓집으로 가고 있었다는 느낌이 어렴풋이 든다. 아마도 배 속의 생명을 거둬 갈 생각이 아니었을까? 그 장면을 떠올리면 깊이조차 알 수 없는 깜깜한 심연 같은 슬픔이 내 온몸을 잠식하곤 했다. 나로서는 감히 어찌해볼 엄두조차 낼 수 없는 무력감이 순식간에 나를 압도했다. 이제 막 태어난 생물체만 보면 숨을 쉴 수 없을 만큼 불안해지고 내가 죽을 것만 같은 기분이 드는 것도 이 장면과 무관하지 않을 것이라는 느낌이 확 들었다. 그래서일까?

죽음이라는 단어는 어린 시절 나에게 매우 민감한 것이었다. 이웃집에 초상이 나기라도 하면 나는 사흘 밤낮을 자지 못했다. 불안하고 무서워서 견딜 수가 없었다. 배 속에서부터 죽음은 내 곁에 바짝 붙어있었던 게 아니었을까?

작업 어린 시절의 나를 돌보기

외부의 간섭을 받지 않는 시간과 장소를 선택하고 편안한 자세를 취해보시오. 휴대전화, 집전화, 외부인의 간섭을 차단하시오. 그리고 아래 과정을 읽고 실행해보시오.

1. 긴장이 풀어질 때까지 천천히 숨을 들이마시고 내쉰다.
2. 눈을 감고 어린 시절의 한 장면을 떠올린다.
3. 그 장면을 자세히 살펴본다. 주위에 무엇이 있고, 어떤 일이 일어나고 있으며, 거기에서 그 아이는 어떤 행동을 하는지, 무엇을 경험하는지 지금의 내가 천천히 느껴본다.
4. 지금의 내가 그 아이의 마음을 받아주고, 위로해주며, 말하고 싶은 것을 말하게 한다.
5. 그 아이의 마음이 편해질 때까지 원하는 것을 들어준다.
6. 그 아이를 데리고 그 장면을 떠나 편안함을 느낄 수 있는 장소로 간다.
7. 그곳에서 그 아이와 잠시 함께 지낸다. 어느 정도 시간이 지나면, 아이가 사라지기도 한다. 그렇지 않다면 점차 아이를 성장시켜서 현재의 나와 하나가 되게 한다.
8. 가만히 지금 느끼는 감정을 확인해본다. 마음이 편안한지 확인한다.
9. 만일 마음이 편안하지 않으면 다시 한번 그 아이가 무엇을 원하는지 확인한다. 그리고 위에서 설명한 대로 다시 그 아이가 원하는 것을 들어준다.
10. 그런 다음 그 아이를 안아주고, 마음을 읽어주고, 사랑의 에너지를 나누어준다.
11. 마음이 편안해지면 눈을 뜨고 심호흡으로 마무리한다.
12. 이와 같은 작업을 가끔 마음이 편안해질 때까지 반복한다. 어느 순간에 어린 나를 만날 수 있다.

애착 대상과의 경험 아동 정신분석가 안나 프로이트 Anna Freud는 부모가 심리적으로 병리적일 때 자녀와 매우 파괴적인 방식으로 관계를 맺는다고 하였다.

처음에는 자녀들이 불안하고 무서워서 위축되는데, 점차 부모의 모습을 내면화하여 자기의 일부로 만든 다음, 나중에는 부모가 자신을 대했던 방식 그대로 사람들을 대하게 된다고 역설하였다.

나의 친아버지는 내가 태어나자마자 돌아가셨다. 할머니는 남편 잡아먹은 며느리라고 하며 엄마와 함께 누나와 돌도 안 된 나를 내쫓았다. 살길이 막막했던 엄마는 외가로 갔고, 외갓집 식구들은 우리 세 식구가 부담스러웠는지 엄마와 우리를 마을의 늙은 총각과 같이 살게 하였다. 늙은 총각 새아버지는 우리 남매를 몹시 싫어했다. 초등학교 1학년 때부터 나는 지게를 지고 나무를 해야 했고, 어른들도 힘들다는 농사일을 해야만 했다. 지금도 장작 패기, 낫으로 풀베기를 나만큼 잘하는 사람은 흔치 않다. 새아버지는 우리 남매를 큰소리로 야단치거나, 때리기도 했다. 얼마나 무섭게 때렸는지 나는 죽는 줄 알았다. 새아버지를 닮지 않기 위해 나는 정말로 노력했다. 그러나 이제 새아버지와 똑같이 아이들을 대하고 있는 나 자신을 발견하게 되었다. 아내는 내가 바로 그 새아버지하고 똑같다고 했다.

사티어는 물론 대부분의 성격 이론가들이 초기 성장 과정의 경험을 성격장애의 시발점으로 보고 있다. 특히 사티어와 같이 보울비Bowlby도 어머니와의 안전한 관계가 자녀에게 심리적 안전기지를 제공하고, 그 경험을 통해 성인이 되어서도 타인과 좋은 인간관계를 맺을 수 있다고 주장하였다. 그의 말처럼 인간은 태어나면서부터 자신을 돌봐주는 사람과 애착 관계를 형성하는 능력을 지니고 태어난다. 반면에 애착 관계가 부적절하게 형성되면 자존감이 낮아지면서 다양한 증상이 나타난다. 불안, 강박, 공황장애 등의 증상의 기저에는 많은 경우에 부모, 특히 주 양육자와의 충분한 애착 관계가 형성되지 못한 경험을 발견하곤 한다.

학교 선생님이었던 어머니가 나를 낳자 외할아버지와 외할머니는 백일 된 나를 어머니 품에서 빼앗아 시골로 데리고 내려가셨다. 직장생활에 애까지 키워야 하는 딸에 대한 애정 어린 배려였을 것이다. 그러나 그 결정이 평생 나에게 끼칠 영향에 대해서는 전혀 모르셨다. 나는 유치원 다닐 때가 되어서야 부모님 곁으로 돌아올 수 있었다. 그러나 외갓집을 내 집이라고 느끼지 못했던 나에게 돌아온 집 역시 내 집이 아니었다. 이미 남동생이 있었고, 나는 손님이었다. 서울 집으로 왔을 때 새로운 환경에 적응하는 것 또한 매우 어려웠다. 초등학교 일학년 때 다른 아이들은 부모님이 우산을 갖고 데리러 왔지만 나는 혼자 비를 맞으면서 먼 길을 타박타박 걸어와야만 했다. 나는 결심을 단단히 했다. 아무하고도 마음을 나누지 않을 것이라고. 아버지는 무서웠고, 어머니를 사랑하지 않으셨다. 아버지는 당신네 친가 가족만 아는 사람이었다. 어머니는 힘든 삶의 짐을 어린 나에게 하소연하면서 견뎠다. 어머니는 내가 외가에서 얼마나 외로웠는지, 부모님이 시골에 내려왔다가 금방 서울로 돌아갈 때 내 마음이 얼마나 허전했는지, 그래서 혼자 얼마나 많이 울었는지 한 번도 물어보지 않았다. 나는 신경이 예민하고, 스트레스를 받으면 금방 병이 난다. 누가 나를 조금이라도 건드리면 화가 확 올라온다. 직장 동료들은 내가 까칠하고 거만해 보여서 무섭다고 한다. 나는 그들과 사귀고 싶은 마음이 없다. 홀로 있는 것이 가장 마음이 편하다.

하나님이 정말 살아계신지 잘 모르겠다는 게 고민인 내담자가 있었다. 그녀의 아버지는 어머니와 초등학교 일학년 때 이혼하고 새어머니와 결혼을 하였고, 새어머니는 아들 하나를 데리고 왔는데 아버지가 계실 때는 자기에게 친절하게 대했지만, 아버지가 안 계시면 지나치게 차별대우를 해서 고등학교를 졸업한 후에 집을 나왔다고 한다. 상담을 몇 회 진행한 다음에 이 내담자는 예수님과 항상 함께 살게 되었다고 하였다. 내담자의 옆에 예수님이 계시고, 자기 볼을 만져주시고, 머리를 쓰다듬어주시고, 잘 때도 옆에서 같이 누워서 보살펴준다는 것이었다. 나는 내담자가 병리 증상으로 빠지는 것 같아서 걱정을 많이 하게 되었다. 그러나 조심스럽게 상담을 진행하면서 이 내담자의 상처가 치유되는 것을 지켜볼 수 있었다. 상상 속의 예수님은 그녀가 몹시 바라던 애착 대상이었다.

자존감 형성에 영향을 끼치는 가족생활

한 가정에 새 생명이 탄생하는 것은 마치 '가족'이라는 연극무대에 새로운 배우가 등장하여 주어진 각본에 따라 역할을 담당하는 것이라고 비유적으로 말할 수 있다. 아기가 태어나면 일단 서열 및 성별에 따라 가족의 관계가 정해진다. 아들이냐 딸이냐, 첫째냐 둘째냐 아니면 막내냐, 종손이냐, 몇 대 종손이냐, 어떤 지역에서 태어났느냐에 따라 앞으로 그가 살아야 할 삶의 방향이 결정된다. 가족 내 역할은 위치에 따라 보편적인 특징을 가지고 있지만, 그 가족만의 고유한 특징을 지니고 있다. 특히 식사방식, 언어방식, 다양한 생활방식 등 이미 이 가족을 유지해온 확고한 규칙이 존재한다. 새로 태어난 아이는 가족 내의 이런 규칙을 자연스럽게 따르거나 반발하면서 성격을 형성하게 된다.

우리의 부모는 주변에서 일어나는 수많은 것을 평가하고, 세상에 대해 그들이 알고 있는 것들을 자녀에게 가르친다. 어머니, 아버지, 아이의 삼인군 관계에서 아이는 부모로부터 사랑의 방식, 자기존중, 자기개념, 자기보호, 자신감, 신체 돌봄, 의사소통 방식 등 삶의 전반에 대한 규칙을 배운다.

> 자녀는 부모의 인정을 받기를 원하기 때문에 자녀의 정체성은 부모가 자녀를 어떻게 평가하고 인정하느냐에 의해 결정된다. 특히 부모로부터 배운 가족규칙은 부모

가 자녀를 평가하고 인정하는 기준이 되기 때문에, 자녀가 가족규칙에 따라 살아야만 사랑과 자존감 획득을 보장받게 된다. 그러나 결과적으로는 자녀의 개체성이 무시되고 자녀의 고유한 본질은 왜곡되며 진실한 자기가 아닌 가짜자기를 만들게 된다. (Satir, V., et. al., 1991. pp. 20-22)

부모와 나 자녀의 자존감 형성은 아버지, 어머니, 자녀 세 사람의 관계에서부터 비롯된다. 부모의 영향은 부모의 생존 여부와 관계없이 자녀에게 끊임없이 영향을 끼친다. 유복자라 하더라도 어머니가 죽은 남편에 대해 어떤 태도로 말을 하는지에 따라 아버지에 대한 이미지를 형성하게 된다. 부모의 이미지는 내 안에 계속 남아 영향을 끼친다. 특히 부모가 부부로서 친밀하지 못하면 배우자로부터 채워야 할 친밀감을 자녀 전체 혹은 특정 자녀로부터 채우려 하거나, 아니면 자신 혹은 배우자에 대해 불편한 것을 자녀에게 투사한다. 부모 중 한 사람 혹은 두 사람 모두 자녀로부터 사랑과 인정을 받으려고 하거나, 부모가 자녀를 자기편으로 끌어들여 누가 옳은지 심판해주기를 바라거나, 자녀가 성장했는데도 계속 어린아이 취급을 하거나, 반대로 어린 자녀에게 어른처럼 행동할 것을 요구하거나, 부모가 서로 다른 규칙을 자녀에게 지킬 것을 강요하거나, 부모의 체면 유지를 위해 자녀가 성공하기를 바란다. 이와 같은 부모의 부적절한 양육 태도는 자녀의 자존감 형성에 부정적 영향을 끼친다.

나는 엄마가 무서웠다. 엄마는 나를 그냥 쳐다본 적이 없다. 언제나 싸늘하게 가자미눈으로 흘기곤 했다. 엄마는 아버지를 사랑하지 않았다. 그냥 집을 떠나고 싶어서 결혼했다고 하였다. 나를 낳게 되어서 헤어지지 못했다고 했다. 아버지는 선한 사람이었다. 그러나 눈치가 없었다. 그런 아버지를 엄마는 혐오했다. 그리고 엄마는 나에게 아버지를 닮았다고 했다. 그래서 싫다고 했다. 엄마는 직장생활을 하셨다. 나를 낳자마자 귀찮다고 시골 외가에 보냈다. 외할머니도 무서웠고 엄마처럼 차가웠다. 외할머니는 한 번도 나를 안아주지 않았다. 엄마는 어쩌다 외할머니 댁에 와도 나를 쳐다보지도 않았다.

나는 어떻게 해서든지 엄마 마음에 들려고 노력했다. 그래도 엄마는 한 번도 나를 따뜻하게 대해주지 않았다. 엄마는 아버지에게도 똑같이 냉정하게 대했다. 나는 항상 불안했다. 엄마가 화를 낼까 봐 언제나 엄마 눈치를 보았다. 학교 성적이 떨어지면 엄마가 화낼까 봐 불안했다. 그리고 아버지가 엄마를 화나게 할까 봐도 불안했다. 그러던 어느 날 아파트 창문에서 주차장을 내다보다가 엄마가 다른 남자의 차를 타고 출근하는 것을 보았다. 나는 너무나 불안했다. 엄마가 우리를 버리고 떠날 것 같아서 불안했다. 내가 본 것을 아버지에게 말해야 할지 말지 혼란스러웠다. 그렇게 며칠을 힘들게 지내다가 엄마가 정말 우리를 버릴까 두려워서 아버지에게 말했다.

며칠 후 갑자기 엄마가 방문을 확 열고 들어와서는 "너 때문에 엄마랑 아버지 이혼하게 되었어!"라고 소리 질렀다. 그 순간 나도 모르게 오줌을 싸버리고 말았다. 그 후로 엄마와 아버지는 매일 같이 싸웠다. 그래도 두 분이 헤어지지는 않았다. 나는 불안했고, 점차 강박 증상이 나타나기 시작했다. 한 번 외출하려면 몇 시간이 걸렸다. 뭘 하다가 순서가 조금이라도 틀리면 다시 처음부터 시작해야만 했다. 이제는 모든 것이 힘들어졌다. 내 인생이 어떻게 될지 너무 불안하다. 나의 인생은 망가지고 말았다. 나는 공부도 잘했고, 남들이 부러워하는 직업도 가졌었다. 그런데 이제는 아무 희망이 없다. 죽고 싶다.

 원가족이 다음 세대에 끼치는 영향

나의 남편은 둘째 아들이다. 그런데도 시부모님 생활비, 형님네 생활비, 형이 사업하다 진 빚 등 돈 드는 모든 것이 남편 몫이다. 시집 식구 누구도 나에게 미안해하는 사람이 없다.

오히려 잘난 남편 만난 것을 고마워하라는 태도였다. 그런데 이게 끝이 아니었다. 시부모 병원비, 묘지 이장 비용, 큰 조카들 학비 등 끝이 없다. 얼마 전에는 큰형님네가 이사 가는데 모자라는 전세 비용을 보태달라 했다. 더 황당한 것은 남편의 태도. 시집에 무슨 일이 생기면 신이 나는 듯 일처리를 한다. 내가 버는 돈 내가 쓰는데 무슨 참견이냐는 식이다. 나는 분통이 터지다 못해 이제는 화병으로 침대 신세를 지고 있다. 요새는 내가 살기 위해서는 이혼을 해야겠다는 생각을 자주 한다.

친정아버지는 무위도식하였다. 어머니는 농사일을 혼자 다 하면서도 아버지를 하늘같이 떠받들었다. 나는 어머니 대신 동생들을 키웠고, 조금 더 커서는 공장에 가서 돈을 벌어 어머니에게 갖다드렸다. 어머니가 좋아하시는 모습을 보는 것이 행복했다. 그렇지만 이렇게 사는 것이 너무 힘들어서 친정에서 도망치듯 결혼했다. 나이가 들고 세상을 알고 보니 너무 억울하다. 초등학교도 다니다 말게 하고, 부모도 아닌 어린 나에게 부모 노릇을 시켜서 정말 힘들었다. 그랬는데 이런 집에 시집을 오게 되었다고 생각하니까 분통이 터져 못 살겠다. 요새는 어머니나 친정 식구들만 만나면 화만 난다.

시아버지는 말이 없고 성실한 분이었다. 조용하고 이성적인 시어머니는 자녀가 마음에 안 들면 매우 차가워졌다. 이런 어머니에게 아버지나 자녀들은 어떤 의견에도 반대할 엄두를 내지 못했다. 시어머니는 항상 몸이 아프다며 호소했고, 시아버지와 자녀들은 시어머니의 상태를 살피면서 절절매었다. 아무도 힘든 이야기는 어머니에게 꺼내지 않았다. 모든 일을 각자 조용히 알아서들 처리했다. 표정 하나로 시어머니가 원하는 것을 남편이 알아서 다 처리하곤 했다. 남편은 끊임없이 어머니를 기쁘게 해드리려고 애썼고, 아픈 어머니를 돌보기 위해서 시누이는 아예 결혼도 포기하였다. 시어머니는 말로는 딸이 결혼 못 한 것이 가슴 아프다고 하시지만 묘하게 만족해한다는 것을 나는 알고 있다.

그런데 이게 웬일인가? 시어머니가 갑자기 심장병으로 돌아가셨다. 그렇게 사이가 좋았다고 믿었던 시아버지는 시어머니가 돌아가신 지 한 달도 채 안 되어서 새 애인을 만드셨고, 큰 아들 역시 바람이 났으며, 내 남편마저 거래처 여사장과 눈이 맞았다.

> **작업** 원가족이 나에게 끼친 영향 탐색하기

나의 원가족에 대해 생각해보시오. 원가족의 영향이 현재 나에게 어떤 영향을 끼치고 있는지 생각해보시오.

- 부모의 자존감 수준은 어느 정도인가?
- 나의 자존감 수준은 어떠한가?
- 우리 가족의 분위기는 어떠했는가?
- 나의 부모는 나를 어떻게 대했는가? 형제들은 나를 어떻게 대했는가?
- 과거의 내 가족은 어떤 방식으로 대화를 나누었는가?
- 따뜻하고 지지적인 말이 오갔는가? 아니면 불안과 긴장 끝에 싸움으로 이어지곤 하였는가?
- 부모의 의사소통은 어떤 방식이었는가?
- 부모가 화가 났을 때 어떻게 갈등을 해결했는가?
- 나는 지금 다른 사람과의 갈등을 어떻게 해결하고 있는가?
- 부모의 해결방식과 나의 해결방식이 유사한 점이 있는가?
- 나의 의사소통 방식은 어떠한가?

가족규칙 "자식 자랑은 눈감기 전에는 하지 마라", "무자식이 상팔자다"라는 속담은 자녀 양육이 얼마나 힘든지를 잘 말해주고 있다. 사회의 급격한 변화는 부모의 자녀교육과 양육에 대한 불안을 더욱 고조시킨다. 어떤 부모는 권위적인 부모-순종적인 자녀 관계를 고집하면서 자녀와 갈등을 겪기도 하고, 반대로 어떤 부모는 지나치게 자녀에게 헌신하다가 자녀를 이기적으로 만들어 후회하기도 한다.

자존감이 높은 자녀로 키우기 위해서는 부모가 자녀의 성장 과정에 맞추어

규칙을 조절해야 한다. 그렇게 하지 못하면 몸에 맞지 않는 옷을 입는 것처럼 규칙은 성장의 걸림돌이 된다. 자녀가 커가면서 자신의 의견을 표현할 수 있어야 하며, 요구가 적절하면 부모는 자녀의 요구를 수용하거나 타협해야 한다. 부모는 먼저 자녀에게 분명한 규칙을 제시해야 한다. 규칙이 없거나, 수시로 변하거나, 모호한 규칙을 제시하는 것은 자녀를 혼란스럽고 불안하게 만든다. 분명한 규칙은 자녀에게 안전감을 제공하고, 자신의 행동에 대해 객관적 평가를 하게 해주며, 현실적인 기준을 세우고 지킬 수 있게 해준다. 자신이 할 수 있는 것이 무엇인지 알고 그것을 성취할 때 자존감이 높게 형성된다.

감정표현 규칙 부모가 자녀의 친밀감 욕구를 무시하면 아이는 수치심, 두려움, 불안감이 높아지고 자기 욕구에 집착하게 된다. 아이는 자신의 욕구가 거부당하거나 부모의 욕구를 강요당하면 자기의 욕구를 회피하게 되면서 성인이 된 후에도 내면이 텅 빈 것 같은 허무함을 느낀다. 부모가 많이 싸우거나, 집안 분위기가 우울하거나, 긴장감 혹은 불안한 기운이 감도는 가족에서 성장하면 분노, 무력감 등 부정적 감정을 억압해서 자기의 경험보다는 외부에 초점을 맞추게 되면서 자존감이 낮아진다. 부모의 자존감 수준이 낮으면 자녀도 비슷한 수준의 자존감을 형성하게 된다. 자녀는 부모의 자존감을 몸 전체로 흡수하면서 자신의 가치를 판단하게 되기 때문이다. 자녀 양육에 대해 불안해하거나 힘들어하는 부모에게 우선 본인부터 행복해야 한다고 말하는 이유가 여기에 있다.

특히 자존감이 낮은 부모는 자녀가 자신들이 수용할 수 없는 감정을 표현하면 무조건 벌을 가한다. 분노나 수치심, 두려움 같은 부정적인 감정은 물론, 기쁨이나 자부심 같은 긍정적인 감정까지도 표현하는 것을 허용하지 않는 부모가 의외로 많다. 이렇게 되면 자녀는 감정과 차단되어 자기와 단절하게 된다. 감정과 차단되면 대인관계, 의사소통에 문제가 발생할 뿐만 아니라 감정을 느끼기 위해 자극을 추구하게 되어 다양한 중독증에 빠지기도 한다.

나는 불안하고 두려우면 술을 먹거나 여자를 찾습니다. 그렇다고 제 마음이 편해지는 것도 아닙니다. 제 친할머니는 저의 아버지를 낳은 후 쫓겨났다고 들었습니다. 왜 쫓겨나셨는지 아무도 말해주지 않아서 모릅니다. 의붓할머니는 전처 자식인 아버지를 몹시 구박하셨다고 아버지는 술만 마시면 넋두리를 하셨습니다. 그렇게 자란 아버지는 의붓할머니가 아버지에게 하였듯이 우리에게 규칙을 따르라, 제대로 하라는 말을 입에 달고 사셨습니다. 의붓할머니는 며느리인 제 어머니를 달달 볶았습니다. 그런데도 아버지는 어머니를 보호해주지 못했습니다. 어머니는 딸 여섯 중에 맏딸이었습니다. 하고 싶은 공부도 못하고 동생들을 키웠습니다. 시골집에서 고생을 엄청나게 하셨습니다. 외할머니도 어머니를 비롯한 자녀들에게 알아서 하라면서 냉정하게 대했습니다. 어머니는 어려서부터 다 알아서 할 수밖에 없었습니다.

어머니는 회사원이던 아버지가 퇴직하실까 봐 몹시 불안해하시고, 우리에게 당신의 불안감을 그대로 전달했습니다. 작은 일에 아프다고 이불을 뒤집어쓰고 우리집에 큰일이 일어날 것이라며 불안에 떨곤 하셨습니다. 저에게는 외아들이라고 특별히 대우하는 것도 없으면서 종손이라 다 잘해야 한다고 강조하셨습니다. 나는 그런 부모님이 싫었습니다. 왜 막내가 이 집안의 짐을 다 져야 합니까? 부모님에 대한 분노가 올라오면 참을 수가 없습니다. 다 쏴 죽이고 싶습니다. 나는 온 집안이 장손이라고 말하는 것이 싫습니다. 내가 뭐 땅이라도 물려받았습니까? 왜 내가 다 책임을 져야 합니까?

그러면서도 나 역시 불안을 느끼고 지나친 책임감 때문에 압박감을 느끼곤 합니다. 사업이 웬만큼 되는데도 나는 끊임없이 불안해하고 나를 채찍질합니다. 그래서 나 역시 아버지와 똑같이 매일 술을 마십니다. 그래도 시원하지 않습니다. 또 아내가 잔소리를 조금만 해도 화가 머리끝까지 나서 어떻게 해야 할지 모르겠습니다. 아내가 화나게 만들 때 나는 여자를 사곤 합니다. 아내한테 복수하는 것 같습니다. 그러고 보니 아내보다는 어머니에게 복수하는 것 같습니다. 그리고 아이들에게는 아버지와 똑같이 차갑고 엄하게 대하니까 네 살 된 아들은 나를 무서워합니다. 아이 엄마가 어디를 가려고 하면 따라간다고 난리를 칩니다. 그렇게 싫어하던 내 아버지보다 아이들을 더 심하게 대하고 있어서 아이들은 나하고 있으려 하지 않습니다.

부모의 공감 능력   자녀에게 좋은 환경은 무엇보다 부모가 자녀의 마음을 이해해주고 공감해주는 민감성에 의해 크게 좌우된다. 민감성이 낮은 부모를 두었던 사람은 그 역시 자신의 자녀에게 제대로 반응하기 어렵다. 부모로부터 경험했던 부적절한 양육방식을 자녀에게 그대로 반복하는 결과를 초래하기 때문이다. 부모가 해결하지 못한 문제가 있는데 그 문제와 연관된 상황이 일어난다면 부모는 자녀에게 도움을 주기 어렵다. 특정한 문제에 도움을 주기 위해서는 그 주제와 관련된 영역에서 부모가 부정적 상황을 해결한 경험이 있어야 한다. 예를 들면 엄마가 성추행 경험을 그냥 품고 살고 있다면 아이가 비슷한 경험 때문에 도움을 청할 때 엄마가 도움을 주기 힘들다.

나의 우울증은 뿌리가 매우 깊었다. 어린 시절 큰아버지네가 망해서 온 식구가 함께 산 적이 있었다. 그때 중학생 사촌 오빠가 밤마다 나를 성추행했다. 그러다 큰집 식구가 이사 가버리자 나는 남동생의 성기를 만지기 시작했다. 그 이후 남동생을 보기가 쉽지 않았고, 성과 관련된 말만 들으면 몹시 불편했다. 결혼해서 딸을 낳았는데, 나는 아이가 조금이라도 멋을 낸다든가 하면 가만히 있지 않았다. 치마도 절대 입히지 않았다. 딸아이는 중학교에 들어가면서부터 이상해지기 시작했다. 아이는 내가 보는 앞에서 자위하고, 아이돌을 보면서도 자위하곤 했다. 딸아이의 행동을 멈추게 할 수가 없었다. 절대 내 말을 듣지 않았다. 내 우울증의 시작은 그때부터인 것 같다.

> **자료** 자녀와의 의사소통 지침

부모는 자녀의 신체적·심리적·정신적·영적 영역에 절대적 영향을 끼친다. 부모의 모든 것이 무의식적·의식적 차원에서 자녀에게 전달되며, 무엇보다 의사소통 방식이 이 과정에 매우 중요한 위치를 차지한다.

자녀와 의사소통할 수 있는 문을 열어놓는다.
- 자녀가 언제든지 하고 싶은 말을 부모에게 할 수 있다는 믿음을 가질 수 있도록 해야 한다. 그러기 위해서 부모는 항상 자녀의 말을 들을 준비가 되어있어야 한다.
- 자녀가 말을 하려고 할 때 부모는 하던 일을 멈추고 자녀의 말에 집중하는 태도를 보인다. 만약 당장 대화할 수 없다면 다른 시간을 약속하고 그 약속을 반드시 지킨다.
- 자녀와 대화를 나눌 때 대화에 방해되는 요인을 제거한다. 예를 들어, 동생이 대화 중간에 끼어들면 형과의 대화가 끝난 다음에 말할 기회를 주겠다고 하면서 방해하지 못하게 한다.

자녀가 말하는 것을 명료화하면서 듣는다.
- 건성건성 듣지 말고 자녀에게 집중하면서 진심으로 듣는다.
- 자녀가 사건이나 경험을 분명하게 표현하지 못하면 다시 말하기, 명료화하기 등 기본적인 듣기 기술을 사용하여 명확한 의사소통을 한다.

자녀의 이야기를 들을 때 자녀의 감정을 찾아내어 반영해준다.
- 자녀가 어릴수록 감정을 먼저 다루어주어야 한다. 부모는 자신의 가치관과 규칙 등에 따라 자녀의 감정을 판단하거나 문제를 해결하려 들지 않는다.
- 부모가 자녀와 비슷한 사건과 감정을 경험하고 해결했던 사례가 있다면 자녀에게 그 이야기를 해줄 수도 있다.

자녀가 강한 부정적 감정을 표출하더라도 당황하지 말고 있는 그대로 수용해준다.
- 자녀의 감정을 먼저 인정해준 다음, 다른 적절한 방식으로 자신의 감정 또는 원하는 것을 표현할 수 있도록 도와준다.

- 자신을 위협하는 사람에게 두려움을 느껴서 자녀가 자신의 감정을 표현하지 못하고 있다면, 자신을 보호하는 말과 행동을 할 수 있도록 연습시킨다.
- 자녀가 실패나 실망감 등을 표현하였을 때 감정을 있는 그대로 경험하게 하되, 자신에 대해서는 긍정적으로 느낄 수 있도록 도와준다.
- 마찬가지로 자녀가 부정적 감정을 드러낼 때 부모는 그런 감정을 느낄 수도 있다고 말하면서 그대로 인정한다.

자녀가 자기 생각과 원하는 것을 명확하게 표현하게 한다. 자녀가 원하는 것을 부모가 수용하기 어려울 때는 타협을 할 수 있어야 한다.
- 자녀가 부적절한 행동을 할 때 자녀 빙산 내면을 파악한다. 어떤 기대나 열망이 충족되지 않아서 부적절한 행동으로 표출되었는지 알아차리고 자녀에게 물어서 확인한다.
- 부모가 먼저 자녀에게 원하는 것을 명확하고 구체적으로 표현함으로써 자녀가 모델링할 수 있도록 한다.
- 자녀가 자신이 원하는 것을 명확하게 표현하지 못하면 명료화 기술을 사용하여 잘 표현할 수 있도록 돕는다.
- 적절한 자녀의 요구는 받아들이고, 그렇지 않은 요구는 타협을 통해서 자기의 욕구를 조절하는 능력을 키울 수 있도록 한다.
- 자녀의 부적절한 행동이 뇌 기능과 관련된 것인지 확인한다.

부적절한 가족체계 부모와의 사별, 일시적 또는 장기간의 부모와의 이별, 부모의 이혼, 극심한 가난, 어머니의 산후우울증, 가족 구성원의 정신병리, 자신이나 가족 구성원의 신체적 또는 심리적 병으로 인한 가족 내의 긴장, 가족 및 확대가족 구성원들 간의 갈등, 신체적 학대, 좀 더 확장된 관계인 또래로부터의 왕따 경험 등은 아이에게 심리적 상처를 남기고 자존감 형성에 부정적인 영향을 미친다.

자녀가 어릴수록 자신의 감정이나 생각을 뚜렷하게 분별할 수 없으므로 이러한 상처는 언어적으로 표현되지 못하고 억압되기 쉽다. 이러한 상황에서 아이들이 주로 경험하는 감정은 상실감, 당황, 슬픔, 우울, 죄책감, 질투, 분노, 적개심, 절망감, 공허감, 놀람, 공포, 두려움, 혐오, 경멸, 수치심 등인데, 여기에서 가장 중요한 정서는 불안감이다.

부모의 이혼으로 가족이 해체될 때 자녀는 부모로부터 버려졌다는 감정, 심리적으로 모든 것을 잃어버린 것과 같은 깊은 상실감, 앞으로 누가 나를 돌볼 것인지에 대해 불안감을 느낀다. 부모가 이혼한 후에도 다시 결합해서 가족으로 형성되기를 바라는 비합리적인 환상을 포기하지 않는 경우도 많다. 만약 부모가 이혼 후 다른 사람과 재혼을 하게 되면 자녀는 자신이 받아야 할 사랑을 다른 사람에게 빼앗긴다고 생각하며 배신감과 분노를 느끼고, 부모의 새로운 배우자에 대해 적개심을 가지게 된다.

부모로부터 거부당한 아이는 점차 부모가 나를 버렸듯이 세상이 나를 버렸고, 세상은 무서운 곳이라 믿을 수가 없고, 나를 힘들게 하는 가해자로 느낀다. 이런 아이는 자신을 피해자라고 생각한다. 너무 일찍 이러한 경험을 하게 되면 성장하면서 편집증, 우울증, 양극성장애, 성격장애 등의 정신병리를 앓게 될 수 있다.

특히 부모 상실은 자녀가 염려, 걱정, 두려움, 무서움, 불확실한 마음, 위기감, 안전감의 결핍을 느끼게 한다. 항상 불행이 곧 닥칠 것 같고, 조그만 일에도 불안을 느끼며, 극단적인 생각과 함께 심리적 공황 상태에 쉽게 빠져드다. 성장한 후에도 작은 자극에도 눈앞이 캄캄해지는 경험을 한다. 이들은 자기의 삶을 열심히 살려고만 하지 타인을 보살필 마음의 여유가 없다. 즉, 타인에 대한 진지한 관심은 사라진다. 항상 칼날 위에 맨발로 서있는 느낌 때문에 예민하고 분노를 잘 느끼며 폭발적으로 반응한다. 그러나 자신은 항상 피해자라고 믿고 자신의 잘못에 대해 용서를 구하지 않는다. 이들에게 가장 필요한 것은 자신에 대한 자각이다. 자신을 충분히 공감하고 지지할 때, 그리고 타인으로부터 공감과 지지를 받을 때 점차 나아질 수 있다.

상담실을 찾는 많은 부모는 왜 자기 아이가 이런 문제를 가졌는지 모르겠다고 한다. 사실 여러 자녀 중에 왜 유독 한 자녀가 더 심각한 증상을 보이는지에 대해서는 의견이 분분하다. 부모는 아이들의 성별, 외모, 성격적 특성 등에 따라 자녀를 의식적 혹은 무의식적으로 선택하여 부부관계에 끌어들이기도 한다. 혹은 자녀의 성향 때문에 그 가족 내에서 특정 역할을 본인도 모르게 담당하게 된다. 그러나 분명한 것은 선택된 자녀만 영향을 받는 것이 아니라, 가족 구성원은 상호작용하기 때문에 누구도 자유로울 수 없는 것이다.

부정적인 경험은 뇌의 고통을 느끼는 영역을 자극한다. 그렇게 되면 긍정적 경험을 느끼는 영역이 상대적으로 덜 활성화된다. 뇌는 무엇이 좋고 나쁜지 선택하지 못한다. 쉬운 예로 누군가에게 화가 났던 경험을 떠올려보자. 일단 화가 나면 그 사람의 나쁜 점과 그 사람으로 인해 그전에 경험했던 나쁜 일까지 함께 떠올라 더 화가 난 경험은 누구에게나 있을 것이다. 그러나 화가 풀어지면 그 사람의 좋은 점도 떠오르게 되어 점차 마음이 편해진다. 이와 마찬가지다. 자녀가 부모에게 화가 나 있는 상태라면 이전에 부모가 잘해준 것은 생각이 안 난다. 화가 풀어져야 부모가 잘해준 것도 생각이 난다. 따라서 부모가 자녀의 처지를 이해하려는 태도를 보이지 않고 지나치게 권위적으로 몰아붙이면 아이들은 부모에게 부정적 감정을 느끼게 된다. 이렇게 되면 부모를 존중하고 싶은 마음이 사라진다. 오히려 자녀가 어떤 상황에서 부정적 감정을 느낀다면 자녀의 감정에 공감해주어 상처와 충격에서 회복될 수 있도록 도와주어야 한다. 이때 부모는 민감성과 일관성을 지녀야 한다.

또 자녀의 자존감 형성에 있어 훈육은 매우 중요한 부분이다. 그러나 훈육과 통제는 구별되어야 한다. 통제는 부모 자신의 결핍과 자기중심적 욕구에 따라 자녀를 부모 마음대로 만들려는 것이다. 반면 훈육은 자율성, 책임감, 자존감이 높은 자녀로 성장하도록 돕기 위한 삶의 라인을 제시하고 그것을 연습시키는 것이다. 아래 사례는 부모의 부적절한 양육 때문에 자녀가 병리적인 증상을 보이고 있다.

　　승훈이는 어머니에게 울부짖는다. "나는 너를 죽이고 싶어. 네가 엄마라면 그 새끼가 나를 개 패듯이 팰 때 어떻게 가만있었냐? 그때 내 나이 겨우 여덟 살이었다. 너도 그놈하고 똑같은 개년이야. 그 새끼 잘 죽었다. 너는 나한테 말대답할 권리가 없어. 너도 똑같이 내가 명령하는 대로 해!"

　　승훈의 아버지는 조폭과 같았다. 아니 조폭이었다. 큰딸, 큰아들, 작은아들 셋인데 고만고만한 아이들이었기 때문에 서로 싸우기도 하고 자그마한 말썽도 피웠다. 어머니는 마음이 약해 아이들을 제대로 훈육하지 못했다. 어머니가 말리는 것에 실패하면 아버지는 문을 잠그고 아이들을 개 패듯이 팼다. 그뿐 아니라 아이들이 가만히 있어도 자기 기분이 나쁘면 칼이든 뭐든 잡히는 대로 애들을 후려쳤다. 어머니는 아무런 저항도 하지 못했다. 어머니는 아버지의 폭력으로부터 아이들을 보호하지 못했다. 그런데 그 사실도 자각하지 못했다. 자기도 무서웠다고 변명할 뿐이었다. 작은아들은 자기 문제를 모르는 어머니를 무시했다. 어머니가 보여주는 아들의 카톡 메시지에는 두 가지 모습이 다 있었다. 온순한 막내아들의 모습과 화난 괴물의 모습이다.

아들이 변하려면 어머니가 먼저 변해야 한다. 어머니가 자신의 문제를 알아야 하고 진심으로 아들한테 사과를 구해야 한다. 그런데 이 어머니는 부모에게, 남편에게 순종하기만 했지 자기의 내면도 모르고 아들의 내면도 모른다. 아들과 연결될 수가 없다. 자기가 잘못한 것이 무엇인지도 모른다. 자기는 아이들을 위해서 최선을 다했다고 믿는다. 억울해하고 있다. 이 어머니는 그런대로 잘 자라준 두 자녀하고만 있으면 좋겠다고 생각한다. 막내아들이 정신병원에 가는 것이 편하다고 몰래 생각한다. 하지만 승훈이는 알고 있다. 어머니의 생각을. 어머니와 연결되고 싶은데 어머니는 나를 버리려고 한다는 걸.

자료 자녀의 마음 이해하기

1. 자녀의 행동이 바람직하지 않을 때 자녀의 심리적 동기를 파악한다.
2. 자녀는 어릴수록 감정에 따라 행동한다. 따라서 자녀의 감정을 확인한다.
3. 자녀의 감정 발생의 원인을 확인한다.
4. 감정에 초점을 맞추어 공감한다.
5. 자녀가 원하는 기대가 적절한지 확인한다.
6. 내가 자녀에게 갖는 기대가 적절한지 확인한다.
7. 자녀의 열망을 읽어주고 자기를 긍정적으로 경험하도록 도와준다.

자녀의 이성관계 자녀는 남녀가 서로 사랑을 주고받는 관계에서 형성되는 성性에 대해서도 부모로부터 자연스럽게 배운다. 부모가 한 남자와 한 여자로서 적절하게 사랑을 표현하는 것을 보면서 자녀도 이성을 대하는 태도와 이성과 친밀감을 형성하는 방법을 배운다. 아버지와 어머니의 상호작용, 상대방을 대하는 태도를 무의식적·의식적 차원에서 내면화한다. 예로, 아버지가 어머니를 폭력적으로 대하였을 때 아들도 아버지와 똑같이 아내를 대하거나, 혹은 그와 반대로 부정적 감정을 억압했다가 아버지와 비슷한 방식으로 폭발한다. 가족관계 안에서 부모를 통해 바람직하고 긍정적인 성 정체성을 배울 때 두 남녀가 신체적·심리적·영성적 차원에서 연결되어 성^聖스러운 성^性으로 경험될 수 있다.

자녀의 성 정체성 자녀는 부모와의 관계를 통해 성^性 정체성을 형성한다. 부모가 자녀의 성별을 인정하고, 성별에 따르는 차이점을 인정하며, 성별에 따라 차별 대우를 하지 않을 때 성 정체성을 포함한 자녀의 자존감이 높아진다. 특히 가족에서의 이런 경험은 다른 사람들과도 인격적인 인간관계를 맺는 방법을 알게 한다. 모든 인간은 여성 혹은 남성이다. 그러나 외부로 드러나는 성 정체성과 본인이 경험하는 성 정체성이 다를 수도 있다. 자녀의 성을 인정해주는 것은 자존감 형성에 매우 중요하다.

부모가 원하지 않는 성의 자녀가 태어났을 때 아이를 부정하거나, 다른 성의 자녀가 태어나기를 바라는 마음을 가지고 자녀를 대하면 자녀의 자존감이 낮아지는 것은 물론, 정체성 혼란에 빠지게 된다. 한 어머니는 아들을 원했는데 딸이 태어나자 딸이 다 클 때까지 딸에게 남자 옷을 입히고, 소변까지 서서 보게 한 예도 있다. 건강한 성 정체성을 형성하기 위해서는 자녀가 자신의 성을 편안하게 받아들이고, 성과 관련된 역할이나 편견에 매이지 않고 자신의 고유한 개체성을 실현하도록 지지해야 한다. 또 다른 과제는 자녀가 동성애자인 경우다. 동성애의 원인이 생물학적인가, 환경적인가로 팽팽하게 나뉘고 있다. 만일 자녀가 동성애자라면 이 사실을 받아들이기 힘들겠지만, 부모는 자녀가 중요한지 자신의 가치관이 중요한지 자신의 편견을 점검해보아야 할 것이다. 그리고 동성애자로서 이 세상을 살아나가는 데 자녀가 겪을 고통도 함께 나눌 수 있어야 한다.

중학교 2학년 혜인이는 남자아이들하고 공만 차고, 옷도 남자같이 입으려 하고, 남자친구들하고만 놀려고 해서 부모는 아이의 성 정체성을 의심하고 있었다. 상담사의 질문에 딸은 건성으로 대답하고, 아버지는 부자연스러운 미소를 지으면서 아내를 바라보았고, 아내는 속사포같이 딸의 문제를 나열하였다. 아버지의 부모는 헤어진 지 너무 오래되었다. 할아버지는 성격장애 수준의 할머니를 피해 이민을 가버렸고, 어렸던 아버지는 주위의 사람들과 기를 쓰고 싸우는 할머니를 증오하면서 성장하였다. 아버지는 안으로는 분노가 꽉 찼으나 할머니같이 싸울 수는 없다고 생각했다. 그래서 아무하고도 싸우지 않다가 어느 순간에 폭발하지만 절대로 아내와 딸한테는 분노를 표출하지 않았다. 그런 아버지를 딸은 알 수가 없었다. 딸은 자기를 지나치게 통제하는 어머니 내면의 깊은 불안과 두려움도 볼 수 없었다. 혜인이는 부모도 모르겠고, 자기도 모르겠다. 내가 누구인지, 여자인지 남자인지도 모르겠다. 그래서 커터칼로 계속 손목을 긋는다.

5장

일치적 의사소통과 비일치적 의사소통

일치적 의사소통이란?
비일치적 의사소통이란?

의사소통을 잘하기 위해서는 말하는 사람이나 듣는 사람이 서로 마음을 열고 말하고 들어야 한다. 자기가 하고 싶은 말만 하고, 듣고 싶은 말만 들으려 한다면, 이는 두 사람 사이의 대화dialogue가 아니라 혼자 하는 독백monologue이 되어버린다. 게다가 말하는 사람이나 듣는 사람이 의사소통 걸림돌을 자주 사용하고, 또 말하는 사람이 추상적인 단어를 많이 사용한다거나 모호하게 말하면 상대방은 말하는 사람의 의미를 파악하기 힘들다. 또 같은 단어를 사용해도 듣는 사람에 따라 그 단어에 대한 해석이 다를 수 있다. '사람은 착하게 살아야 한다'는 쉽게 이해할 수 있는 말에서도 말하는 사람이 의미하는 '착하다'와 듣는 사람이 이해하는 '착하다'는 의미가 다를 수 있기 때문이다. 이렇게 좋은 의사소통이란 자기가 경험한 것을 적절하고 정확하게 전달하고,

듣는 사람도 상대방이 말하는 경험과 말의 내용을 정확하게 듣는 과정이다.

일치적 의사소통이란?

의사소통 방식은 개인의 성격적 특징, 그리고 부모와 가족으로부터 가장 많은 영향을 받는다. 또 사회 구성원들과의 상호작용에서도 영향을 받으면서 형성된다. 사춘기 청소년의 말투, 시대적으로 유행하는 말투 등이 그 예다. 그러나 의사소통 과정에 가장 큰 영향을 주는 것은 자존감이다. 사티어는 자존감이 높은 사람은 자기의 중심에서 내면을 솔직하고 정직하게, 또 상황과 두 사람 관계에 어울리게 표현할 힘이 있으며 이런 의사소통을 일치적 의사소통congruent communication이라고 이름 붙였다. 반면에 자존감이 낮으면 두 사람의 관계맥락이나 상황에 부적절하게 말하게 되는 데, 이를 비일치적 의사소통incongruent communication이라고 이름 붙였다. 자존감이 낮은 사람은 외부로부터 압력을 느끼면 존재 전체가 흔들리면서 불안한 상태에 놓이게 되어 자기를 방어하려 한다. 그래서 경험하는 것을 솔직하게 표현하지 못한다. 결국, 의사소통을 통해서 마음과 마음이 제대로 연결되지 못한다.

일치적 의사소통을 하려면 내가 일치적 상태에 있어야 한다. 앞에서 설명하였듯이 나의 마음을 정확하게 알고 표현할 수 있어야 한다. 그리고 말하는 사람이나 듣는 사람이 서로 방어적이지 않아야 한다. 또 두 사람의 관계맥락과 처한 상황에 적절한 의사소통을 해야 한다. 관계맥락에 적절해야 한다는 것은, 나와 상대방의 관계에 따라 상대방을 배려하고, 사회문화적 상황에 적절하게 말해야 한다는 것이다. 간단한 예로, 우리 사회에서는 부모와 자녀의 경계가 분명하고 아버지는 아버지로, 어머니는 어머니로 호칭을 사용하며 윗사람 대우를 하면서 말해야 한다. 그러나 서구사회에서는 사람을 독립적이고 개체적으로 보기 때문에 부모나 상사의 이름을 불러도 예의에 어긋나지 않는다. 즉, 언어적 표현도 그가 속한 사회문화적 특징과 어울려야 한다. 또 부부가 대화하는 경우, 자녀와 대화하는 경우, 친구와 대화하는 경우 등 상황에 따라 표현방식도 조금씩 달라야 한다. 한 예로, 심각한 회의를 할 때 긴장감을 견디기 힘들어 어울리지 않는 농담을 한다면, 이는 상황에 어울리지 않는 비일치적 의사소통을 한 것이다. 이렇게 일치는 표현되는 부분과 내면, 즉 빙산의 일치, 나와 너의 내면의 일치, 그리고 나와 너의 관계와 상황의 일치성을 말한다. 그러나 어떤 때는 화를 내거나 행동하는 것이 오히려 적절할 때가 있다. 어떤 사람이 길거리에서 억울한 상황에 있을 때 가만히 있는 것이 적절한 것일까? 아니면 도움을 주는 것이 적절한 행동일까? 사티어는 상황에 따라 융통성을 발휘하는 것이 더 일치적이라고 하였다. 배우자가 몹시 화가 나 있을 때는 대화를 미뤄야 한다. 부모가 화가 몹시 나 있을 때 반대되는 자기의 의견을 그 자리에서 내세우려고 한다면 결코 대화가 잘 이루어지지 않을 것이다.

일치적 언어와 행동 의사소통은 말과 행동이 같아야 한다. 자기가 표현한 말에 대해서 책임지는 행동을 해야 한다. 말과 행동이 같지 않은 사람을 겉과 속이 다르다고 한다. 심각한 경우가 남을 속이려고 의도적으로 거짓말을 하는 사람이다. 이런 사람은 믿을 수 없는 사람이다. 때로 사람들은 자기의 위치에 맞는 언행은 하지 않으면서 위치에 따르는 권위만 주장하기도 한다. 이는 과거의 가부장적인 아버지들에게서 많이 찾아볼 수 있다. 부부란 능력에 따라 삶의 책임을 나누어야 한다. 남편보다 아내가 능력이 있으면 얼마든지 능력에 따라 역할이 달라질 수 있다. 그러나 가부장적인 아버지가 능력도 없으면서 권위만을 주장하고 가족을 힘으로 누르려 하면 많은 문제가 발생한다. 이들은 단지 언어적으로 비일치적일 뿐만 아니라 그들의 위치에도 일치적이지 못하다.

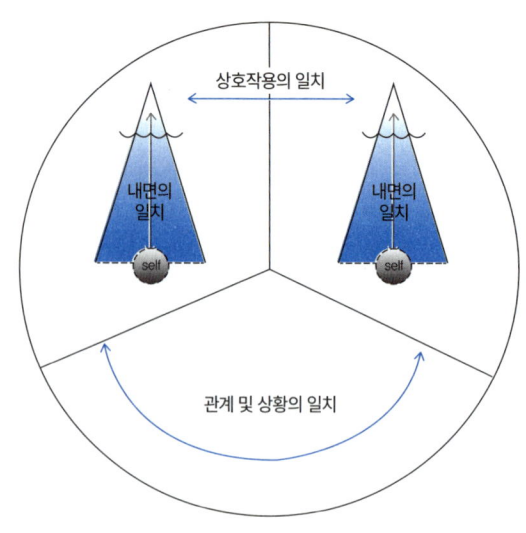

일치적 상태의 의사소통
말하는 사람과 듣는 사람이 일치적 상태에 있어야 한다.
또 그때의 상황에 어울리는 언어적·비언어적 대화를 일치적으로 해야 한다.

일치적인 사람이란? 일치적인 사람은 내면에 힘이 있는 사람이다. 한 내담자는 내면에 힘이 생기면서 "어느 순간에 내 안의 중심에는 잎이 무성한 나무가 든든하게 서있고, 그 나무뿌리 주변, 배꼽을 중심으로 주위에 파릇파릇한

잎들이 솟아나오는데 자라는 소리까지 들을 수 있습니다"라고 비유적으로 내면의 성장 과정을 표현하였다. 자기를 떠나려는 남편을 쫓아가던 이 내담자가 자기의 내면에 있는 불안을 자각하게 되고, 지금 현재 부부관계에 대한 현실을 깨달으면서 남편을 쫓아가고 싶은 충동을 잘 조절하게 되었다. 남편이 내가 원하는 대로 하지 않아 좌절할 때 인내심을 발휘하고, 남편과의 경계선을 지키게 되었다. 또 부모에게 순종해야만 한다는 규칙에서 벗어나면서 훨씬 자유로워졌다. 점차 이 내담자는 자연스럽게 남편에게 자기의 마음을 정직하게 일치적으로 표현할 수 있게 되었다. 이 내담자는 남편을 잃을까 봐 두려워하던 상태에서 자기에게 집중하면서 자기의 삶을 살게 되었고, 자연스럽게 사람들과 관계를 맺게 되었다. 주위의 사람들이 이 내담자로부터 흘러나오는 생명의 에너지를 느끼면서 다양한 사람들이 이 내담자와 관계를 맺으려고 하고, 서로의 긍정적 삶의 경험을 나누려 하게 되었다. 아내로부터 달아나려던 남편은 아내를 존경하게 되었다.

일치적인 사람은 무엇보다 용기가 있는 사람이다. 또 충만한 삶을 살아가며 익숙하지 않은 새로운 가능성에도 도전하고, 자신에게 맞지 않는 것은 과감히 던져버리고 새로운 것을 더하려는 사람이다. 그러나 어떤 사람도 온전한 일치적 상태에 있다고 말하기 힘들다. 단지 사람은 일치적 상태를 향해 나아가는 과정에 있을 뿐이다. 그 과정은 자기의 내면을 알아채고 점차 무의식과 의식 사이의 간격을 좁혀가는 것이다. 그리고 생명력의 근원인 '자기'와 생명의 근원인 우주적 에너지가 연결되는 것을 말한다. 이러한 일치적 상태는 마치 종교인의 종교적 체험, 깨달음의 경지, 성화의 과정, 또는 구원의 과정에 이르는 것과 같이 끝이 없다.

> 자료 일치적인 사람의 특징

1. 지금 여기에서 보이는 것을 보고, 들리는 것을 듣는다.
2. 느껴지는 것을 느낄 뿐 아니라, 자신이 느끼고 생각하는 것을 표현한다.
3. 외부의 허락에 매달리지 않고 원하는 것을 요구한다.
4. 개성이 뚜렷하고 자신의 독특성을 인정한다.
5. 생명 에너지의 순환이 잘되고, 다른 사람들과도 에너지 순환이 잘된다.
6. 자신과 다른 사람들을 신뢰한다.
7. 신념에 따라 모험을 하며, 상처받는 것을 두려워하지 않는다.
8. 자신의 내적 및 외적 자원을 활용한다.
9. 친밀감을 표현하는 데 개방적이다.
10. 자기 자신과 다른 사람을 편안하게 수용한다.
11. 다른 사람들과 친밀한 관계를 맺는다.
12. 변화에 대해 융통성이 있고 개방적이다.

비일치적 의사소통이란?

의사소통 방식은 심리적 성숙도에 따라 드러나는 모습이 다르다. 심리적 성숙도는 화분의 꽃이 적절한 영양분, 수분, 그리고 햇빛을 넉넉히 받을 때 잘 자라듯이 환경이 적절할 때 가지고 태어난 기질이나 능력을 꽃피울 수 있다. 사람의 신체적 건강과 마찬가지로 심리적 건강도 성숙하면 환경에 잘 적응한다. 그러나 심리적 건강이 성숙하지 못하면 환경에 적절하게 반응하지 못한다. 즉, 비일치적 생존방식을 사용하는 데 개인의 성숙도에 따라 사용 강도가 달라진다.

예를 들면, 같은 비난형의 대처방식을 사용하더라도 심리적 성숙도에 따라 대처방식의 수준은 다르다. 그 수준을 분류해보면, (1) 정상범위의 심리적 성숙도 수준에 있지만, 상황에 따라 비일치적 대처방식을 사용하는 사람, (2) 정상적으로 기능하는 부분과 비일치적인 대처방식을 사용하는 부분의 수준과 양이 비슷한 사람, (3) 정상적으로 기능하는 부분이 적고 상황에 매우 심각한 수준으로 대처하는 사람, (4) 현실을 왜곡하는 망상 등이 있어 변화가 쉽지 않은 정신병리 수준의 사람으로 나눌 수 있다. 심리적 성숙도가 세 번째 수준인 사람은 상황에 지나치게 예민하게 반응하기 때문에 어느 시기에 스트레스를 느끼면 부적절하게 상황에 반응한다. 심리적 성숙도가 (3)~(4)의 수준인 사람은 전문가의 도움을 반드시 받아야 한다.

비일치적 의사소통 방식 비일치적 의사소통을 사용하는 방식도 사람마다 조금씩 다르다. 어떤 사람은 하나의 대처방식을 사용하기도 하지만, 상황에 따라 또는 대상에 따라 다른 유형을 사용하기도 한다. 그러나 상황에 맞게 유연하게 대처하는 경우는 비일치적이라고 하지 않는다. 시어머니와 친정어머니와의 대화 방식은 조금은 다를 것이다. 상사와 아랫사람 사이의 대화도 조금은 다를 것이다.

다른 사람들한테는 비위를 맞추면서 좋은 사람으로 보이려고 하지만 가족에게는 회피형이나 비난형 등의 방식을 사용하기도 한다. 또는 겉으로는 회유형처럼 보이지만 속으로는 비난하기도 한다. 또는 자신의 상태, 상황에 따라 대처방식을 바꿔가면서 사용하기도 한다. 회유형의 아내가 갑자기 비난형으로 바뀔 수도 있고, 비난형이던 남편이 회유형으로 바뀌기도 한다. 그러나 시간이 흐르면 원래대로 아내는 회유형, 남편은 비난형으로 바뀌기도 한다. 이 경우는 방식만 다를 뿐 비일치적 대처방식을 계속 사용하는 것이다.

회유형 회유형은 모든 잘못이 자기에게 있다고 믿으며, 자기를 쓸모없는 존재라고 여겨 스스로를 비난한다. 이들은 타인에게 순종하고, 인정받기 위해서 상대방의 요구를 거절하지 못한다. 이들이 얻는 성과는 타인에게 착한 사람, 좋은 사람으로 인정받는 것이다. 이 유형의 사람은 대부분 자존감이 낮고, 자기가 부족하다는 메시지를 타인에게 보내면서 인정과 동정심을 얻으려 한다. 한편 이들은 자신이 다른 사람보다 더 힘들다는 것을 드러내려 한다. 입에 달고 있는 말은 '나를 더는 힘들게 하지 말라', '내가 얼마나 고통을 받는지 알아줘야 해', '당신은 나를 얼마나 비참하게 만드는지 몰라', '이런 고통을 이겨내는 사람은 나밖에 없을 거야!' 등의 말을 자주 한다. 때로는 상대방에게 죄책감을 느끼게 하면서 벌을 주려는 무의식적 의도도 있다.

이들은 어떤 상황에서든 갈등이 발생하면 긴장하고 불안해져서 갈등을 해결하기보다 갈등을 무마하려 애쓴다. 이들 중 어떤 사람은 모든 잘못을 자기 책임으로 돌리려 하거나 때로는 문제가 발생하면 무의식적으로 기뻐하면서 문제해결에 몰입하고 존재감이 확인되는 것 같아 흥분을 느끼기도 한다. 이들은 타인의 필요에 민감하고, 그들의 욕구를 채워주려 하고, 그렇게 하다가 경계선을 침범하기도 한다. 이런 과정에서 평상시에는 느끼지 못했던 성취감, 자신이 중요한 역할을 감당했다는 우월감, 그리고 상황을 통제하고 있다는 심리적 만족감을 느끼기도 한다. 그러나 지나친 배려나 동정심, 돌봄은 오히려 상대방에게 거부감 혹은 통제당하는 것처럼 느끼게 하여 분노를 유발할 수도 있다. 상대방이 그런 반응을 하면 심한 배신감을 느끼고 관계를 단절하기도 한다.

이들은 다른 사람들로부터 칭찬받기를 원하면서도 칭찬을 하면 받아들이지 않는 이중적 태도를 보이기도 한다. 때로는 이들의 열등감과 피해의식은 상대방이 나를 공격할 것이라는 상상을 하면서 갑자기 상대방을 먼저 공격하기도 한다. 이들은 피해의식이 심각해지면 아예 집 밖을 나가지 않는다. 회유형 사람 중에 애착불안이 높은 사람은 자기에게 고통을 가하는 사람에게 오히려 의존하고 때로는 가해자를 동정하려 한다. 이들은 자기에게 중요한 사람과 헤어지는 것보다는 학대를 당하는 것이 낫다고 여기는 사람들이다.

부모나 배우자가 매우 희생적이고 회유적인 사람처럼 보여도 실제로는 통제적일 가능성도 있다. 이들은 상대방을 회유하다가 자기 마음대로 되지 않으면 공격적으로 변한다. 부모가 모든 것을 해주기 때문에 부모의 뜻에 부응해야 하는데, 그렇게 하다가 자녀가 순종하지 않으면 엄청난 갈등이 발생한다. 순종하던 자녀가 부모가 원하는 사람과 죽어도 결혼하지 않겠다고 하거나, 부모가 절대 인정할 수 없는 사람과 결혼하겠다고 고집을 부릴 때 생기는 갈등이 그 예다.

자녀가 부모로부터 심리적·신체적 돌봄을 받아야 하는 중요한 시기임에도 불구하고, 오히려 부모를 신체적·심리적으로 돌보아야 하는 상황에 놓일 수 있다. 어린 시절에 돌봄을 받기보다 오히려 돌봄의 역할을 감당해야 한다면 자기는 없고 타인을 돌보는 태도가 지나치게 발달하게 된다. 그러다 보면 책임지는 것에 익숙해지고 결국 타인을 통제하려는 욕구로 발전하기도 한다. 이런 경우에 외부에는 타인을 돌보는 회유형처럼 보이지만, 그 돌봄에는 통제가 함께 들어있는 경우가 많다. 과거에 부모가 가난 때문에 일을 해야 하고, 맏이가 어린 동생들을 돌보아야만 하는 환경에서 성장한 사람들에게서 자주 나타나는 특징이기도 하다. 상대방의 비위를 맞추는 것은 겸손한 것이며, 배려하는 자세는 사회생활에 장점이 되므로, 회유형의 대처방식은 가족보다 사회에서 더 강화될 수 있다.

회유형은 가족 내에서는 존재감이 없었거나, 편애를 받았거나, 생애 초기부터 거부당했거나, 스스로 무엇인가 해본 경험이 없는 사람들에게서 주로 드러난다. 많은 회유형 사람들은 우울증을 앓고 있거나, 암, 류머티즘, 위장장애, 신경계통의 질환을 앓고 있다. 이들은 문제가 심각해지면 자살 충동을 느끼고, 때로는 자살을 시도하기도 한다.

이들의 주 감정은 우울, 불안, 슬픔, 버려짐에 대한 두려움 등의 감정이다. 그 외에도 죄책감, 수치심, 패배감, 자기가치 상실감 등의 감정을 느끼기도 한다. 상황 때문에 우울한 감정을 느끼는 사람은 상황이 달라지면 우울에서 벗어나는 데 반하여, 오랫동안 회유형 대처방식을 사용해온 사람은 상황이 바뀌어도 잘 바뀌지 않는다. 특히 회유형 사람 중에는 만성 우울증을 앓고 있거나, 소아 우울증을 앓았거나, 생애 초기의 부모와의 관계 혹은 가족관계의 문제가 해결되지 않은 경우가 많다. 그러나 모든 대처방식에는 좋은 씨앗이 있다. 회유형은 상황과 상대방의 욕구를 민감하게 파악하고, 상대방이 원하는 것을 빨리 채워주려 한다는 장점이 있다.

비난형 회유형과 반대의 유형이다. 이들은 자신이 항상 옳다고 판단하기 때문에 사람들이 자기의 뜻에 따라야 한다고 굳게 믿으며, 다른 사람의 입장을 받아들이지 않는다. 이들은 매우 자기중심적이기 때문에 다른 사람들이 자기와 다른 생각이나 감정, 기대 등을 가지고 있다는 사실을 수용하지 못한다. 이 유형은 대부분 가부장적이고 권위주의적인 사람에게서 많이 드러나는데, 우리 사회에서는 이런 남자를 '남자답다', '용기 있는 사람'이라고 평가하기도 한다.

이들은 타자에 대한 정신화 mentalization, 즉 이미지를 형성할 수 있는 능력이 결핍되어있다. 이런 사람들은 상대방이 나와 다른 마음을 가지고 있다는 것을 모르며, 내 생각과 다른 사람의 생각이 다를 수도 있다는 것을 잘 모른다. 이들은 자기는 좋고 good, 타인은 틀렸다 bad는 이분법적 사고체계가 강하게 형성되어있다. 이런 사람이 부모가 되면 어린아이가 무언가 불편해서 울면 자기를 거부한다고 슬퍼하거나, 자기가 배고프면 아이도 배고프다고 생각하는 등, 아이의 마음 상태를 자기와 분리해서 파악하지 못하기도 한다. 이런 경우 자녀의 상태는 자기 상실로 정신증적 병으로 발전하기도 한다.

이들은 자기가 옳다는 신념이 너무 강해서 다른 사람이 자기를 불편하게 하거나 비난하는 것을 용납하지 못한다. 이들의 모습은 철옹성같이 딱딱하고, 쉽게 흥분해서 얼굴이 붉어지며, 금방 싸울 것 같지만 내면에는 많은 상처가 있다. 이들은 피해의식이 커서 세상이나 다른 사람들이 자기를 해할 것이라고 믿고, 의심과 불만이 많아 오히려 자신이 피해자라고 우긴다. 타인과 외부 환경이 문제라고 믿기 때문에 '이러한 상황에서 너는 이렇게 했었어야 한다'고 자신이 요구하는 것은 옳고 당연하다고 여긴다. 심지어 이들은 치료사에게도 비난하고 화를 내기 때문에 치료사들이 심리적 위협감을 느끼기도 한다. 이들은 자기(중심-나)가 위협당한다고 느끼면 싸우기fight의 기본 생존 방식을 사용한다. 따라서 이들에게는 타인에 대한 배려가 추가되어야 할 것이다.

이들이 다른 사람들에게 보내는 메시지는 '내가 괴로운 것은 너 때문'이라는 것이다. 이들과 같이 있다 보면 결국은 모든 잘못이 나한테 있다고 믿게 만든다. 이들은 매우 경직된 사고체계를 가지고 있으며, 분노, 두려움, 공포의 혼합된 감정이 주 감정이다. 분노는 뇌 신경과도 연관이 있다. 두려움은 진화 과정의 결과로서, 다른 동물에게 공격당할지도 모른다는 생명 단절의 두려움에서 비롯되었다. 공포는 생애 초기에 경험하는 분리불안, 애착불안과 연관이 있다. 이들의 대처방식은 강력한 원시적 생존방식이라고 할 수 있다. 이들은 아주 작은 자극에도 마치 원자폭탄같이 터져버린다. 따라서 심각한 비난형은 분노·충동조절장애의 문제를 가지고 있을 가능성이 크다.

비난형 사람의 분노표출 방법은 다양한 폭력적 방법으로 나타난다. 이들의 복수심은 묘하게 언어적으로 드러나기도 하지만 살인에 이르기까지 그 모습이 다양하다. 때로는 성공한 CEO의 반사회적 행동같이 외부에 드러나지 않아 사람들은 모르고 지나칠 수 있다. 자신이 느끼는 복수심이나 의심, 불신을 외부에 투사하여 피해망상 증상까지 가질 수 있다.

그러나 비난형의 경우 내적 에너지가 높고 자기주장의 힘이 있으며 추진력, 리더십 등의 장점이 있다. 이런 비난형은 자신의 감정과 만나, 자기와 타인을 수용할 수 있을 때 변화하게 된다.

비난형은 흔히 회유형의 배우자를 선택한다. 회유형의 사람을 보면 순종적이고, 착하고, 자신에게 공격적으로 반발하지 않을 것이라 안심한다. 반면 회유형은 비난형을 볼 때 강한 힘을 느끼고 약한 자기를 이끌어주고 보호해주리라 믿는다. 그러나 결혼을 하게 되면 비난형은 자신의 부정적 감정, 잘못된 것에 대한 원인을 회유형 배우자에게 돌리고, 회유형은 이런 비난형의 배우자에게 순종하면서 자기를 상실하게 된다.

이들은 외부적으로는 강하게 보이지만 내면이 약하기 때문에 배우자가 자기에게 의존하려고 하면 화를 내기도 한다. 하지만 배우자가 자기 의견을 내세우거나, 독립하려 하면 배신감을 느끼거나, 배우자가 무섭고 두렵다고 한다. 어느 쪽이든 비난형의 배우자는 이러지도 저러지도 못하는 딜레마에 빠져 병이 들거나, 죽거나, 혹은 이혼을 요구하게 된다. 이들은 비난형 배우자와 분리되면 점차 회복된다. 이런 점에서 비난형의 배우자를 성격장애로 판단해서는 안 된다. 사회에서 권위적인 사람이 아랫사람에게 소위 갑질을 하다 보면 그 상황에서 벗어나지 못하는 아랫사람은 점차 신경증, 신체적 병, 피해망상 등에 빠지게 된다.

회유형 사람이 때로는 갑자기 심한 비난형 대처방식을 취하기도 한다. 부부 중 한 사람이 오랫동안 배우자에게 회유하다가 어느 날 갑자기 이혼소송을 제기하고 절대로 타협하지 않는 모습을 보인다거나, 사춘기 자녀가 부모에게 순종하다가 어느 시점에서는 확 바뀌어 위협적일 만큼 공격적인 모습을 보이는 경우가 있는데, 이들은 비난형 부모, 혹은 비난형과 회유형 부모의 관계를 보면서 두 가지 대처방식을 모두 내면화했다가 드러내는 것이다.

 **초이성형** 초이성형은 내면을 차단하여 감정을 전혀 느끼지 못하거나 혹은 무시한다. 이들은 자신에게는 숨겨둔 감정이나 느끼는 감정이 전혀 없다고 부인하는데, 실제로는 엄청난 감정이 숨겨져 있다. 이들이 감정과 차단된 만큼 그 상황에만 초점을 맞추기 때문에 상황은 있고 사람은 없다. 이들은 사고기능이 발달하고 부모와 감정교류가 많이 없었던 사람들이다. 단순한 정보와 논리적인 차원에서 객관적인 상황만을 존중하기 때문에 이들의 합리성이란 매우 편협하고, 왜곡되고, 지엽적이며, 자기중심적이다. 조직사회에서는 이들을 냉철한 사람으로 사심 없이 일을 잘 처리한다고 평가하기도 한다.

이들은 타인뿐만 아니라 자기 자신도 객관적 대상으로 마치 물건을 대하듯이 비판하거나 평가할 뿐 아니라, 자기를 혐오하거나 거리를 두려 한다. 내면의 경험을 말할 때도 마치 제삼자가 이야기하듯이 한다. "그 상황에서 마음이 얼마나 아프셨어요"라고 말하면, "잘 모르겠습니다" 혹은 "예, 아마 그랬겠죠", "그런가보죠"라고 대답을 한다. 그리고 어려운 용어로 말하거나 권위자의 말 또는 연구자료 등을 인용하기 때문에 무슨 말인지 이해하기 힘들 때가 많다. 어떤 사람은 감정을 억압하고 자기와 분리되어 마치 두 사람이 같이 존재하는 것 같다.

초이성형은 자신과 다른 사람을 과소평가하고, 주로 상황만 중요하게 여긴다. 이들은 지나치게 합리성을 강조하기 때문에 상황과 기능적인 측면에만 초점을 맞추며, 자신의 객관성과 논리성의 유무를 따지기 좋아한다. 그리고 감정을 별로 중요하게 여기지 않기 때문에 어떤 사람이나 상황에 감정적 개입을 하려 하지 않고 관망하려 한다. 그리고 지극히 주관적인 자신의 판단을 객관적이라고 확신하며, 자기 판단에 근거하여 다른 사람을 평가하려 한다. 이들은 대부분 지적인 일을 중요시하고 또 그런 부분에서 성공하기도 한다. 그러나 좁은 터널의 시선으로 자기를 합리화하기 때문에 보편성이 떨어진다.

이들은 외부에서 벌어지는 불의한 상황에 대해 매우 예민하게 반응하면서 정의라는 이름으로 자기가 전부 판단하려 한다. 이들은 내면에 상처를 입었지만 냉정하게 대하기 때문에 힘들어하는 사람을 동정하고자 하는 따뜻한 마음이 없다. 이는 '너의 고통은 내가 겪는 고통과 비교하면 아무 일도 아니야!'라는 마음이다. 그리고 자신의 감정을 인정하지 않기 때문에 다른 사람의 감정도 인정하지 않으며, 감정을 표현하는 사람을 무시하려 한다. 그래서 항상 어떤 감정도 드러내지 않은 채 이성적이고 차분하며 냉정하게 자기 생각만 피력하려고 한다. 따라서 이들은 다른 이들의 마음을 이해하지 못하고, 융통성이 없으며, 원칙중심의 재미없고 강박적인 사람으로 주위 사람들에게 비춰진다. 심각한 경우에는 주변 사람들로부터 따돌림을 당하기도 한다. 또 심리적으로 위축되고 긴장하여 병에 걸릴 수도 있다. 이들은 억압된 감정을 표현하려 하면 매우 힘들어하고, 때로는 온몸이 아프고 심한 두통을 느끼기도 한다.

이들은 스스로 자족하는 사람처럼 보이지만 친밀감과 거리감의 조절을 잘 못하는 사람이다. 관계 욕구가 적고, 오히려 거리감을 유지하기를 바란다. 대부분 성장기에 적절한 친밀감을 경험하지 못한 사람들이기 때문에 상대방에게도 친밀감을 요구하지 않고, 상대방이 친밀감을 요구하면 왜 그렇게 해야 하는지 의아해한다. 한편 감정에 접촉하지 못하기 때문에 성적 충동에 집착하고, 무의식적 분노로 세계가 파멸할 것이라는 환상을 가지기도 한다.

이들은 대부분 감정을 느끼고 싶지만 느끼기가 어렵다고 호소한다. 더 나아가 다른 사람의 감정을 잘 파악하지도 못한다. 감정을 못 본 체하면서 모든 것을 머리로 판단하려 한다. 사람들이 감정을 느끼는 것은 연약한 징조라며 무시한다. 따라서 인간관계도 객관적 판단에 근거해서 맺으려 하고, 다른 사람의 감정에 대해 이해하기 힘들어한다. 이들이 억압해온 부정적 감정은 부정적 에너지의 형태로 신체의 한 부위에 스며들게 되어 다양한 신체적 증상으로 드러나기도 한다. 심한 경우에는 전환장애로 발전한다.

이들은 처음 감정을 만나면 매우 당황하고 이렇게 많은 감정이 자신 안에 있다는 것을 믿지 못하기도 한다. 자신의 감정을 억누르기 때문에 몸이 뻣뻣하고 표정이 경직되어있으며 생기가 하나도 없이 창백하고 무표정하면서 얼음같이 냉정하게 보이기도 한다. 때로는 이런 모습이 지적인 것처럼 보이기도 한다. 부모갈등이 심한 가운데 부모를 판단하는 과정에서 이런 대처방식이 형성되기도 한다. 부모가 자녀와 정서적으로 연결되지 않았거나, 부모가 계속 싸우기 때문에 부모의 심판자 역할을 하는 환경에 있었던 사람들에게서 자주 볼 수 있다.

 **부적절형(산만형, 회피형, 철회형)** 부적절형은 현실도피라는 특징을 지니고 있으며 산만, 회피, 철회 등으로 나눌 수 있다. 산만형은 일반적으로 유머 감각이 뛰어나고 늘 즐거워 보이며 모임에서 분위기를 주도한다. 그래서 주위 사람들에게 자발적이고 재미있는 사람으로 보이기도 한다. 그러나 사실 이들은 아무도 자기를 진심으로 걱정하거나 받아들이지 않는다고 생각하며, 내면 깊은 곳에서는 불안, 외로움과 무가치감, 혼란스러운 감정을 느낀다. 그래서 조금이라도 상황이 어색하면 참지 못하고, 긴장되고 어색한 분위기를 깨기 위해 농담이나 우스꽝스러운 행동을 하지만, 그러한 행동은 상황에 부적절할 때가 많다. 이는 마치 서커스단의 광대와 같다고 할 수 있다. 이들은 생각을 자주 바꾸면서 변화무쌍하게 움직인다.

산만한 아이들은 주의력결핍 과잉행동장애ADHD로 진단을 받기도 한다. 성인 ADHD 환자의 대다수가 어린 시절에 진단받는다. 주의력결핍 과잉행동장애ADHD의 경우 신경계통 문제로 발생하기도 하지만 어린아이였을 때 형성된 대처방식이 어른이 되어서도 유지되는 경우일 수도 있다. 이들은 성인이 되어서도 매우 바쁘고 정신이 없으며, 한 가지 일이나 관심에 집중하지 못하고 대화를 하다가도 앞뒤에 맞지 않게 다른 말을 꺼내거나 행동한다. 이들은 나, 상대방, 그리고 상황 모두를 고려하지 않는다. 그러나 이들의 장점은 유머러스하고 발랄하며 재미있다는 것이다. 하지만 한 가지 주제에 집중하지 못하고 상대방의 이야기를 무시하거나 질문에 대해 엉뚱한 대답을 하는 경우가 많아서 대화를 지속하기 어렵다. 이들은 긴장감을 견디기 힘들어하기 때문에 산만한 행동을 함으로써 스트레스 상황을 회피하려 한다. 아이들의

경우, 산만한 행동을 보이는 것이 주된 증상이지만, 멍하니 딴생각을 한다든가, 게임을 한다든가, 판타지 소설, 만화 등에 빠지는 것도 상황을 회피하는 것이다. 이들은 모두 내면이 비어있고, 삶의 의미를 느끼지 못하며, 외로워하고, 때로는 자살을 시도하기도 한다.

철회형은 그 상황에 그대로 있으나 정서적으로 단절하는 것이다. 부모가 싸우면 문을 닫고 전혀 개입하지 않는다. 자기 공부만 한다. 회피형은 그 상황에서 도망가는 것이다. 주로 집에서 나가 딴짓을 한다. 그러나 정서적 차원에서는 부모에 매여있다. 계속 부모가 궁금하고, 집이 궁금하다.

비일치적 기타 유형 위에서 설명한 유형 이외에도 우리는 다양한 관계 대처방식을 목격하게 된다. 비난형이 자기중심적이지만 상황을 고려하고 있다면, 자기애적 성향이 강한 사람들은 더 극단적으로 상황조차 고려하지 않는다. 이들은 오로지 이 세상에 자기만 존재하고 그 외에 어떤 사람도 중요하지 않으며, 상황도 중요하지 않다. 이들은 상황이 어떠하든 항상 자기가 최고여야 한다. 이들은 자신을 무조건 긍정적으로 보는 긍정 왜곡을 하고, 타인에게는 비판적 부정 왜곡을 한다. 이들의 내면은 자기(중심-나)가 거부당한 수치심으로 가득 차 있다. 이들은 부모로부터 거부당했거나 부모가 자녀의 행동이나 모습, 성취 등에 대해 과도한 인정을 해주었을 가능성이 크다. 이런 사람들은 외부의 인정에만 매달려 끊임없이 성공을 추구한다. 이들은 자기와도 연결이 되지 않고, 자기도 사랑하지 않기 때문에 타인에 대한 진정성 있는 관심이 없다. 따라서 이들은 자신의 행동이 상대방에게 어떤 영향을 끼칠지, 상황에 적절한지에 대해 관심이 없다.

이들은 누군가 자기에게 틀렸다고 하면 무섭게 화를 내면서 공격하고, 어떤 방식으로든 복수하려고 한다. 이들의 관심은 오로지 자기가 만들어놓은 이상적인 자기 이미지를 고수하는 데 있다. 자기를 칭송하는 사람들과 관계를 맺거나 자기가 숭상할 수 있는 대상을 만들어놓고 이상화하다가 조그만 결점이라도 발견하면 단번에 관계를 끊고 또 다른 대상을 찾아 헤맨다. 이들은 사랑을 추구한다고 믿지만, 실제는 힘을 추구한다. 이들은 종교를 믿어도 자기를 신적 위치에 놓으려 하므로 이단 집단에 속하거나 그 집단의 우두머리가 되려 한다.

이들과 관계를 맺다 보면 어느 사이에 그들을 칭송해야만 하게 되면서 서서히 자기를 상실해간다. 그러나 자신의 문제를 전혀 깨닫지 못하고 왜 사람들이 자기를 그렇게 보는지 궁금해한다. 자기애적인 내담자가 매우 힘들어하는 이유도 이들의 현실 자각 능력이 낮고, 자기를 인정하는 힘이 적기 때문이다.

물질 관련 및 중독 장애로 분류되는 알코올 중독에서 서로 의존하는 유형을 공동의존이라 부른다. 알코올 등 물질 중독의 문제를 안고 있는 남편은 중독 행동을 하면서 가짜 통제감을 느끼고, 아내는 그런 남편의 중독 행동을 통제하거나 지속시키면서 통제감을 느낀다. 그 외에도 술이 아니라 잔소리로 상대방을 통제하면서 상대방이 나에게 의존하게 만들거나, 상대방을 완벽하게 돌보면서 통제감을 느끼기도 한다.

상호의존적인 부부의 경우, 이들은 서로를 이상화하면서 완벽하게 콩알 하나같이 붙어있다. 이들에게는 상황은 없고 둘만 존재한다. 이들은 분리불안이 높은 사람들로 자신의 삶을 살기보다 상대방을 통제하면서 자기를 잃지 않았다고 착각하는 사람들이다. 때로 이들은 행복해 보이지만 세상과 타인에 대해 불안과 두려움으로 가득 차 있다. 이들 중 한 사람은 의존하고, 한 사람은 통제하면서 하나가 된 경우 완벽하게 통제를 당한 배우자는 심각한 정신병리에 빠질 수 있다. 또 이러한 부부의 자녀는 부모뿐만 아니라 형제들과도 연결되지 못해서 모래알 같은 가족이 되기도 한다.

또 다른 유형은 폭력적 부부와 알코올 등에 중독된 부부처럼 서로 갈등 관계에 있으면서도 헤어지지 못하는 경우다. 이들 역시 한 사람은 가해자, 다른 한 사람은 피해자 역할을 하거나, 한 사람은 충동적으로 행동하고 다른 한 사람은 이 사람의 충동성을 통제하려는 통제 욕구에 매여있다. 이들은 두 사람의 내면에 있는 부정적인 가짜 자기를 상대방에 투사하고 서로를 통제하려 한다. 각자 진짜 자기와 만나기보다는 상대방의 가짜 자기를 고치려 하는 것이다. 알코올, 도박 등에 중독된 사람은 죽어있는 내면의 자기를 흥분시키기 위해서 더욱 중독에 빠지고, 다른 한 사람은 이런 사람을 쫓아다니면서 흥분이 되어 삶의 에너지를 부정적으로나마 느끼려 한다.

대처방식을 변화시키는 과정에서 다른 방향으로 지나치게 빗나가는 경우 또한 유의해야 한다. 예를 들면, 비난하던 남편과 살던 회유형 아내가 내면의 힘을 얻게 되면 비난형이 되기도 한다. 초이성형이 자신의 논리적 틀을 깨고 나면 산만해지는 경향을 보인다거나, 비난형이 회유형이 되면서 비굴하게 되기도 한다. 치료사가 치료 과정에서 이런 태도가 발생할 수 있다는 점을 내담자에게 미리 이야기하고 일치적인 것이 무엇인지를 우선 소개하는 것도 한 방법이 될 수 있다. 이러한 대처방식은 두 사람 사이의 관계에서는 알아내기 쉬울 수 있지만 세 사람의 관계로 확대되면 파악하기 어려울 수도 있다.

작업 사티어 의사소통 유형 검사

이 검사는 자기진단 검사로서 자신의 유형이나 태도를 자각하지 못한 상태에서 답을 하게 되면 정확한 결과를 얻기 힘들다. 때로는 심각하게 일치하지 않는 의사소통을 하는 사람이 일치적 의사소통이라고 답을 쓰는 예도 있다. 따라서 자신의 유형이 일치적 점수로만 나온 검사자는 자신의 의사소통 방식에 대해 이해를 하지 못한 사람일 수도 있다. 이런 경우에는 주위 사람들에게 솔직한 피드백을 받아 보는 것이 바람직하다.

다음 글을 읽고 자신에게 해당하는 문항의 괄호 안에 ○표시를 해보시오.

1. 상대방이 불편해 보이면 눈치를 보고 비위를 맞추려 한다. [a]
2. 일이 잘못되면 문제의 원인을 누군가에게 돌리곤 한다. [b]
3. 상대방이 잘못됐다고 생각하면 따지려 한다. [c]
4. 생각이 자주 바뀌고 동시에 여러 가지 행동을 하는 편이다. [d]
5. 타인의 평가에 구애받지 않고 내 의견을 말한다. [e]
6. 관계나 일이 잘못되었을 때 자주 내 탓으로 돌린다. [a]
7. 다른 사람들의 의견을 무시하고 내 의견을 주장하는 편이다. [b]
8. 이성적이고 차분하며 냉정하게 생각한다. [c]
9. 다른 사람들로부터 정신이 없거나 산만하다는 소리를 듣는다. [d]
10. 나는 부정적인 감정을 느끼거나 의견이 달라도 솔직하게 표현한다. [e]
11. 지나치게 남을 의식해서 생각이나 감정을 표현하는 것이 두렵다. [a]
12. 내 의견이 승인받지 못하면 화가 나서 언성이 높아진다. [b]
13. 내 견해를 분명하게 표현하기 위해 객관적인 자료를 자주 인용한다. [c]
14. 상황에 부적절한 말이나 행동을 자주 하고 딴전을 피우는 편이다. [d]

15. 다른 사람이 부탁해도 내가 원하지 않으면 거절한다. [e]
16. 사람들의 표정, 감정, 말투에 신경을 많이 쓴다. [a]
17. 타인의 결점이나 잘못을 잘 찾아내어 비판한다. [b]
18. 실수하지 않으려고 애를 쓰는 편이다. [c]
19. 곤란하거나 난처할 때는 농담이나 유머로 그 상황을 바꾸려 하는 편이다. [d]
20. 나에 대해 편안하게 느낀다. [e]
21. 타인을 배려하고 잘 돌보는 편이다. [a]
22. 명령적이고 지시적인 말투를 자주 사용하기 때문에 상대가 공격받았다는 느낌을 받을 때가 있다. [b]
23. 불편한 상황을 그대로 넘기지 못하고 시시비비를 따지는 편이다. [c]
24. 불편한 상황에서는 안절부절못하거나 가만히 있지 못한다. [d]
25. 나는 모험하는 것을 두려워하지 않는다. [e]
26. 다른 사람들이 나를 싫어할까 두려워서 위축되거나 불안을 느낄 때가 많다. [a]
27. 사소한 일에도 잘 흥분하거나 화를 낸다. [b]
28. 현명하고 침착하지만 냉정하다는 말을 자주 듣는다. [c]
29. 한 주제에 집중하기보다는 화제를 자주 바꾼다. [d]
30. 다양한 경험에 개방적이다. [e]
31. 타인의 요청을 거절하지 못하는 편이다. [a]
32. 자주 근육이 긴장되고 목이 뻣뻣하며 혈압이 오르는 것을 느끼곤 한다. [b]
33. 나의 감정을 표현하는 것이 힘들고, 혼자라는 느낌이 들 때가 많다. [c]
34. 분위기가 침체되거나 지루해지면 분위기를 바꾸려 한다. [d]
35. 나만의 독특한 개성을 존중한다. [e]
36. 나 자신이 가치가 없는 것 같아 우울하게 느껴질 때가 많다. [a]
37. 타인으로부터 비판적이거나 융통성이 없다는 말을 듣기도 한다. [b]
38. 목소리가 단조롭고 무표정하며 경직된 자세를 취하는 편이다. [c]
39. 불안하면 호흡이 고르지 못하고 머리가 어지러운 경험을 하기도 한다. [d]
40. 누가 내 의견에 반대해도 감정이 상하지 않는다. [e]

합계 [a:] [b:] [c:] [d:] [e:]

해석

유형별로 합산하여 높은 점수가 나오는 영역일수록 그 사람이 주로 사용하는 의사소통 방식이다. 그러나 상황이나 대상에 따라 다른 의사소통 유형을 사용할 수도 있다.

〈유형별 문항〉
a. 회유형: 1, 6, 11, 16, 21, 26, 31, 36
b. 비난형: 2, 7, 12, 17, 22, 27, 32, 37
c. 초이성형: 3, 8, 13, 18, 23, 28, 33, 38
d. 부적절 산만형: 4, 9, 14, 19, 24, 29, 34, 39
e. 일치형: 5, 10, 15, 20, 25, 30, 35, 40

사티어의 의사소통 유형에 대한 이해를 충분히 한 다음에 여기에서 설명하는 의사소통 방식과 자기의 의사소통 방식을 비교하시오.

이 의사소통 방식 검사는 자기 보고식 검사로, 내담자 진단을 위해 사용하는 것을 추천하지 않는다. 이 도구는 Korea Satir Institute 및 김영애가족치료연구소의 승인 없이는 사용할 수 없다.

6장

의사소통과 가족규칙

가족규칙이란?
가족규칙이 영향을 끼치는 삶의 영역
부적절한 가족규칙의 변화

가족규칙이란?

가족치료에서는 규칙이 매우 중요한 개념이다. 어떤 집단이든지 집단을 효율적으로 운영하기 위해서 규칙이 필요하다. 가족도 가족체계를 유지하기 위해서 규칙이 필요하다. 규칙은 처음에는 가족에서 배우지만, 점차 학교에서 또 사회에서 배운다. 규칙이 없으면 가족이나 집단은 매우 혼란스러워진다. 사람들이 모여서 동호회를 만들 때 규칙부터 정하지 않는가!

이러한 규칙에는 가치관이 내재되어있다. '전열기를 쓴 다음에는 반드시 꺼야 한다'라는 규칙에는 '낭비하는 것은 죄, 혹은 잘못이다', '절약이 최선이다', '함부로 돈을 쓰면 언젠가는 돈 때문에 어려움을 겪을 날이 있을 것이다', '전기를 많이 쓰면 생태계가 무너진다' 등의 가치관이 함께 들어있다. 가치관에는 부모의 세계관이 들어있다. 세상을 무섭고 힘든 곳으로 경험한 부모는 세상에 대한 부정적 가치관을 자녀에게 물려준다. 그러나 많은 가족이 선한 가치관을 자녀에게 물려주려고 한다. 그러나 문제는 부모가 그들의 가치관을 지나치게 확대, 왜곡, 강화해서 적용하는 데 있다. 가치관의 또 다른 문제는 가치관이 충돌할 때 이를 해결할 수 있는 능력이 없다는 것이다. 부모가 차이점을 해결하지 못할 때 자녀도 해결 방법을 배우지 못한다.

가족규칙은 가족이 함께 살면서 자연스럽게 배우기도 하고 통제당하면서 배우기도 한다. 가족의 갈등은 부부가 각자의 원가족으로부터 배운 서로 다른 규칙을 타협하지 못할 때 곧바로 부부갈등으로 번진다. 특히 역기능적 가족에서 성장한 부모는 부적절한 규칙을 자기가 배운 대로 혹은 반대로 적용하게 되면서 부부 혹은 자녀들에게 문제가 발생한다. 그런 경우, 자녀는 부모의 가치를 그대로 자기 것으로 받아들이거나, 아니면 극단적으로 반발하면서 자기의 것을 만들어간다.

이렇게 부부는 각자의 가족규칙에 따라 상호작용하면서 가족체계를 만들어간다. 부부가 계속 자신의 가족규칙을 상대방이 지켜주기를 바라면 갈등을 피할 수 없다. 결국 서로 통제하려 하거나, 반발하거나, 싸우게 되면서 가족기능이 약해진다. 문제는 이러한 상호작용에 가족이 너무 익숙해져서 이렇다는 사실을 잘 모른다는 데 있다. 특히 자녀들이 부모의 갈등으로 인해 비일치적인 상호작용 방식을 배우게 되면서 가족체계는 더 경직되거나 혼란스럽게 된다. 이런 경우, 갈등에 숨어있는 가치관, 가족규칙, 또 상호작용 방식을 찾아서 변화시켜야 한다.

한 어머니가 고등학교 1학년 큰아들에게 문제가 있다고 상담을 신청하였다. 그 당시 나는 가족치료를 박사과정의 한 과목으로 배웠을 뿐이었다. 약간은 두려움을 느끼면서 가족을 전부 만나기로 했다. 고1 큰아들은 허리를 직각으로 꺾고 들어섰다. 너무나 놀랐다. 허리에 심각한 문제가 있다고 생각했다. 그리고 아버지, 어머니, 작은아들이 들어왔다. 아버지는 장의자에, 어머니는 마주 보는 작은 의자에, 그리고 작은아들은 어머니의 등 뒤에 꼭 붙어있었다. 큰아들은 여전히 허리를 직각으로 꺾은 채 모두를 등지고 앉아있었다. 치료사인 나는 큰아들과 어머니 사이에 앉아있었다. 이야기를 진행하는 동안 놀라운 모습을 발견하였다. 아버지는 종손이라 집안의 모든 재산을 물려받았다. 그런데도 그는 회사 운영이 얼마나 어려운지를 줄줄 늘어놓았다. 아내는 남편이 얼마나 독재자인지를 넋두리하듯 풀어놓았다. 치료사가 있어서 힘을 받은 것 같았다. 그런데 아내가 남편에 대한 불평을 조심스럽게 이야기하면 큰아들이 허리를 쭉 폈고, 남편이 아내의 말에 대해 반박을 하면 허리가 다시 반으로 꺾였다. 이 큰아들은 집에서 아버지가 없으면 안방을 차지하고, 아버지가 구박하듯이 어머니에게 소리를 지르면서 머리를 툭툭 치고는 이거 해라 저거 해라 한단다. 이 가족과의 첫 만남을 통해서 이 가족의 위계질서, 의사소통 방식, 가치관, 가족구조를 볼 수 있었다.

가족규칙이 영향을 끼치는 삶의 영역

부부는 각자의 가족으로부터 물려받은 일련의 규칙을 가지고 와서 새로운 가족을 만든다. 규칙은 의사소통, 부부관계, 양육, 친족 간의 관계, 재정관리 등 삶의 전 영역을 지배한다. '사랑은 어떻게 해야 하나?', '감정표현은 어떻게 해야 하나?', '아이들을 어떻게 키워야 하는가?' 등 구체적인 것부터 '나는 어떤 존재인가?', '다른 사람을 어떻게 대할 것인가?', '인생을 어떻게 살 것인가?', '세상을 어떻게 바라볼 것인가?', '삶이란 무엇인가?', '삶의 태도는 어떠해야 할 것인가?', '죽음을 어떻게 대할 것인가?' 등 가치와 관련된 것들도 많다.

자녀양육 규칙   부모가 자녀에게 가족규칙을 지킬 것을 강력하게 요구하면, 자녀의 자율성이나 개체성 형성에 문제가 생긴다. 이런 문제는 어느 한 구성원에게 특정한 증상으로 나타나기도 한다. 예를 들어, 사춘기 자녀가 자신의 정체성을 형성하기 위해 부모의 가치관에 도전할 때, 자녀의 관점이 수용되고 타협의 과정이 잘 이루어진다면 부모와 자녀 모두 성장하게 된다. 반면에 규칙을 지킬 것을 강요당하거나 규칙이 없거나 실행자가 없거나 하면 문제가 발생한다. 또 규칙이 암묵적이거나, 정확하게 설명되지 않거나, 또는 일관성이 없을 때도 문제가 발생할 수 있다.

 아버지는 가난한 소작농이었다. 어머니는 신경질적이었고 아버지를 긁어대서 화를 내게 하는 데는 선수였다. 가난을 피하고 아이들 교육을 위해 서울로 온 후의 삶 역시 고단한 것은 마찬가지였다. 아버지는 부잣집 자가용 기사라서 얼굴 보기 힘들었고, 어머니는 식당에서 일했기 때문에 어린 남매는 집에서 서로 의지하면서 지냈다. 그런데 그나마도 아버지는 얼굴을 마주쳤을 때마다 엄격한 얼굴로 훈계랍시고 말도 안 되는 소리를 퍼붓거나 조그만 행동이라도 마음에 안 들면 마치 정신 나간 사람처럼 아이들을 때렸다. 어머니는 아이들을 감싸려 해도 아버지에게 대항할 힘이 없었다. 아들은 사춘기가 되면서부터 집과 단절할 계획을 세웠고, 힘으로 대항할 정도로 커서는 아버지와 똑같이 폭력적으로 대들었다. 그리고 경제적 독립을 한 후에는 가족과 일체 단절을 하게 되었다. 여동생은 오빠보다 더 비참했다. 여동생 눈에 오빠는 그래도 공부를 잘해서 집안 식구들과 이웃에서 인정을 받았고 가족을 떠나 결혼도 하고 자기 가족도 있었다. 그러나 이 딸은 아버지와 대면하기 싫어하는 어머니에게 붙잡혀있는 사이에 이미 나이 마흔을 넘겼다. 그러다 어느 날부터 이 딸은 조금씩 정신이 이상해지고, 지금은 집에서 쉬지 않고 욕을 하고 있다. 부모는 사춘기 때도 말썽 한 번 피지 않았던 이 아이가 왜 누구한테 쌍욕을 쉬지 않고 하는지 모르겠다고 한다.

실행 규칙 의사소통 규칙을 포함한 모든 규칙은 구성원에게 분명하고 구체적으로 전달되어야 한다. 무엇보다 자녀에게 규칙을 전달할 때는 일관성이 있어야 한다. 규칙의 내용도 부부가 타협해야 한다. 규칙을 지키게 하는 방식에도 일관성이 있어야 한다. 예를 들어, 한 사람은 늦게까지 공부하라고 하고, 다른 한 사람은 건강을 위해 일찍 자라고 하면 아이는 부모 중 누구의 규칙을 따라야 할지 혼란에 빠지게 된다. 누구의 규칙을 따르게 되든지 결국 아이는 한 사람을 배반할 수밖에 없다. 특히 부모의 기분에 따라 규칙의 적용 여부가 결정된다면 아이는 부모의 눈치만 보게 되고 결국 자기조절 능력을 키우는 데 도움이 되지 못한다. 자녀에게 규칙을 지키게 하려면 부부가 서로 규칙을 조정하여 적절하게 전달해야 한다. 만약 부부가 조정에 실패해서 싸우거나, 각자의 상반된 규칙을 의식적·무의식적으로 전달하면 자녀는 혼란스러워진다.

아들이 학교에서 수업하다 말고 집으로 그냥 오곤 해서 어머니가 상담을 신청했다. 아들이 무단으로 학교에서 돌아오면 어머니는 처음에는 장시간 훈시를 하였다. 그러고는 편모인 어머니는 죄책감을 느껴 일도 나가지 않고 아들에게 맛있는 것을 해서 먹이고 아들이 가고 싶다는 데를 데리고 가곤 했다. 그러면 그다음 날에는 등교하는데 아이는 얼마 지나지 않아 또 학교에서 집으로 와버리곤 했다. 학교에서 무단으로 돌아오면 어머니가 맛있는 것도 주고 가고 싶은 곳도 데리고 가주는데 아이가 학교에 가겠는가?

의사소통 규칙 아이들은 언어를 배울 때 부모의 의사소통 방식뿐만 아니라 의사소통 규칙까지 배운다. 그런데 부모가 말하는 내용과 말하는 태도가 다르면 혼란스러워진다. 한 예로, 부모의 의사소통 규칙이 어른한테는 절대로 말대답해서는 안 된다는 것이고, 자녀에게 이 규칙을 지킬 것을 요구한다고 생각해보자. 그 아이들은 성장해서 윗사람이 있는 자리에서 혹은 여러 사람 앞에서 자기를 잘 표현할 수 없을 것이다. 그리고 자기를 표현하지 못한 수치심, 답답함, 무력감 등의 부정적 감정이 쌓여있다가 갑자기 엉뚱한 데서 터뜨리게 된다.

독실한 종교인 부부가 상담을 왔다. 표정이 너무 심각하였다. 두 사람 사이에는 아이가 없었다. 그래서 아들을 입양하였다. 꽤 많은 재산과 사회적 위치를 가진 부모는 아들에게 큰 기대를 지니고 있었다. 부모는 아들이 자기들이 원하는 모습의 자녀가 되기를 원했다. 부모는 '우리는 너를 있는 그대로 수용한다'라고 하면서 동시에 최고가 되라고 묵시적으로 압박을 가했다. 그들은 이 아들이 입양아라는 사실이 외부 사람들과 아들에게 알려질까 봐 전전긍긍하였다. 그러나 아들은 부모가 원하는 만큼 공부를 잘하지 못했다. 그래서 운동을 시켰다. 외국에 전지훈련도 보내곤 하였다. 최고가 되라는 부모의 기대에 아들은 공손하게 순종하였다. 이들 부부는 서로를 극존칭으로 불렀고, 아들에게도 왕자님이라고 불렀다. 그러다 어느 날 우연히 아들의 일기장을 보게 되었다. 일기장에는 부모의 호칭이 모두 욕이었다. 이들 가족은 정직하지 않으면서 예의를 지키는 것을 가장 중요한 규칙으로 삼았기 때문에 아들은 부정적 감정을 억압하고 가짜 모습으로 살고 있었던 것이다.

감정표현 규칙 감정표현, 특히 부정적 감정표현에 관한 강력한 가족규칙은 감정을 경험하고 표현하는 것을 극도로 제한하여 감정을 선별적으로 수용하거나 차단하거나 무시하게 된다. 그렇게 되면 감정을 자각하기 힘들거나,

감정을 무시하거나, 감정과 싸우거나, 감정을 억압하게 된다. 두려움을 느끼면 겁쟁이다, 다른 사람에게 약한 모습을 보여서는 안 된다, 화를 내는 것은 옳지 않다, 식구들끼리는 화를 내서는 안 된다, 울면 안 된다, 얼굴을 찡그리면 안 된다, 말할 때 어른 눈을 똑바로 바라보면 안 된다, 함부로 말해서는 안된다, 선한 것, 옳은 것, 적절한 것, 상황에 맞는 것만 말해야 한다…. 이는 우리가 살면서 흔히 듣던 규칙들이다.

아버지가 어머니에게 상스러운 욕을 했다고 가정해보자. '우리에게는 욕하지 말라고 하면서 아버지는 어머니에게 욕해도 되나? 아버지한테 왜 그러냐고 물어봐도 될까? 왜 아버지는 되고, 우리는 안 되지? 이럴 때 그냥 가만히 있어도 되나? 말하지 않고 가만히 있는 게 더 나쁘지 않은가? 우리는 아버지가 어머니에게 욕한 것을 다른 사람에게 말해도 될까?' 같은 질문이 떠오르지만 이를 어떻게 표현해야 할지 모른다.

  나는 어려서부터 내 감정을 표현할 수 없었다. 엄마가 이유 없이 때릴 때도, 그래서 억울하고 슬퍼도 엄마에게 절대 화를 낼 수 없었다. 화를 내는 것은 절대로 안 된다고 했다. 그래서 화가 날 때마다 죄책감에 시달렸다. 나는 분노를 꾸역꾸역 집어넣고는 스스로 감정을 정리했다고 믿었다. 그러나 지금은 그때보다 더 큰 분노가 강하게 올라오고 있다. 이제 나는 내 마음을 표현할 자유를 잃어버렸다. 나는 늘 감정을 먼저 점검한 다음에 꺼내놓아야 한다고 생각했다. 그래서 생각도 안 하고 자기감정을 뿜어내는 사람을 경멸했고 상종하기조차 싫어했다. 감정표현은 나 자신과 상대방에게 피해를 준다고 생각했다.

  상담하는 도중에 나도 모르게 그동안 밑바닥에 밀쳐두었던 감정이 올라오는 것을 느꼈다. 하지만 결국 나는 그것을 그만 피하고 말았다. 그날 밤, 나는 내 몸 안에 감당할 수 없는 분노가 있다는 것을 깨달았다. 분노 속에서 올라온 말 중 하나는 "내맘대로 하게 내버려 둬! 내 마음대로 하고 싶어! 자유로워지고 싶어!"였다. 나를 꼭 둘러싸고 있는 틀을 다 깨버리고 싶었다. 정말 내가 하고 싶은 대로 하는 것을 막는 이 족쇄를 날려버리고 싶었다. 어렵지만 이제부터 나는 내 감정을 다시 찾아야겠다. 내 감정에 정직해지고, 그 감정을 받아들이고, 내 가슴 한가운데서 나에게 말하는 것을 듣고 그 말에 따라 살며, 나의 삶은 내가 책임질 것이다.

성 역할 규칙 우리 사회의 가부장적인 가치관은 당연히 성性 역할에 영향을 끼친다. 여성에게는 다소곳하고 남성이나 어른에게 복종할 것을 요구하고, 남성에게는 더 많이 참고 강한 사람이 되라고 한다. 부모에게 말대답해서는 안된다, 남자가 마음 약한 말을 하면 안 된다, 남자가 말이 많으면 안 된다, 남자는 점잖게 있어야 한다, 아내는 남편의 말을 잠자코 들어야 한다, 암탉이 울면 집안이 망한다 등의 규칙이 여기에 해당한다.

이런 문화는 남성과 여성의 감정표현에도 영향을 끼친다. 남성이 슬픔, 외로움, 두려움 등의 감정을 표현하면 남자답지 못하다는 평가를 받게 되고, 여성이 감정을 표현하면 재수없다든가 나약하거나 감정이 헤프다는 평가를 받게 된다. 결국 모두 감정표현을 솔직히 할 수 없으므로 일치적 의사소통은 어려워진다.

부모와 부부관계에 대해서도 서로 다른 규칙이 적용된다. 아버지가 할 일, 어머니가 할 일, 남편이 할 일, 아내가 할 일이 뚜렷하게 구분되어있다. 그러나 역할의 제한은 사람의 능력을 제한한다. 어떤 일이든 남자 혹은 여자가 더 잘할 수 있고, 더 잘하는 사람이 하면 되는 것 아닌가!

성 역할 중에서 성적 관계도 중요하다. 성적 관계는 남자와 여자의 이성관계지만 가부장적 사회에서는 구조적으로 힘의 관계다. 전통적으로 성관계는 남성이 이끌어가야 한다는 규칙이 있다. 부부관계에서 종종 아내가 성관계를 요구하면 아내에게 색色을 밝힌다는 단어로 비하하면서 자신의 성적 무능력을 감추려 한다. 성관계에서도 남성은 자기중심적으로 자기의 욕구충족에 급급하고, 남성적인 힘을 과시하려 한다. 대체로 남성들은 여성의 욕구충족에는 그리 관심이 많지 않다. 만일 여성이 불만족을 표현하면 불쾌한 반응을 하는 경우가 많다. 그것을 아는 여성들은 거짓으로 만족감을 표현하기도 한다. 이러한 규칙은 남성에게도 부담이다. 남성들 또한 성 역할을 잘 해내야 남자답다는 사회적 압력을 받기는 마찬가지이기 때문이다.

이러한 사회적 분위기 때문에 남성이 성적 접촉을 시도할 때 여성이 거부하면 그 말을 인정하지 않고 오히려 괜히 수줍은 행동을 한다고 믿거나, 아예 여성의 말을 듣지 않으려 한다. 오히려 '당신도 이런 걸 원하지?'라는 등의 매우 잘못된 행동을 취한다. 그리고 성희롱, 성추행, 성폭행의 의미조차 제대로 모르는 남자들도 많다. 이러한 문제는 단순한 성 문제가 아니다. 성과 관련된 권력 구조에서 비롯된 것이다.

여성들을 상담할 때는 과거에 성과 관련된 부적절한 경험이 있는지 반드시 확인해야 한다. 환갑이 된 부부가 상담을 신청했다. 남편이 암 수술을 받았음에도 불구하고 아내가 남편을 대하는 태도가 심각했다. 평생 억울하게 억압당했다고는 하지만 암 수술까지 받은 늙은 남편에 대한 태도로서는 좀 과하다는 생각이 들었다. 그녀의 문제는 여섯 살 때 사촌 오빠에게 당한 성폭력 경험에서 비롯되었음이 드러났다. 자신이 더러워졌다는 생각 때문에 남편의 폭력에 말 한마디 못하고 지내다가, 남편이 힘이 없어지자 남편을 학대하기 시작한 것이다. 이외에도 문제의 원인이 어린 시절의 성추행, 성폭행에 기인한 경우가 많으므로 상담을 시작하기 전에 반드시 부적절한 성적 경험의 여부를 확인해야 한다. 근래에는 남성에게도 같은 질문을 해야 한다. 점차 남성들이 겪는 성폭력도 심각해졌기 때문이다.

사람들은 성 피해자가 겪은 부적절한 행위의 정도에 초점을 맞추려는 경향이 있다. 그러나 성적 행동의 심각성보다는 피해자가 느끼는 피해의식이 더 중요하다. 따라서 치료사는 사건의 강약을 물어서는 안 된다. 앞에서도 이야기했듯이 자신의 심리적 문제가 성과 관련되었다고 자각하는 사람도 있지만, 이를 자각하지 못하고 평생 낮은 자존감에 시달리면서 살아가는 사람도 있다. 성과 관련된 부적절한 경험을 한 사람의 문제는 그 사람만의 문제가 아니다. 본인은 물론 배우자, 자녀, 그리고 다른 사람들과의 모든 인간관계에 영향을 끼치고, 더 나아가 사회에 부정적 영향을 끼친다. 성폭력의 가해자는 피해자가 겪는 어려움이 얼마나 심각한지 전혀 모른다. 가해자가 말로 사과했다는 것은 너무나 피상적이다. 이들은 자신이 얼마나 한 사람의 인격과 삶에 상처를 주었는지 알지 못한다.

집단 상담에 참여하였던 한 내담자가 흥분해서 찾아왔다. 많이 알려진 집단이라 어떤 경험을 할 수 있을까 기대하면서 참여했다고 하였다. 그런데 집단 상담 과정이 특이했다. 남성 집단 상담 지도자는 억압의 근원이 성적 억압에서 비롯되었다며 프로이트 이론 비슷하게 말하면서 성적으로 자유로워져야 한다고 주장했다고 한다. 그러고는 여자 참여자들을 굴비같이 쭉 뉘어놓고, 남자 참여자들을 누워있는 여성들 위로

굴러가게 했다. 부적절한 신체적 접촉을 피할 수가 없어서 내담자는 그 자리를 떴다고 했다. 그러자 그 지도자는 "당신은 성적 욕구를 표현하지 못한다. 당신 남편의 것만 느끼려 한다. 자신의 심리적 문제를 회피한다"라는 얼토당토않은 인격적 비난을 했다고 한다. 지금도 그때를 생각하면 너무 수치스러워 얼굴이 화끈거리고 화가 나서 견딜 수가 없단다. 이것은 성추행인가? 성폭행인가?

기대표현 규칙 우리는 무엇을 기대해도 되고, 무엇을 기대해서는 안 된다는 것을 자연스럽게 알게 된다. 오랜 세월 우울증에 있는 어머니에게 돌봄을 기대해서는 안 되고, 먹고살기 위해서 온갖 궂은일을 하는 부모에게 학교에서 가지고 오라는 것을 사달라고 요구해서도 안 된다. 가족으로부터 기대할 수 있는 것과 없는 것이 있지만 자녀들 스스로 만드는 기대에 대한 규칙이 있다. 이렇게 형성된 기대는 계속 그 사람의 삶에 영향을 미친다. '나에게 사랑을 달라고 하지 말고 내가 줄 때까지 기다려. 사랑은 내가 줄 때 받는 거야' 혹은 '사랑하는 사이라면 서로가 상대의 마음을 다 알아야 한다'라고 믿는 연인이나 부부도 그러한 예다. 또는 '나는 내가 원하는 것을 말하면 안 돼. 내가 그것을 말하면 아마 사람들이 나를 싫어할 거야. 나를 귀찮아하고 화를 내고 결국엔 나를 떠날 거야. 하지만 내가 말하지 않아도 당신은 내가 원하는 것을 알아서 채워줘야 해'라고 당연하게 생각하기도 한다.

아버지는 어머니한테 화가 나면 맏딸인 나를 때렸다. 그러면 어머니는 아버지와 함께 나한테 화를 냈다. 때로는 팬티만 입은 채 대문 밖으로 쫓겨났다. 나는 정말 이해가 안 되었다. 왜 내가 맞아야만 하는지, 왜 벌을 받아야 하는지! 그러나 물어볼 수가 없었다. 물어봤다가는 또 매를 맞아야만 했다. 한 번은 아버지가 칼을 들고 달려들었다. 그때 느낀 공포는 내 몸에 그대로 새겨져 있다. 지금도 힘든 일이 있으면 온몸이 부들부들 떨린다. 아버지는 사업에 실패한 큰아버지, 생활력 없는 작은아버지, 고모들,

할머니, 할아버지의 생활비를 감당해야만 했다. 쥐꼬리만 한 월급에서 남은 몇 푼의 돈으로 우리 가족이 살아야만 했다. 어머니는 아버지에게 부당하다고 항변했고, 아버지는 자기 가족에 대한 분노와 부담감, 아내에게 느끼는 분노를 딸인 나한테 풀었다. 아들인 동생에게는 절대 손을 대지 않았다.

어머니는 아버지의 폭력을 피하려고 항상 아팠다. 그러면서 네가 맏딸이니까 부모 역할을 대신해야 한다고 어린 나에게 온갖 집안일을 다 시켰다. 때로는 학교에 가지 못할 때도 있었다. 어머니는 나에게 "입이 댓 발이나 나와서 퉁명스럽게 말하면 안 된다. 네가 맏딸이니까 엄마가 아프면 집안일도 하고 동생들도 돌보아야 한다"라고 말하곤 했다. 나는 왜 내가 그래야 하는지 묻지 못했다. 어머니도 내 편은 아니었으니까!

경험과 행동 규칙 경험과 행동에 관한 규칙은 느끼는 것을 느끼면 안 되고, 느끼는 것을 표현해서도 안 된다는 규칙을 말한다. 아이를 때리고 나서 아이가 아프다고 하면 아프지 않은데 왜 아프냐고 야단을 친다. 이렇게 자란 아이들은 '나는 아프지만 아프지 않아. 아프다고 해서 문제를 일으키고 싶지 않아', '내가 본 것이 본 것이 아니야! 보고 싶지 않아!'라고 하면서 현실을 부인하려 한다. '점잖고 겸손한 사람들은 속으로 느껴지는 그대로 말해서는 안 된다'라고 생각하거나, 또는 자신의 느낌이 어떠하든 상관없이 '나는 괜찮아'라며 정직하지 않게 말하거나, 아니면 '네가 나를 화나게 했어'라고 자신의 감정을 다른 사람들에게 전가한다. 만일 지금도 자신이 경험한 것을 정직하게 표현하지 못한다면 자신의 어린 시절을 되돌아볼 필요가 있다. 어렸을 때 '절대 보아서는 안 되는 것, 절대 들어서는 안 되는 것, 절대 말하거나 만져서는 안 되는 것'에 대해서 배운 적이 있었을 것이다. 사람들은 이렇게 배운 자신의 규칙을 일반화시키고 다른 사람들도 이를 지킬 것을 요구한다. 일단 일반화시킨 규칙에 대해서는 그 규칙의 원래 의도와는 상관없이 엄격하게 지키는 데만 초점이 맞추어진다. 이러한 규칙을 가족치료에서는 '가족규칙'이라고 말한다.

나는 소도시에서 자랐다. 아버지는 공무원이었는데, 자주 다른 지역으로 출장을 가셨다. 그러면 엄마는 곱게 차려입고 나를 데리고 누군가를 만나러 갔다. 엄마가 만나는 사람을 나는 얼굴을 맞대고 보지는 못했다. 엄마는 나를 여관 옆 공터에 세워놓고 한참이나 있다가 나오곤 했다. 그리고 그날은 맛있는 과자나 장난감 혹은 갖고 싶었던 연필을 사줬다. 그러는 엄마의 얼굴은 마냥 행복해 보였다. 엄마는 아무 일도 없다는 듯이 행동했다. 나에게 어떻게 하라는 말도 안 했다. 그러나 내 마음은 불편하였다. 내가 본 것을 아버지에게 이야기해도 되나? 엄마가 들어갔다 나온 곳이 여관이었는데! 그리고 뒤따라 나오는 아저씨는 아버지의 먼 친척이라고 알고 있는데!

열망과 자기(중심-나) 규칙 규칙들로 인해 자존감이 낮아지면 자기(중심-나)를 인정하지 못하게 된다. 특히 부모가 아이에게 못났다고 하거나, 잘못되었다고 하거나, 못생겼다고 하거나, 태어나지 말았어야 할 아이라고 하는 등의 부정적 말을 듣고 자라면 자존감이 낮아진다. 학교에서의 왕따 경험도 치명적인 상처를 남긴다. 잘난 척하면 안 된다, 교만해서도 안 된다, 자랑해도 안 된다, 겸손해야 한다, ○○을 못하면 사람이냐, 네가 내 자식이라는 것이 믿어지지 않는다, 너만 없으면 내가 더 잘 될 텐데 등의 말은 자녀의 존재를 근원부터 부인하는 것이다. 이런 규칙과 부정적인 말은 자녀의 내면, 몸, 정신 세계에 무의식적으로 새겨져 그 말에 부응하면서 불행한 삶을 살게 된다.

> **자료** 가족규칙 사례

가족
- 집안의 일을 집 밖에서 이야기해서는 안 된다.
- 부모나 어른의 말을 거역해서는 안 된다.
- 무엇이든지 부모와 의논한 후에 결정하라.
- 부모에게 반드시 순종하라.
- 부모가 원하는 것은 다 해야만 한다.
- 부모를 비판하거나 비난해서는 안 된다.
- 부모에게 걱정을 끼쳐서는 안 된다.
- 부모가 창피당하게 하지 마라.
- 부모 곁에 늘 있어야 한다.
- 부모가 원하는 것은 반드시 도와드려야 한다.
- 가족과 떨어져서는 절대 안 된다.
- 누나 또는 형처럼 잘하라.
- 형제자매끼리는 잘 지내야만 한다.
- 윗사람에게 반드시 순종해야 한다.
- 가문에 먹칠해서는 안 된다.

인간
- 사람은 최선을 다해야 한다.
- 사람은 남을 도와야 한다.
- 사람은 겸손해야 한다.
- 사람은 잘난 척해서는 안 된다.
- 사람은 이기적이어서는 안 된다.
- 자랑하지 마라.
- 어떻게 하든 성공해야 한다.
- 자만은 사람을 낭떠러지로 몰아간다.
- 다른 사람보다 잘나야 한다.

- 내가 살고 보아야 한다.
- 이기적이야 살아남는다.

언어
- 말이 많으면 안 된다.
- 감정을 가볍게 드러내면 안 된다.
- 절대 화를 내서는 안 된다.
- 식구들끼리 화를 내거나 싸워서는 안 된다.
- 말대꾸해서는 안 된다.
- 거짓말해서는 안 된다.
- 떠들지 말아야 한다.
- 꼬치꼬치 캐물어서는 안 된다.
- 내 의견에 반대해서는 안 된다.
- 너에게 생기는 일은 모두 나에게 말해야 한다.

행동
- 행동보다 말이 앞서면 안 된다.
- 어떤 경우에도 약속과 시간은 반드시 지켜야 한다.
- 어른이 시키는 대로, 말하는 대로 행동해야 한다.
- 예의 바르게 행동해야 한다.
- 요령 있게 행동해야 한다.
- 무엇이든지 일등을 해야 한다.
- 모든 것을 다 잘해야만 한다.
- 남에게 뒤처지면 안 된다.
- 주일에는 반드시 교회에 가야만 한다.
- 학교 끝나면 곧장 집으로 와야 한다.
- 네 마음대로 아무나 친구를 사귀면 안 된다.
- 무책임하게 행동해서는 안 된다.
- 바보짓 하면 안 된다.

- 늘 상냥하게 행동해야 한다.
- 실수는 치명적인 것이다. 그러니 결코 실수해서는 안 된다.
- 남을 속이더라도 이겨야 한다.

* 이 외에 각자가 지키고 있는 규칙들을 찾아 그러한 규칙들이 끼친 영향에 대해 점검해 보시오.

부적절한 가족규칙의 변화

규칙은 우리가 살아가는 데 도움을 준다. 부모는 가족의 안전을 위해서, 또 자녀가 잘 살아가기를 바라면서 규칙을 가르쳐주려 한다. '우리 집안에서 일어나는 일을 절대로 외부에 알려서는 안 된다' 또는 '보고 들은 것을 함부로 이야기해서는 안 된다', '윗사람한테 말대답하면 안 된다'라는 규칙은 사회로부터 자녀를 안전하게 지키기 위한 것이다. 그러나 세월이 흐르면서 상황은 변하므로 규칙을 융통성 있게 바꾸지 못하면 오히려 장애가 될 수 있다. 가족규칙이 그 가족이 절대적으로 지켜야 하는 명령이 되면 원래의 목적과 가치를 잃어버리게 되고, 오히려 장애가 된다. 이런 가족규칙은 본래의 목적과 가치를 저버리지 않으면서 현재 상황에 맞게 바꿀 필요가 있다. 규칙을 반드시, 언제나, 항상 지켜야 하는 것이 아니라 필요할 때 선택할 수 있는 것으로 바꾸는 것이다.

규칙을 적절하게 지키기 위해서는 우선 강요를 선택으로 바꾸고, 선택의 폭을 확장한 다음, 구체적인 가능성을 제시하는 것이다. '절대로 교수님의 오답에 대해 질문을 해서는 안 된다'는 규칙을 가지고 있는 경우, 강요를 선택으로 바꾸는 첫 번째 단계는 '해서는 안 된다'를 '할 수도 있다'로 대체하는 것이다. 즉 '교수님의 오답에 대해 질문을 할 수도 있다'라고 바꿔 말하는 것이다. 두 번째 단계는 '결코'를 '가끔'으로 바꿔서 선택의 폭을 확장하는 것이다. 예를 들어, '가끔 교수님의 오답에 대해 질문할 수도 있다'라고 바꾸는 것이다. 세 번째 단계에서는 '교수님의 오답에 질문할 수도 있다'를 세 가지 이상의 가능성으로 확장한다. 예를 들어, '교수님에게 편지를 보낼 수도 있다' 또는 '조교에게 찾아가서 의논할 수도 있다', 혹은 '학교 교수 게시판을 통해 교수님에게 질문할 수도 있다'라고 바꾼다. 이렇게 우리는 규칙을 확장할 수 있다. 규칙을 확장하면 일치적 의사소통을 할 수 있고, 내적 자유를 얻을 수 있다.

규칙 가운데 지각체계에 저장된 규칙은 생각을 바꿈으로써 변화할 수 있다. 그러나 잠재적 기억과 연관된 규칙은 지각체계의 변화만으로 쉽게 바꿀 수 없다. 그 규칙과 연관된 내면의 변화를 거쳐야만 제대로 변화시킬 수 있다. 이렇게 기억이 잘 안 떠오르는 규칙들은 전문가의 도움을 받아 해결하는 것이 효과적이다.

 가족규칙이 지배하는 삶의 모습

삶의 규칙들을 적어보면서 내가 얼마나 규칙에 얽매여 살아왔는지를 깨닫게 되었다. 규칙은 나 자신의 삶만 제한한 것이 아니라 다른 사람들까지도 판단하는 기준이 되면서 나의 인간관계를 제한하였다. 내 삶의 규칙은 나를 나답게 만들기도 하였지만 동시에 나를 구속하기도 했다.

겸손과 예의를 지켜야 한다는 것이 내가 가졌던 절대적인 규칙이었기 때문에 나는 어느 자리에 가서든 얌전하게 앉아있는 습관이 있었다. 처음에는 가만히 앉아서 분위기를 탐색하였다. 어렸을 때부터 말을 함부로 하면 안 된다는 엄마의 말을 들으면서 자랐다. 자식들 사이에서 이말 저말을 옮겨 서로 싸우고, 욕하고, 딸과 아들 사이를 갈라놓고, 며느리를 미워하는 큰어머니의 행동을 보면서 말을 함부로 하면 안 되고, 형제들끼리 싸우면 안 되고, 부모는 자식들에게 공정해야 한다는 것이 내 안의 규칙으로 확고하게 자리 잡은 것 같다.

나는 내 감정 자체도 억압하여 감정을 잘 느끼지 못하면서 자랐다. 타인의 감정을 느끼고 따뜻하게 배려하는 것에 대해서도 거의 알지 못하고 자랐다. 보통의 부모라면 이래라저래라 했을 텐데 나는 아이들을 키우면서도 반드시 이래라저래라 하라고 말하지 않았다는 것을 새삼 발견하게 된다. 규칙은 갖고 있었어도 말로 구체적으로 알려주지는 않았다. 한번은 식탁에서 어른이 먼저 수저를 들은 후에 밥을 먹어야 한다고 말하니까, "엄마, 갑자기 왜 그래?" 하고 아들이 이상하다는 듯이 이야기했다. 아들의 말에 나는 그동안 왜 그래야 하는지에 대해 한 번도 설명해주지 않았다는 것을 깨달았다. 나는 나도 모르는 사이에 말을 함부로 하지 말아야 한다는 규칙에 매여있었다.

말을 함부로 하지 말아야 한다는 규칙, 그리고 겸손해야 한다는 규칙과 더불어 나는 상대의 칭찬에 인색한 나 자신을 또 발견하였다. 내가 직원들에게 얼마나 칭찬을 안 했던지, 부원장으로부터 항상 원장님의 인정을 원하는 직원들에게 한마디 따뜻한 말이라도 해달라는 부탁을 받기도 했다. '잘하면 그냥 잘하는 거지, 뭐 그것을 새삼스럽게 말로 해야만 되나?' 못한 것은 꼭 지적하면서도 그랬다. 참 편리한 나만의 잣대였던 것 같다. 직원들에게 했던 젊은 날의 내 모습을 되돌아보니 낯이 뜨거워진다. 나 자신의 감정도 몰랐고, 내가 무엇을 원하는지도 몰랐으며, 직원들에게 내 생각과 감정과 기대를 표현하지 못하면서 얼굴에 못마땅한 표정만 역력했다.

그 당시에 함께 일하던 직원들에게 내가 기대했던 것은 알아서 잘하라는 것이었다. 알아서 잘하라니? 스스로 알아서 한다는 것이 말이나 되나? 무엇을 하고 무엇을 하지 말아야 한다는 기준도 알려주지 않고 처음부터 끝까지 다 알아서 할 것을 기대했으니 정말 어처구니가 없었을 것이다. 물론 그때는 경영 업무 능력과 직원 관리 능력이 부족했기 때문이라고 말할 수도 있지만, 어쨌든 그때는 알아서 잘하라는 것이 내가 가진 주요 규칙이었다.

남편에게도 그러하지 않았을까 생각하게 된다. 말로 표현은 안 하면서 몸과 표정으로는 불만이 가득한 모습으로 있었으니, 남편은 내가 무엇을 생각하고 있는지 짐작할 수도 없고 그저 눈치만 보지 않았을까? 나는 당연히 그래야 한다고 여겼기에 남편에게 굳이 말을 안 해도 다 알 것이라고 여겼으니, 알아서 하지 않는 남편이 얼마나 못마땅하기만 했겠는가? 남편은 왜 저 여자가 화가 났는지도 모른 채 더욱 눈치만 보게 되고, 반복적으로 나에게 거부당하면서 얼마나 비참하고 치사하고 속상했을까? 나는 이제야 나도 모르게 남편에게 못된 행동을 많이 했다는 것을 깨닫게 되었다.

또 하나, '징징거리면 안 된다', '남에게 피해를 주면 안 된다'는 규칙은 내가 다른 사람에게 부탁하거나 호소하는 일을 아예 하지 않도록 막았던 것 같다. 나는 딸이 많은 집에서 환영받지 못하고 태어난 넷째 딸이었고, 집안의 모든 사랑과 관심은 고대하던 아들이었던 내 밑의 남동생에게 돌아갔다. 아무도 관심을 주지 않았던 나의 처지에서, 감히 내가 어찌 남에게 나의 기대를 표현하거나 나의 요구를 정당하게 말할 수 있었을까? 누가 나의 소리를 들어주기나 했을까? 나는 내가 원하는 것과 내 감정을 아무에게도 말할 수 없었다. 아마 스스로 아무도 들어줄 리가 없다고 여겨서 감정을 억압한 나머지 아예 느끼지도 못하게 됐던 것 같다. 그러니 남에게 부탁하지 않는 것이 너무도 당연한 나의 규칙이 되어버렸다. 남이 도와주면 무척 부담스럽고 불편하다. 아플 때도 아프다고 말할 줄 모른다. 아프다고 하는 것이 엄살인 것 같고, 굳이 그 말을 한다고 덜 아픈 것도 아닌데 왜 말을 하나 싶은 생각이 든다. 징징거리는 내 모습을 받아줄 사람이 없었으니 나는 그런 행동들과는 아예 거리가 멀었다. 부탁하거나 아양 떠는 것은 닭살 돋고 불편하게 느껴지고, 힘들고 죽겠다고 말하는 것은 엄살이라고 여겨진다. 누구나 위로받고 싶은 내면의 깊은 열망이 있는데 나는 그 열망 자체를 억누르고 살아왔다. 그러니 다른 사람이 나에게 부탁을 해도 그 부탁을 들어줘야 하나 하는 생각이 들고, 다른 사람을 위로할 줄도 몰랐다. 나는 '남에게 아쉬운 소리 안 할 테니, 남들도 나에게 부탁을 안 했으면 좋겠다'라고 생각해왔다. 얼마나 외로운 인생인가? 얼마나 오만한 생각인가? 혼자 다 하고 살겠다니. '말을 함부로 하면 안 된다'는 생각은 '사람들과 일정한 거리를 두면서 너무 가깝게 지내지 말아야 한다'라는 생각으로까지 발전했다. 직원들이 지나치게 가깝게 지내다가 결국에는 서로 배신하고 욕하는 것을 보면서, 나는 사람 사이에 일정한 거리가 있어야만 한다고 강변하곤 했다. 나는 어떤 사람과도 친밀하게 지내는 것을 경험해보지 못했다. 가까워지는 것이 두렵게 느껴졌다. 어렸을 때 가족으로부터 친밀감을 경험하지 못한 사람은 친밀감을 표현할 줄 모른다고 한다. 내가 바로 그런 사람이었다. 가족에게도, 자식에게도, 남편에게도 친밀감을 표현할 줄 모른다. 내가 경험한 적이 없었으니까.

나는 친구들에게도 나의 감정을 말하지 않았다. 아니, 나는 내 감정을 아예 알지도 못하고 살았던 것 같다. 나는 친구들과 밤새 시시콜콜 이야기하는 즐거움을 한 번도 경험하지 못했다. 왜 그랬는지 나도 이해가 안 된다. 지금 생각하면 그런 아름다운 추억조차 하나 가지지 못한 내가 정말 불쌍하다. 나의 이야기를 하면서 누구에게 이해받을 수 있다고 생각하지 못했나 보다. 친구들과 젊은 날에 밤새도록 수다를 떨면서 서로의 미래와 꿈과 연애 이야기, 일상의 소소한 것들을 나누지 못한 것이 지금도 아쉽다. 나는 내 감정을 억압하고 살아남기 위해서는 감정을 드러내지 않아야 한다고 믿었던 것 같다.

싸우지 말아야 한다는 것도 지금까지 나를 지배하고 있는 규칙 중 하나다. 나는 싸우는 것을 무척 두려워하고 불편해한다. 그래서 갈등이 생기면 모른 척 회피한다. 거기에 더하여 '따지고 들면 안 된다'는 규칙까지 있어 불편한 상황을 아예 회피해버리고 만다. 나는 사회생활을 하면서 정말 싸우는 것, 따지는 것에는 완전히 바보천치였다.

이제 나는 더 자유로워지기 위해서 내 안의 낡은 규칙들에서 유연해지려고 노력하는 중이다.

작업 자신의 규칙 찾기, 그리고 지침으로 바꾸기

1. 내가 지금까지 지켜오고 있는 규칙들을 찾아보시오.

2. 최근에 불편한 감정을 느꼈던 때를 기억하고 그때 그 감정을 어떻게 표현했는지 생각해보시오. 그 감정이 발생하게 된 배경으로부터 가족규칙들을 찾아보시오.

3. 어린 시절에 부모가 요구해서 자연스럽게 받아들인, 혹은 원하지 않았지만 받아들일수 밖에 없었던 가족규칙을 생각나는 대로 적어보시오.

4. 이러한 가족규칙이 지금도 지켜지고 있는지 점검해보시오. 그리고 그 규칙들이 당신의 삶에 도움을 주었다면 어떤 면에서 그러한지 말해보시오. 또 그 규칙들 때문에 지금 당신의 삶이 불편하다면 어떠한 면에서 그러한지 확인해보시오.

5. 그 규칙 중의 하나를 선택해서 지침으로 바꾸어보시오.
   - 예: 나는 집에 저녁 7시까지는 반드시 들어와야 한다.
     1단계: 나는 집에 저녁 7시 이후에 들어올 수도 있다.
     2단계: 나는 가끔 집에 저녁 7시 이후에 들어올 수도 있다.
     3단계: 나는 학교 행사가 있을 때, 친구들과 공부를 할 때, 아르바이트하는 날에는 저녁 7시 이후에 들어올 수도 있다.

6. 당신이 다른 사람에게 강력하게 요구하고 있는 규칙은 무엇인지 생각해보고, 그것을 지침으로 변화시켜보시오.

7장

의사소통과 인간관계 경계선

인간관계 경계선이란?
경계선의 종류

앞서 이야기하였듯이, 가족중심의 집단주의 사회에서는 개인보다는 가족을 지키는 것이 더 중요하다. 가족 전체의 이익이 나의 이익이기 때문이다. 또 개인의 이익이 가족의 이익이기 때문에 개인 역시 가족을 필사적으로 보호하려 한다. 이런 경향은 사회적 관계에서도 그대로 나타난다. 내가 속한 집단의 이익이 나의 이익이고, 나의 이익이 집단의 이익이다. 그러다 보면 옳고 그름보다는 내 편인가 아닌가가 더 중요하게 된다. 타인과도 우리는 하나다, 우리는 한 가족이다, 우리는 가족같이 지낸다 등의 말은 친밀함을 강조하는 말이면서 동시에 개인의 권리나 자유 등은 중요하지 않다는 말도 된다. 결국, 가족중심의 집단주의 사회에서는 각 구성원 사이의 경계선이 약화될 수밖에 없다. 경계선의 약화는 우리 삶 곳곳에서 드러나는데, 특히 인간관계에서 나타난다.

우리는 아무 연고가 없는 타인을 아주 사소한 자극 때문에 살해까지 저지르고 말았다는 뉴스를 이따금 접하곤 한다. 물론 가까운 사이에는 상대방에게 가진 기대가 있고, 그 기대가 채워지지 않았을 때 부정적 감정을 느끼며, 상대방이 잘못했다고 판단하면서 화를 내고 싸우게 된다. 그런데 왜 때로는 나와 별 상관이 없는 사람이 하는 언행에도 화가 나서 아까운 시간과 에너지를 소모하는 것일까? 물론 정신병리로 인한 사고도 있지만 사람과 사람 사이의 경계선이 매우 느슨하다는 것도 이유가 될 수 있다.

매우 오래된 이야기다. 하루는 퇴근 시간 즈음 차를 몰고 가는데 교통이 너무 혼잡해서 차들이 잘 움직이지 못하고 있었다. 그래서 옆에 있는 동료와 수다를 떨면서 운전을 하던 참이었다. 정지 신호에서 차가 서있는데 옆에 서 있던 버스에서 운전기사가 내려서는 창문을 열라고 하더니, 퇴근 시간에 왜 차를 끌고 나왔느냐고 소리를 질렀다. 아마도 그 기사는 내가 여자이기 때문에 이 시간에 집에서 저녁 식사 준비나 할 것이지 괜히 차를 끌고 나와서 서울 시내 교통체증을 일으킨다고 생각했던 것 같다. 이 기사는 내가 동료와 이야기하는 것을 뒤에서 보고 수다나 떨고 있다고 판단했고, '여자'가 해야 할 가사일을 안 했다고 생각했던 것이 분명하다. 아마도 그 운전기사는 그날 아내와 싸웠거나, 평상시에 여자라면 무조건 집에서 살림만 해야 한다는 고정관념을 가졌거나, 이런저런 이유로 스트레스를 받고 있었던 것이 분명하다. 그래서 나를 짜증의 원인으로 생각하고 감정풀이 대상으로 삼은 것이다. 이때 나는 어떻게 반응해야 할까? 내가 그 말에 대응했다면 나는 보기 좋게 이 운전기사의 화풀이 대상이 되었을 것이고, 그의 스트레스를 푸는 데 도움을 주었을 것이다.

한번은 승강기에서 나오는 사람들을 기다리다가 마지막 사람이 내린 다음에 들어갔다. 그런데 마지막 나가던 젊은 여성이 휴대전화를 보다가 급하게 내리면서 내 어깨에 부딪혔고, 휴대전화를 놓치는 바람에 바닥에 떨어뜨렸다. 몇 시간 후 그 여자는 내 사무실로 찾아와서 사람들이 다 내리지도 않았는데 내가 밀치고 들어가다가 부딪쳐서 휴대전화가 깨졌으니 보상을 하라고 요구했다. 아무리 기억을 되짚어봐도 그 말은 맞지 않았다. 그래서 경비실로 가서 CCTV를 보니 그 말은 다 거짓이었다. 그녀는 이미 CCTV를 확인했는데도 나한테 억지를 부린 것이었다. 어떻게 해야 할까?

누구나 살면서 크고 작은 억울한 상황에 부닥칠 때가 많다. 이런 경우 나는 어떻게 대처하는지 한번 살펴보아야 한다. 외부의 자극에 예민하게 반사적으로 반응한다면 나는 왜 나와 상관없는 사람들 때문에 에너지와 시간을 사용하는지, 내가 이들과 싸워서 얻는 것은 무엇인지, 왜 나는 이런 쓸데없는 일에 자꾸 얽히게 되는지 생각해봐야 한다.

인간관계 경계선이란?

모든 인간관계에는 적절한 수준의 심리적 · 신체적 · 공간적 경계선이 있어야 한다. 그러나 사람과 사람 사이의 경계선을 잘 알고 지키는 것은 그리 쉬운 일이 아니다. 경계선 설정을 잘하기 위한 기본 조건은 상대방을 존중하는 마음가짐이다. 어떠한 관계에서도 사람은 존중받을 권리가 있다. 권리를 존중한다는 것은 상대방이 전부 옳다고 인정하는 것이 아니다. 서로가, 상대방이 나와 다를 수 있다는 것을 인정하고 존중하는 것을 말한다. 윗사람이라고 해서 아랫사람을 권력으로 지배하지 않고, 아랫사람도 힘에 승복하는 것이 아니라 자기 위치에 맞게 적절한 행동을 하는 것이다. 상호 간의 권리를 보호해주기 위한 법규도 많지만, 인간관계에서 적절한 경계선을 제대로 지키기란 그리 쉽지 않다.

많은 사람과의 갈등은 경계선 설정이 잘못된 데서 비롯된다. 특히 가족 구성원들 사이의 갈등은 경계선을 제대로 설정하지 못한 데서 시작된다. 만일 나의 경계선이 침범당했다고 느껴지면 상대방과 함께 적절한 경계선에 대해 타협을 해야 한다. 이 책에 소개되는 사례들은 모두 경계선 문제가 있다. 따라서 이들 사례에서 어떻게 경계선이 지켜지지 않고 있는 지를 찾아보는 것도 경계선을 이해하는 데 도움이 될 것이다.

심리적 경계선   심리적 친밀감을 형성할 때에도 두 사람이 서로 허용하는 지점에서 만나야 한다. 사랑해서, 친해서, 또 친척이어서 등의 이유로 상대방의 입장을 존중하지 않는다면, 이는 모두 경계선 침범이다. 데이트 폭력은 두 사람의 심리적 경계선이 타협이 안 된 상태에서 한 사람이 강제로 다른 사람의 경계선을 침범할 때 나타나는 현상이다. 가장 복합적인 경계선 침범은 친족 간의 성추행이나 성폭력이다. 이 경우에는 공간적, 심리적, 신체적, 윤리적 경계선 등 모든 기본권을 침범당한 것이다.

공간적 경계선 사람은 적절한 자기만의 공간이 필요하다. 자기의 공간은 침해받지 말아야 한다. 적절한 공간에 대한 그 사람만의 경계선이 있다. 그 경계선 안에 들어가려면 허락을 받아야 한다. 부모가 사춘기 자녀의 방문을 왈칵 열거나, 반대로 자녀가 부모의 방문을 갑자기 여는 것이 한 예일 것이다. 심리적 경계선이 약할 때 공간적 경계선 침범으로 드러나기도 한다. 부부 사이가 멀어 어머니가 자녀를 같이 데리고 잔다면 이는 부부간의 경계선, 부모와 자녀 사이의 경계선이 파괴되는 것이다.

신체적 경계선 신체적 접촉도 상대방이 허락하는 수준까지만 해야 한다. 신체적 경계선이 지켜지지 않는 사례가 바로 신체적 폭력이다. 가끔 아버지가 사춘기에 들어선 딸의 젖가슴을 느닷없이 만진다거나, 친척들이 아이들의 성적 발달에 대해 부적절한 언급을 하거나, 신체적 접촉을 시도한다면 아이의 성장을 기뻐하는 마음에서 그랬다 하더라도 아이가 받는 심리적 충격은 매우 심각할 수 있다. 한 예로, 어떤 모임의 회원 중 한 여성이 다른 회원을 만났을 때 자기는 반갑다고 뒤에서 껴안자 상대편 회원이 불같이 화를 내서 모두를 놀라게 하였다. 그 회원은 어릴 때 아버지에게 묶인 채로 폭력을 당했기 때문에 자기가 알지 못하는 상태에서 누군가가 뒤에서 다가오면 반사적 반응을 하게 된다고 한다. 즉 내가 생각하는 신체적 경계선과 상대방이 생각하는 신체적 경계선이 다를 수 있다. 가장 확실한 방법은 상대방에게 어느 정도가 적절한지 확인하는 것이다.

표현의 경계선 근래에 인터넷 매체가 발달하면서 표현의 자유에 대해 많은 의견이 나오고 있다. 물론 표현에 관한 법은 이미 존재한다. 그러나 표현의 자유와 한계는 법적으로 판단하기 어려운 경우도 많다. 좋은 의도로 좋은 정보를 공유하는 것은 바람직하지만 두 사람이 친밀한 관계에 있을 때 공유했던 사적 자료를 복수하고자 공개적으로 노출한다면 이는 폭력이며 범법 행위다. 또 공적 권력을 가진 사람이 자신의 권력을 이용하여 자신의 왜곡된 주장을 진실인 것처럼 표현한다면 이것 역시 불특정 다수에 대한 경계선 침범이다.

경계선에 대한 합의 경계선은 친밀한 관계에서도 서로 합의가 이루어져야 한다. 예를 들어 부부의 경우 한 사람은 식구들 사이가 끈끈한 가족에서 성장했고, 다른 한 사람은 각자의 영역이 분명하게 구분된 가족에서 성장했다면, 두 사람 사이에 갈등이 발생할 가능성이 크다. 부부는 상대방이 경계선을 넘어왔다고 느끼면 자기가 경험하는 것을 정확하게 전달할 의무와 권리가 있다. 그래야 오해가 없고, 일치적 관계를 형성할 수 있다. 연애 기간에는 모두 상대방의 기대를 채워주려고 노력한다. 그래서 서로 다름이 큰 문제가 안 된다. 그러나 결혼 후에는 서로 무시했던 차이 때문에 엄청나게 큰 갈등이 발생할 수 있다. 사랑의 감정을 표현하는 방식이나 성관계를 할 때의 방식도 서로 다를 수 있다. 이런 갈등이 발생했을 때 두 사람이 진지하게 각자가 생각하는 적절한 경계선에 대해 표현하고 타협해야 한다.

경계선의 종류

경계선은 나와 너를 구분해주는 삼투막과 비슷하다. 삼투막의 투과율이 너무 높으면 서로 통제하거나 의존하려 하고, 투과율이 낮으면 마음과 마음이 만나기 어렵다. 경계선은 성장하면서 가족으로부터 배운다. 조부모가 부모를 대하는 태도, 부모가 서로를 대하는 태도, 조부모가 자손을 대하는 태도, 부모가 자녀를 대하는 태도, 더 나아가 친척, 이웃, 다양한 사람을 대하는 어른들의 태도를 보면서 배운다.

부모가 자녀를 대할 때 부모 마음대로 자녀에게 개입하는 것이 아니라 자녀의 마음을 존중하면서 개입해야 한다. 또 자녀의 발달 과정에 따라 개입의 정도가 달라져야 한다. 만약 부모는 자녀의 삶에 깊이 관여하려 하고, 자녀는 부모의 의견이나 원하는 것을 따라야 하는 매우 가부장적인 가족이라면 자녀는 부모에게 자기의 마음을 자유롭게 전달할 수 없다. 이렇게 되면 자녀는 어디까지 자신을 개방해야 하는지를 배우지 못한다.

경계선 침범의 가장 나쁜 경우는 바로 친족 간의 성추행이나 성폭행이다. 이런 종류의 경계선 침범은 피해자의 인격을 살해하는 것이다. 수많은 불행한 결혼생활이 성폭행 트라우마에서 시작되어 자녀들의 삶까지도 불행해지는 경우를 상담 현장에서 많이 맞닥뜨린다. 부부간의 경계선도 문제가 되는 경우가 많다. 한 예를 들자면, 아내가 부모의 통제가 심각한 환경에서 성장하였다면 부모의 통제뿐만 아니라 어떤 타인의 통제에 대해서도 반발하기 쉽다. 그런 아내는 허용적인 남자를 배우자로 선택한다. 그러나 허용적인 남편은 모든 면에서 느긋하다. 아내는 남편의 느긋함을 견디기 힘들어한다. 성장할 때는 부모의 통제를 그렇게 싫어했음에도 불구하고 통제에 익숙한 아내는 자신의 삶뿐만 아니라 식구들의 삶도 통제하려 한다. 아내가 보기에는 모든 면에서 허용적인 남편이 줏대가 없고, 주장이 없는 나약한 사람으로 여겨져 결국 남편을 몹시 통제하게 된다. 아내는 성장하면서 경험했던 부모의 통제로 인한 경계선 침범을 남편과 자녀에게 똑같이 반복하게 된다.

한 여인이 네 살, 두 살 된 딸과 남편을 데리고 상담에 왔다. 아내의 분노가 충천했다. 큰딸을 낳았을 때 남편이 매일 일찍 귀가해서 딸 방부터 들어갔는데 그러면 아기가 울곤 했었다고 머리끝까지 화가 나서는 숨을 몰아쉬면서 말했다. 그때는 아기에게 아빠가 어색해서 그랬겠거니 했었다. 그런데 둘째 딸을 낳으니까 또 그랬다고 했다. 아빠가 들어가면 아기가 곧 자지러지게 울어대곤 했다. 그러던 어느 날 아기의 기저귀에 피가 묻어있는 것을 발견하고는 왜 큰딸과 작은딸이 울었는지를 알게 되었다. 남편을 마구 비난하는 가운데 죄인같이 앉아있던 남편은 상담을 받아서 자기 문제를 해결하고 싶다고 간청을 했다. 그러는 와중에 네 살 된 딸이 그림을 그려서 갖고 와서는 "이 나쁜 놈이 저 사람이야! 저 사람은 아빠가 아니야"라고 하면서 아빠를 마구 때리고 욕을 하면서 펄펄 뛰었다. 어린아이의 분노가 저렇게 클 수가 있을까 싶었다. 아내도 남편한테 욕을 버럭버럭 했다. 나는 아버지와 딸들을 분리하는 게 가장 시급하다고 생각해서 일차적으로 따로 사는 방안을 찾자고 했다. 그러나 아내는 놀랍게도 아파트 부금 때문에 안 된다고 하고는 다시는 나타나지 않았다. 아마도 그녀는 타인을 통해서 남편을 야단치고 혼내고 싶었던 것 같다.

적절한 경계선 부모-자녀 관계에서 적절한 경계선에 대해 정의하자면, 자녀가 어릴 때는 부모가 자녀의 삶에 관여하는 비율이 좀 더 높을 수는 있어도, 자녀의 의견이 부모와의 관계에서 충분히 개진될 수 있는 상태를 말한다. 부부관계에서도 남편이 아내를 존중하고 아내의 의사를 타진하면서 의사소통을 할 수 있어야 하고, 아내 역시 남편의 의사를 타진하면서 의사소통을 할 수 있어야 한다. 그리고 서로가 적절한 선을 찾아 타협하면서 경계선을 지켜야 한다. 적절한 경계선을 유지하기 위해서는 나 자신의 경계선과 타인의 경계선을 자각할 수 있어야 하고, 나의 경계선과 타인의 경계선을 존중할 수 있는 마음이 있어야 한다.

엉성한 경계선 나의 내면과 외부와의 경계선이 불분명할 때를 산만한 경계선이라고 한다. 이 경우는 나와 외부 사이의 투과율이 높아 어디까지가 나이고 외부인지 구분을 잘하지 못한다. 내가 경험한 것을 외부의 것이라고 믿거나, 외부의 것이 내 것이라고 믿는다. 다시 말하면, 두 사람이 있을 때 상대방이 힘들어하면 내가 힘들고, 그 사람이 슬프면 내가 슬프며, 그 사람이 화를 내면 내가 미안해진다. 동시에 내가 화가 나는 것은 너 때문이라고 비난한다. 결국, 이런 두 사람이 만나면 경계선이 불분명하고 명확하지 않기 때문에 상대방에게 지나치게 영향을 받고 서로 의존하거나 통제하려 한다. 이들은 상대방이 나의 마음을 다 알아주기를 바라거나 둘이 하나가 될 때 만족감을 느낀다. 그러나 상대방이 조금이라도 독립적인 태도를 나타내면 불안해져서 어떻게든지 상대방을 붙잡으려 하는데, 바로 이런 행동이 상대방을 숨 막히게 할 수 있다. 가끔 치료사들은 경계선이 엉성해서 감정이 혼잡해지는 것을 공감으로 잘못 이해하는 경우가 있다. 공감과 상대방의 감정에 매몰되는 것은 다르다.

경직된 경계선 이 경계선은 투과율이 낮아 외부의 영향을 거부한다. 폐쇄적인 사람의 경계선은 위축되어있다. 이런 사람들은 자신이 매우 독립적이라고 믿는다. 그러나 이들은 다른 사람들과 친밀한 관계를 맺는 것을 두려워하고 불안해한다. 때로는 친밀한 관계를 맺고 싶은 마음이 많지만 거부당할까 봐, 바보같이 보일까 봐, 약해 보일까 봐, 혹은 침범당할까 봐 자기를 적절하게 개방하지 못한다. 결과적으로 자신을 소외시키거나 고립시킨다.

명확한 경계선 명확한 경계선은 외부의 영향을 적당히 받아들이고, 또 외부에도 적절하게 영향을 끼치려 한다. 각자의 경계선이 분명하면서도 교류할 수 있는 경계선이다. 따라서 나와 상대방과 연결되어 성장할 수 있다. 사티어가 말하는 개인 혹은 가족 구성원들이 자존감이 높은 경우 구성되는 심리적 경계선의 상태다. 자기를 상실하지 않고 자기를 지키면서도, 상대방도 존중할 수 있다.

엉성한 경계선   경직된 경계선   명확한 경계선

부부는 서로 사랑한다고 했다. 두 사람은 항상 손을 잡고 다녔다. 아내는 남편이 차를 운전할 때도 항상 남편의 손을 잡아야 불안하지 않다고 했다. 그렇게 하는 걸 남편도 좋아한다고 했다. [남편은 회유형. 아내도 회유형. 상대방에 대한 본인의 생각이 상대방의 생각이라고 여김. 의존적인 관계에서 나타나는 엉성한 경계선] 두 사람은 잘 때도 꼭 껴안고 잔다고 했다. 그러면서 매일 싸웠다. 아내는 남편이 자기 마음을 조금이라도 알아주지 않으면 섭섭하다고 펄펄 뛰었다. 아내는 남편과 하나 되기를 원했던 것이다. 상대방을 사랑한다고 하지만 심리적 경계선이 없기를 바랐던 것이다. 이런 경우 자기는 상대방을 사랑하고 모든 삶을 상대방을 위해 사는 것이라고 하지만, 실제로는 상대방을 통제하는 것이며, 자기욕구를 충족하는 것이다.

종로에서 장사하던 남편은 밤늦게까지 가게 문을 닫지 않았다. 종로1가에서부터 약수동 집까지 길가에 술 취해 쓰러진 사람들을 돌보기 위함이었다. [불쌍한 자기, 돌봄받고 싶은 자기를 투사. 지나친 돌봄의 욕구로 인한 경계선 확장] 아내는 이런 남편을 이해할 수 없다고 화를 내곤 하였다. 그러나 이 남자는 이런 돌봄의 욕구 때문에 이 여자와 결혼한 것이다.

남편은 또 시집 식구들의 모든 문제를 해결하려 했다. [지나친 책임감으로 인한 경계선 확장] 아내는 이런 남편을 이해한다고 했다. 정말이었을까? 아내는 생각으로만 남편을 이해한다고 믿고 있었다. 그러나 남편의 돌봄은 자기만 받아야 한다고 생각했다. [감정억압, 경계선의 확장으로 인한 엉성한 경계선] 그러다 남편이 바람이 났다. 내연녀는 남편이 사망한 지 얼마 안 된, 자기보다 나이 많은 부인이었다. [남편 잃은 부인에 대한 과도한 돌봄. 남편은 일찍 남편과 사별한 불쌍한 어머니를 투사. 확장된 엉성한 경계선. 부부로서 지켜야 할 부부체계의 경계선 파괴] 남편은 아내도 사랑하고 그 여자도 사랑한다고 했다. 두 사람 다 불쌍해서 헤어질 수 없다고 했다.

　　아내는 두 사람의 마음을 진심으로 이해한다고 강조했다. [감정억압과 확장된 경계선] 어느 날 그 여자가 사라졌다. 남편은 그 여자를 찾아서 헤매고 있었다. 아내는 이런 남편을 이해한다고 했다. [감정의 억압과 경계선 확장] 남편의 내연녀를 찾아가서 자기는 그 여자를 위로하기까지 했다고 하였다. [엉성한 경계선의 확장]

세대 간의 경계선

- **세대 간의 엉성한 경계선**

부모세대	부모세대와 자녀세대 경계선이 이렇다면 부모는 자녀를 통제하려 하거나 의존하려 하거나, 자녀 역시 부모를 통제하려 하거나 부모에게 절대적으로 순종하려 하면서 두 세대 사이에 적절한 경계선이 형성되지 못한다.
- - - - - - - -	
자녀세대	

- **세대 간의 경직된 경계선**

부모세대	부모와 자녀세대가 완전히 분리되어 서로를 이해하지 못하거나 교류가 힘든 경우다. 과거에는 부모가 자녀와의 관계를 차단하곤 했지만, 지금은 자녀가 부모와의 관계를 차단하는 경우가 많다. 그러나 부모나 자녀 모두 마음은 연결되고 싶다는 깊은 열망을 가지고 있다. 열망을 가로막고 있는 것은 분노인 경우가 많다.
────────	
자녀세대	

- 세대 간의 명확한 경계선

  부모세대

  자녀세대

  서로 적절한 교류를 하지만 분명한 위아래 질서는 지키는 경계선이다.

세대 간의 경계선과 발달 과정에 따르는 경계선   가부장적 사회에서는 개인주의 사회와는 달리 세대 간의 경계선에 대한 이해도 중요하다. 세대 사이의 경계선은 특히 부모세대와 자녀세대의 갈등을 일으킨다.

세대 간의 경계선은 발달 과정에 따라 달라져야 한다. 자녀가 사춘기가 되면 부모와의 관계를 재설정하려는 욕구가 강하게 올라온다. 그러나 부모가 그런 자녀의 심리 상태를 모르고 전과 같이 자녀를 통제하려 한다면 자녀는 부모의 경계선 침범을 받아들이려 하지 않는다. 아래는 바로 이런 발달 과정에 따르는 경계선의 변화를 설명하는 그림이다.

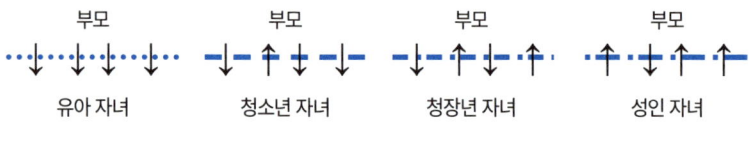

발달 과정에 따른 경계선의 변화
(화살표는 영향력의 방향)

유아기에는 부모가 전적으로 유아를 돌보기 때문에 부모와 자녀 사이의 경계선이 느슨하게 형성될 수밖에 없지만, 자녀가 청소년기를 거쳐 성인이 되면 경계선이 점차 명확해질 필요가 있다. 자녀가 장년기에 접어들면 부모의 권위는 유지되지만, 부모도 자녀를 성인으로 대해야 한다. 그러나 부모가 노년기에 접어들면 성인 자녀가 노부모를 돌보기 때문에 또다시 경계선이 느슨해지게 된다. 즉, 힘의 구조가 바뀌면서 경계선도 바뀌게 된다. 부모가 이러한 힘을 놓지 않으려고 지나치게 경직된 경계선을 유지하려 하거나 자녀와 친밀한 관계를 유지하기 위해 지나치게 산만한 경계선을 형성하려고 하면 역기능적 가족체계가 되기 쉽다.

중학교 3학년 아들의 행동이 심상치 않았다. 화가 나면 거실 마루를 물로 가득 채우고, 벽에 부모 이름을 욕과 함께 쭉 쓰고는 촛불로 검게 태우곤 하였다. 이들 가족은 할머니, 부모, 자녀 세 명으로 이루어져 있었다. 이 집 가장은 교통사고를 당해서 몸이 불편하였다. 시어머니는 불편한 아들을 끔찍이 과보호하면서 키웠다. 아들 또한 이런 어머니를 몹시 위했다. 다행스럽게 며느리도 시어머니를 친어머니같이 따랐다. 그러나 좀 지나쳤다. 남편과 저녁 시간을 보내는 것이 아니라 시어머니 방에서 마치 친정어머니와 딸같이 친밀하게 시간을 보냈다. 외출을 하면 시어머니와 남편이 부부처럼 팔짱을 끼고 앞서 가면 아내와 아이들 셋은 뒤에서 따라가곤 하였다. 그러나 아내에게는 이런 시어머니와 남편의 관계가 불편하지 않았다. 며느리는 정이 하나도 없는 친정어머니 밑에서 구박받고 자랐기 때문에 조용하고 부드러운 시어머니가 자기가 그렇게 원하던 어머니 같았다. 두 사람 사이는 친정어머니와 딸이었다. 큰아들이 문제를 일으키기 전까지는 이 집안에 문제는 없었다.

이 집의 가장 큰 문제는 조부모 | 부모 | 자녀 세대 사이의 경계선이 제대로 설정되지 않았다는 것이다. 요즈음 자녀 양육을 조부모에게 맡기는 젊은 부부가 많아지면서 자주 볼 수 있는 현상이다. 이들 자녀에게는 부모가 없었다. 할머니가 부모 위치에 있었고, 부모는 자녀들과 같은 형제 서열 위치에 있었다. 부모는 사랑과 돌봄을 주기보다는 자기들의 일에 집중하면서 단지 비난과 통제만 하는 훈육 선생 역할만 하고 있었다. 이 가족은 할머니 오리 뒤를 아버지, 어머니, 손자, 손녀가 함께 뒤따라가고 있는 새끼 오리들의 모습을 떠올리게 했다. 중학생 아들에게 부모는 없었다.

8장

자기중심적인 사람들에 대한 이해

자기중심적인 사람과의 의사소통
자기중심적인 사람의 가짜자기: 우월자기와 열등자기
자기중심적인 부모의 자녀에 대한 태도
자기중심적인 사람들의 배우자와의 만남
자기중심적인 부부의 관계 역동

자기중심적인 사람과의 의사소통

사티어는 공감과 사랑의 긍정적 경험이 자존감 형성에 필수요건이라고 강조하였다. 영유아일 때는 신체 욕구충족이 최우선이다. 그러나 점차 자기의 경험에 비추어 상대방도 자기와 같을 것이라고 조금씩 알게 된다. 그리고 이들은 상대방이 자기를 보고 웃으면 자기도 웃고, 자기를 보고 울면 자기도 운다. 이것이 공감의 기본이다. 그리고 내가 먹고 싶으면 상대방도 먹고 싶을 거라고 짐작한다. 그래서 자기가 먹던 과자를 다른 사람 입에 넣어주려 한다. 점차 이런 과정을 통해 타인의 존재를 알게 되고 공감 능력을 형성하게 된다.

사람은 공감받을 때 자기의 경험을 좀 더 분명하게 자각할 수 있다. 그리고 공감받은 경험을 통해 타인에게 공감해줄 수 있다. 깊이 있는 공감이란, 내가 느끼고 경험한 것을 상대방도 나와 똑같이 느끼고 경험하고 있다는 것을 내가 느낄 수 있을 때 이루어진다. 쉽게 설명하자면, 내가 슬플 때 상대방도 나의 슬픔을 진심으로 함께 느끼고 있다는 것을 내가 느껴야 상대방으로부터 공감받았다고 느낀다.

공감은 기본적으로 부모와의 경험을 통해서 배운다. 그런데 부모도 공감을 경험했어야 그들 자녀에게 공감해줄 수 있다. 안타깝게도 많은 부모들이 자신도 공감받았던 경험이 적기 때문에 자녀에게 공감해주는 방법을 모른다. 요즈음 많은 부모가 자녀가 원하는 것을 무조건 다 들어준다거나, 자녀에게 좋다는 것을 다 해주거나, 마치 공감하는 것처럼 말끝마다 '~구나'라고 기계적으로 반응하는 것을 공감으로 착각한다. 감정에 대한 공감과 함께 부모가 아이의 관점에서 듣고, 아이의 내면을 이해하고, 아이를 존중하면서 관계를 맺는 것이 진정한 공감이고 존중이다. 이런 경험을 통해 자녀도 타인을 존중하고 공감하는 것을 배울 수 있다.

그러나 부모로부터 공감받지 못한 자녀는 자기를 잘 모른다. 자기 내면에서 경험하는 것을 제대로 자각할 줄 모르고, 다른 사람에게도 공감할 줄 모르게 된다. 결국, 나와 타인의 연결이 힘들어진다. 자신 안에 갇히고 자기를 보호하기 위해 다양한 방어기제를 사용한다. 한 예로 '나는 특별한 존재니까 내 마음대로 할 수 있어!'라고 자기를 기만하거나 자기는 가치가 없는 사람이라고 판단하는 사람들이 있다. 이렇게 해서 만들어진 자기는 가짜자기다.

자기중심적인 사람의 가짜자기: 우월자기와 열등자기

가짜자기는 자기가 자각하지 못하는 무의식적 수준에서 형성된다. 자존감이 낮은 사람은 자기(중심-나)가 약한 사람으로, 자신에 대한 불편한 느낌, 세상에 대한 부적절한 느낌, 내적 공허감, 무력감 등의 감정을 느끼기는 하지만, 이를 분명하게 자각하지는 못한다. 자각한다 해도 인정하기가 힘들다. 자기의 상태를 인정하는 것은 텅 빈 자신과 직면해야 하고 그 과정에서 자기 파멸의 두려움을 느끼기 때문이다.

가짜자기는 자존감이 낮은 사람들이 손상된 자기를 회복하려는 잘못된 시도의 결과다. 이들 가짜자기는 자기를 보호하기 급급하고, 자신과 타인에 대해 공감할 줄 모르기 때문에 결국에는 자기중심적인 사람이 된다. 가짜자기는 크게 두 가지 모습, 즉 지나치게 팽창된 우월자기와 지나치게 위축된 열등자기로 드러난다. 자기를 우월자기와 동일시하는 사람은 열등자기 상태로 떨어질까 봐 두려워하고, 자기를 열등자기와 동일시하는 사람은 그 상태에서 벗어나지 못해 괴로워한다.

우월자기를 지닌 자기중심적인 사람의 모습은 잘난 척하는 모습이고, 열등자기를 지닌 자기중심적인 사람의 모습은 위축되고 겸손한 모습이다. 열등자기의 사람들은 자기 욕구는 무시하고 다른 사람의 기대에 맞추기 때문에 처음에는 좋은 사람처럼 보이지만 이들의 '나는 부족하다'라는 왜곡된 신념도 우월자기와 마찬가지로 확고하다.

때로는 자기중심적인 사람이 우월자기인지 혹은 열등자기인지 정확하게 구분하기 어려울 때가 많다. 한 사람이 두 가지 상태를 왔다 갔다 하기 때문이다. 내면이 든든하지 않은 사람은 외부의 평가에 예민하게 반응한다. 외부 환경은 수시로 바뀌기 때문에 이들의 정서 상태도 수시로 바뀐다. 그래서 이들은 주위의 사람들과 안정적인 관계를 맺기 힘들다. 이들을 거스르지 않으려면 이들의 욕구를 충족시켜주어야 하고, 이들을 중심으로 관계가 이루어져야 한다. 결국, 이들과 관계를 맺고 있는 사람은 끊임없이 좌절하게 된다.

우월자기인 사람은 자신에게는 관대하지만, 상대방에게는 완벽함을 요구한다. 이들은 주위 사람들이 힘들어해도 자신의 내면을 잘 자각하지 못하기 때문에 자기에게 문제가 있다거나 그것으로 인해 다른 사람이 힘들 수 있다는 사실을 알지 못한다. 조금 안다고 해도 이를 인정하지 않기 때문에 의식적 수준에서는 모를 수 있다. 따라서 자신이 변화해야 할 필요성을 느끼지 못한다. 오히려 자신 때문이 아니라 다른 사람에게 문제가 있어서 그렇다고 굳게 믿는다. 그리고 자신이 왜 다른 사람의 고통까지 관심을 가져야 하는지 이해하지 못한다.

열등자기인 사람도 자기의 이상적인 모습을 유지하기 위해 항상 상황이나 사람을 통제하려 한다. 사람들의 믿음을 얻기 위해서 처음에는 상대방도 자각하지 못한 욕구를 재빨리 알아채고, 그러한 욕구를 모두 채워주기 위해 헌신한다. 이들은 일단 상대방이 자기를 믿기 시작하면 상대방이 자신의 욕구를 완벽하게 채워주기를 바란다. 만일 그렇게 하지 못하면 불같이 화를 터뜨린다.

우리는 가끔 주위에서 논문이나 저서의 표절 문제가 발생하는 것을 목격하곤 한다. 어떤 사람이 타인의 책을 표절해서 마치 자기의 고유한 작품이라고 발표했다고 가정해보자. 이들은 왜 상식적인 규칙도 지키지 않았을까? 우월자기인 사람은 자기는 다른 사람보다 우위에 있는 사람이므로, 타인의 것을 좀 갖다 쓴다고 해서 그것이 문제가 된다고 생각하지 않거나, 자기는 규칙 적용 대상이 아니라고 무시한다. 그러한 이유는 무엇인가? 이들 우월자기인 사람에게는 심리적으로 법 위에 자기가 있고, 오히려 자기의 위치를 위험하게 하는 다른 사람들이 잘못된 사람이라고 믿는다. 이런 사람은 자기를 우상화하고 빛내주는 사람들, 주로 열등자기인 사람들을 옆에 데리고 다닌다. 그들이 있는 한 자기가 굉장한 사람처럼 느껴지니까! 그러나 누군가가 열등감을 느끼게 하는 사람이 있다면 그들은 처형되어야 한다.

이렇게 자기중심적인 사람들을 처음에는 잘 파악하기가 쉽지 않다. 많은 시간과 에너지를 소모한 다음에야 알아챈다. 이들의 확고한 신념 때문에 이들과 대화를 하면 마치 벽에 대고 말하는 것과 같다. 스트레스가 높은 상황에서는 더욱 그렇다. 따라서 어떤 사람과 의사소통 혹은 관계 맺기가 힘들다면 내가 자기중심적인 건 아닌지 혹은 상대방이 자기중심적인지를 짚어보는 것도 문제를 해결하는 데 도움이 될 것이다. 만일 자신이 외부 평가에 지나치게 예민하게 반응하고, 다른 사람의 감정은 물론 나 자신의 감정도 잘 모르고, 다른 사람이 왜 나 때문에 상처를 입는지 의아했던 적이 있다면 자기를 들여다보아야 한다. 상황에 대한 현실적인 판단력이 부족하고, 무슨 일이 잘못되면 스스로 책임을 지기보다는 외부에 책임을 전가하는가? 혹은 이런 사람들과 잘 얽히는가? 그렇다면 전문가의 도움을 받을 것을 추천한다.

남편이 갑자기 이혼을 요구하였다. 나는 왜 남편이 갑자기 이혼을 요구했는지 도저히 이해할 수 없었다. 남편은 이혼하겠다는 마음이 절대로 변하지 않을 것이라고 했다. 나는 너무 억울했다. 내가 무엇을 잘못했단 말인가? 억울해서 상담을 시작했다. 나는 어머니의 자랑거리였다. 전시장의 그림이었다. 얼굴 예쁘고, 말 잘 듣고, 공부 잘하는 꽃이었다. 게다가 사위도 엄마 마음에 드는 교수였다. 나는 한 번도 엄마, 아니 부모 말을 거스른 적이 없고, 지금도 부모 말이라면 그대로 따른다. 아버지, 아니 어머니는 내 마음을 알아준 적도 없고 그들의 명령에 토를 달면 안 되었다. 그분들의 규칙대로 살아야 했다. 나는 내 감정, 내 생각을 차단하고 살았다.

남편은 감성적인 사람이었는데, 내가 순수해서 좋았다고 했다. 나의 순수함은 진짜 순수함이 아니었다. 말 잘 듣는 유아적 순수였다. 그러던 남편이 이제는 나와 마음이 통하지 않는다고 했다. 자기가 다가가려고 얼마나 애썼는지 모른다고 했다. 그리고 나를 딱딱한 사감 선생 같다고 했다. 자기가 지독히 싫어하는 자기 어머니와 똑같다고 했다. 그는 부모와 절연했다. 부모가 한 번도 자기 마음을 알아준 적이 없다고 언젠가 술을 마시고 목 놓아 우는 것을 보았다. 나는 남편이 왜 그러는지 이유를 몰랐다.

상담을 받으면서 내가 얼마나 많은 감정을 닫아놓고 살았는지를 깨닫고, 처음으로 어머니에게 내가 하고 싶었던 이야기를 했다. 어머니는 충격을 받으셨다. 그러나 나는 생전 처음으로 자유를 느꼈다. 깊은 삼림 속의 공기와 같은 청량한 느낌이 가슴에 확 퍼져왔다. 그렇게 나를 찾아가던 어느 날, 갑자기 눈앞에 어린 시절 내 모습의 환영이 확 다가왔다. 나는 그 모습에 너무나 놀랐다. 그 순간 갑자기 마음에 알 수 없는 평안함이 찾아왔다. 그 이후 남편의 이혼 요구가 하나도 두렵지 않게 되었다.

우월자기와 열등자기는 혼합되어 나타나기도 하고 특정한 특징만 나타날 수도 있다. 아래의 설명 중 자기에게 적용되는 특성을 찾아보자. 그리고 그 특성을 중심으로 자기의 모습을 구성해보자. 나는 어떤 사람인가?

> 자료 **우월자기와 열등자기의 자기 개념**

우월자기
- 자기가 최고라고 믿고 최고의 대우를 받기를 바란다.
- 최고가 되기 위해서 다른 사람을 이용하는 것도 마다하지 않는다.
- 자기가 항상 옳다고 믿기 때문에 사람들이 자기 의견을 따라줘야 한다.
- 자기가 특별한 존재라고 믿기 때문에 특별한 대우를 받기 바란다.
- 자신이 좋은 사람이라는 사실을 끊임없이 내세우려 한다.
- 자신이 강하고, 능력 있는 사람이라는 것을 주지시키려 한다.
- 자신의 환상세계에 빠져 현실을 거부하기도 한다.
- 같이 있으면 대화의 주제가 무엇이었든지 자기 자랑으로 끝난다.
- 자기의 이야기만 계속하기 때문에 다른 사람이 이야기할 기회를 잃어버린다.
- 항상 나 잘났다는 분위기를 풍기고, 사람들을 무시하는 태도를 보인다.
- 자기의 기분대로 상대방을 대한다.
- 언제나 자기가 원하는 방향으로 의견을 몰고 가기 때문에 다른 사람의 의견은 무시한다.
- 시도 때도 없이 벌컥 화를 내고 비난을 잘하기 때문에 매우 조심스럽다.
- 의견을 말하면 기분 나쁜 태도를 보이기 때문에 상대방으로 하여금 "아니요"라는 말을 못 하게 한다.
- 이 사람과 있으면 자꾸 눈치를 보게 되어 결국에는 지치고 만다.
- 함께 있어도 혼자 있는 듯하고 지지를 받지 못하기 때문에 외로움을 느낀다.
- '도대체 나는 이 사람에게 어떤 존재인가?'라는 의문이 생기게 한다.
- 자기 기분에 따라 움직이고, 말하고, 행동하기 때문에 어떤 사람인지 잘 모르겠다.
- 자기와 같이 대단한 사람과 헤어지면 너만 손해라고 강조하기 때문에 나중에는 나도 모르게 관계에 매달리게 된다.
- 이 사람과의 관계에 투자한 시간과 에너지가 아까워서 관계를 유지하게 된다.

열등자기
- 자신이 피해자라고 믿기 때문에 수치심, 모멸감, 분노, 우울, 열등감, 공허감, 두려움,

그리고 연민에 빠져있다.
- 상대방을 높이고, 자기를 비하하면서 상대방의 의견에 동조한다. 때로는 화를 내지 못하게 하거나, 불편한 요구를 하지 못하게 막으려는 목적으로 상대방을 치켜세운다.
- 외부의 평가에 지나치게 예민하게 반응한다. 그리고 이들은 계속 '너는 괜찮다', '너는 잘했다', '네가 옳다'는 말을 듣고자 한다.
- 가끔은 자기 스스로 비하의 말을 해서라도 다른 사람이 괜찮다고 해주는 말을 듣기 원한다.
- 상대방이 부정적인 뉘앙스의 말을 했을 때는 몹시 화를 낸다.
- 권력을 획득하기 위해서 권력이 있는 사람의 주위에 머물려고 한다.
- 이들은 자기가 되고 싶은 이상적인 우월자기를 어떤 특정한 인물에 투영하고 그에게 헌신적으로 충성한다.
- 열등자기를 계속 우월자기와 비교하면서 근거 없이 자기가 부족하다고 느끼고 자기를 혐오한다.
- 이들은 이루어지지 않는 현실에 만족하지 못해 좌절과 고통 속에 자기를 몰아넣고 자신을 파괴한다.

> **자료** 우월자기와 열등자기의 사고방식

우월자기

- 자신이 모든 것을 안다는 것을 어떻게든지 알리려 하고, 자신이 아는 것을 주제로 대화를 이끈다. 이들이 의도하는 것은 다른 사람에게 유익한 정보를 제공하는 것이라기보다 자신이 얼마나 많은 것을 알고 있는가를 상대방에게 증명해 보이는 데 있다.
- 지식과 자기를 동일시한다. 따라서 어떤 한 가지에 대해 전문적인 지식을 쌓기보다 이것저것 잡다한 지식을 많이 가지고 있다.
- 스스로 생각하고 창조적인 아이디어를 내기보다 항상 유명한 사람의 말을 인용하거나 책을 거론하면서 자신의 지식이 많은 것을 자랑하려 한다.
- 자신의 지식을 근거로 자신이 항상 객관적이고 공정한 사람이라는 것을 보여주려 한

다. 그러나 자신의 근거자료 자체가 주관적으로 선별한 것이기 때문에 왜곡된 것임을 모른다.
- 논리적으로 보이지만 사실은 자기방어를 위한 합리화를 잘한다.

열등자기
- 자신이 부족하다고 느끼기 때문에 무언가를 더 배우고 축적하지 않으면 불안하다.
- 충분한 자격이 있어도 세상으로 나가기보다 자기 안의 세계에서 머물면서 안전감을 느끼려 한다.
- 세상이 잘못되었기 때문에 내가 세상을 거부한다고 확신한다.
- 결국 자기가 옳다는 신념이 강하다.

자료 우월자기와 열등자기의 도덕심, 이상, 윤리

우월자기
- 다른 사람의 잘못을 지적하고 비난함으로써 자신의 책임을 상대에게 전가하거나 자신이 항상 옳다는 것을 증명하려고 한다.
- 사람들을 지나치게 세속적이라고 비난하지만, 실제로는 돈이나 권력을 가진 사람을 부러워한다.
- 자신은 매우 깨끗하고 도덕적이고 이성적인 사람이기 때문에 세상은 자신의 판단대로 돌아가야 한다고 믿는다. 그러나 도덕적 잣대는 언제나 자신에게 유리하게 적용한다.
- 힘이 없는 사람들과 함께하고, 사회와 인류 복지에 관해 관심이 많다고 믿는다. 그러나 사실은 힘에 대한 욕구를 엄청나게 많이 가지고 있다. 세상이 어떻게 돌아가는지, 권력이 어떻게 돌아가는지, 힘이 어디에서 나오는지를 본능적으로 알고 그 부류에 속하려 한다.
- 다른 사람들을 무시하고 업신여긴다. 이들은 사람들이 자신의 기대에 미치지 못한다고 느끼면 몹시 실망하고, 가차 없이 비난하며 학대한다.
- 자신이 다른 사람들을 속여도 그럴 만한 이유가 있다고 믿거나, 상대방이 그렇게 만들었다고 믿는다.

열등자기

- 타인이 보는 앞에서는 매우 도덕적인 사람인 것처럼 행동하지만, 자신이 인정받기 위해서는 상황에 따라 자신의 가치관도 쉽게 바꾼다.
- 자신을 정당화하기 위해 쉽게 거짓말을 한다.
- 내면에 집중하지 못하기 때문에 외모를 꾸미거나 물질적인 것에 몰두한다.
- 자신의 욕구를 충동적으로 채우려 하고, 잘못된 행동을 하면서도 그것이 잘못되었다는 것을 모른다.
- 자기보다 못하다고 여기는 사람에 대해 편견이 심하고 홀대한다.
- 다른 문화나 사람들에 대해 매우 배타적이다.
- 권위에 저항하면서도 정작 본인은 권위적이다.

자료 우월자기와 열등자기의 인간관계

우월자기

- 대부분 지배-복종의 인간관계를 형성하려고 한다.
- 사람들과 만나는 것을 즐기고 관계를 맺지만, 피상적인 수준의 관계에 그친다.
- 처음에는 상대에게 매우 친절하게 대해주지만 곧 마음으로는 상대방을 무시한다.
- 자신에게 중요한 사람과 접촉을 시도하고 그들의 욕구를 입안의 혀처럼 충족시켜주다가도, 필요 없으면 가차 없이 관계를 차단한다.
- 다른 사람과 공감하지 못하고 상대방에게 상처를 입히는 것을 심각하게 생각하지 않는다.
- 자기가 주목받지 못하는 집단에 잘 적응하지 못한다.
- 자기의 우월함을 드러낼 수 있는 활동에만 집중한다.
- 권력을 획득하고 높은 위치를 차지하고자 하는 욕구가 매우 강하다.
- 경계선이 약하고 관계에서 일방적이다.
- 다른 사람의 것을 착취하고도 양심의 가책이 없다.
- 다른 사람의 감정을 모른다.

- 모든 책임을 타인에게 전가한다.
- 자신의 이기적인 면을 성숙한 독립성이라 착각한다.
- 다른 사람이 친밀한 관계를 요구해오면 불편하게 느낀다.

열등자기
- 자신은 약해서 보호받아야 한다고 생각한다.
- 자신이 어떤 일을 완벽하게 처리해야만 편안함을 느끼고, 그렇지 못할 때 자신은 아무 것도 할 수 없다고 하면서 다른 사람에게 자신의 문제를 떠넘긴다.
- 거부당하는 것에 매우 예민하고 상처와 슬픔을 분노로 토해낸다.
- 대부분 지배-복종의 관계를 맺는다.
- 권위자에 이유 없는 분노를 느끼고, 상황에 맞지 않게 표출한다.
- 피해자를 불쌍하게 여기고 동일시하면서 그들을 구제하려 한다. 그러나 이들이 자신에게 순종할 때에만 관계가 유지될 수 있다.
- 겉으로 드러나지 않는 방식으로 사람들을 통제한다.
- 다른 사람과 상호보완의 관계를 유지하지 못하고 그들의 도움을 거부한다.
- 혼자 있을 때 가장 안전하다고 느낀다.
- 다른 사람의 재주, 능력, 인간관계를 맺는 기술 등을 시기한다.
- 나와 타인과의 경계선이 불분명하여 잘못된 관계를 유지하는 경향이 있다.
- 속으로 사람들을 무시한다.

자료 우월자기와 열등자기의 사회적응력

우월자기
- 파티 같은 모임에서 한껏 매력을 발산하는 것을 좋아하고 관심받기를 원한다.
- 사회적으로 성공한 경우가 많으므로 잘난 사람처럼 보인다.
- 성공을 위해서는 힘든 일도 마다하지 않는다.
- 타인을 위해서 희생한다면 그것 또한 인정받기 위한 가짜 희생일 수 있다.
- 외모를 꾸미는 데 많은 신경을 쓰기 때문에 낭비가 심할 수 있다.

열등자기

- 성공해야 한다는 막연한 압박감을 느끼면서도 뚜렷한 목표의식이 없다.
- 자신의 일도 그리 열심히 하지 않는다.
- 자기가 속한 집단 또는 대소사에 깊이 참여하지 않는다.
- 자신을 포함해 세상에서 일어나는 모든 현상이나 관계에 별로 깊이 관여하지 않는다.
- 관찰자의 입장에 선 것처럼 매사에 거리를 두고 산다.
- 만성적인 권태감에 빠져있다.
- 창조적이지 않고 열정적으로 일하지 않으며 깊이가 없고 모방을 많이 한다.

자료 우월자기와 열등자기의 행동 및 표현

우월자기

- 다른 사람을 무시하는 행동을 한다.
- 자신의 내면을 절대로 드러내지 않는다.
- 자기 잘못을 절대 인정하지 않는다.
- 사람들이 자신을 지지하지 않으면 화가 나서 공격한다.
- 사람과 상황을 통제하려 한다.
- 누가 자신보다 조금이라도 잘하면 심한 질투를 느낀다.
- 매우 경쟁적이다.
- 다른 사람을 이용한다.
- 대화가 항상 자신에게 집중되어있다.
- 타인과 깊은 대화가 불가능하다.

열등자기

- 자신의 약점을 숨기려 한다.
- 정직하게 표현하지 않고 이리저리 둘러댄다.
- 불평을 겉으로 드러내지 않다가 갑자기 폭발적으로 화를 낸다.

- 관심이 자기에게 집중되어있다.
- 대화가 피상적이다.
- 속으로 다른 사람들을 비판하고 무시한다.

> **자료** 우월자기와 열등자기의 사랑과 성

우월자기
- 처음에는 엄청나게 사랑을 퍼부어주지만, 곧 지배하려 한다.
- 이성과의 관계 또는 결혼 관계가 안정적이지 못하다.
- 배우자 혹은 이성적 대상을 유혹하지만, 일단 자신에게 관심을 보이면 매우 냉정하게 대하기도 한다.
- 배우자 혹은 이성적 대상과 지속적인 성관계를 유지하지 못하고, 혼외관계 혹은 난잡한 성관계를 추구한다.
- 성적인 경험을 추구하는 데도 거침이 없다.

열등자기
- 지속적인 연인관계를 유지하지 못한다.
- 연인의 존재를 자신의 열등감 충족을 위한 도구로 본다.
- 상처를 주고받고 괴로워하면서도 관계를 잘 끊지 못한다.
- 성적 경험을 지루하게 느끼거나 변태적 성행위를 추구하기도 한다.
- 성적 무감각함을 자극하기 위해서 맞교환 swapping 등 비윤리적인 성적 행위도 서슴지 않는다.
- 친족 등 부적절한 대상과도 성적 관계를 맺으려 한다.

자기중심적인 부모의 자녀에 대한 태도

자존감이 낮은 사람들이 부모가 되면 자녀는 이들과 상호작용하면서 성장하기 때문에 이들의 영향을 안 받을 수 없다. 잉태되면서부터 때로는 노년까지도 부모의 영향에서 벗어나지 못한다. 그리고 자신들도 자신의 부모 역할 방식을 답습해 그들의 자녀에게 반복하면서 자녀를 양육하거나 반대로 양육한다. 적절함을 잘 모르기 때문이다. 한 예로, 알코올 중독 혹은 알코올 문제가 있는 가족이 대표적인 역기능적 가족이라고 할 수 있다. 이들 가족에서 성장한 자녀들에게 ACA^{Adult Children of Alcoholic}라는 이름을 붙였는데, 그 이유는 이런 가족에서 성장한 성인 자녀들이 공통적인 문제점을 안고 있다는 사실을 발견하게 되면서부터. 여기에서는 간단하게 자기중심적 부모의 특징에 대해 말하고자 한다. 어쩌면 이들도 자기중심적 부모에게서 성장한 사람일지도 모른다. 부모 양육에 대해 도움이 필요하다면 저자가 쓴 『아름다운 사람 만들기』라는 책을 우선 참조하기 바란다.

자기중심적인 부모의 특징 우월자기의 부모는 과대 망상적으로 자기 스스로 최고가 되어야 하고, 자녀도 최고가 되는 것이 당연하다고 믿는다. 또 자기들이 가장 옳고 좋은 것을 알고 있을 뿐만 아니라 자식에 대한 것도 자신이 가장 잘 판단할 수 있다고 믿는다. 따라서 자식에 대한 모든 결정권을 가지고 모든 행동을 통제하면서 자신의 방식대로 따르기를 바란다.

이들은 공감 능력이 부족하다. 자신의 비판적인 태도가 자녀에게 끼치는 영향을 모르기 때문에 자녀의 내면에 대한 공감 능력이 떨어진다. 자신의 말이

나 행동에 대해 자녀가 부정적인 반응을 하면 자녀에게 문제가 있다고 여긴다. 이들은 감정표현 능력이 떨어지고 기껏해야 간단한 감정표현 또는 분노나 두려움만 표현한다.

이들은 자신과 자녀를 분리하지 못하고 자녀를 자신의 일부라고 생각한다. 따라서 자녀에 대해 알려고 하지 않고 자녀가 먼저 자신을 알아주기 바라며 자신의 뜻대로 움직여주기를 바란다. 자녀가 어떤 것을 요구하면 무시하고 받아들이지 않는다.

부모 또한 자신의 부모로부터 자기를 상실당하는 경험을 해왔기 때문에 강한 피해의식을 가지고 있다. 자신이 얼마나 피해를 보았는지에 대해 지속해서 자녀에게 하소연한다. 본인은 항상 받지 못했다고 여기기 때문에 자녀가 부모에게 원하는 것을 요구하면 채워주려 하지 않을 뿐 아니라, 자녀가 너무 많은 욕심을 가지고 있다고 비난한다. 자신의 내면이 텅 비어있으므로 자녀의 내면 욕구를 충족시켜줄 수 없고, 그러한 요구에 화를 낸다.

부모는 외부의 인정과 관심을 받기 원하기 때문에 자녀가 학교나 모든 영역에서 다른 아이들보다 항상 뛰어나기를 바란다. 선행학습, 과외 등 자기가 이루지 못했던 것을 자녀를 통해 이루려고 온갖 정성과 노력을 쏟고, 자기의 노력만큼 자녀가 뛰어나게 되기를 바란다. 타인 및 다른 집 자녀의 성공에 대해 몹시 질투를 느낀다. 그러면서 타인의 성공이나 성취에 대해 별것 아니라며 무시하려 한다. 부모는 자녀로부터도 끊임없이 인정을 받고자 한다. 때로는 자녀에게도 질투를 느낀다. 이들의 유형을 적어도 세 가지 유형으로 분류해보면 다음과 같다.

자기 욕구충족이 강한 부모는 자녀를 과보호하고, 자녀에게 매달리며, 자신의 희생을 인정하라고 강요하고, 자주 불평하며, 혼자 있으면 불안해한다. 자녀의 모든 것을 다 알려고 하고, 상처를 잘 받고, 상대방이 잘못한 것을 잊지 않으며, 단지 불쌍하다고 느끼는 것 외에는 진정한 공감을 하지 못한다. 자신의 내면이 힘든 줄도 모른 채 상대가 힘들어하면 지나치게 위로하려 한다.

한편 신경질적이고 까다롭고 비판적인 부모가 있다. 이들은 자녀에게 비판적이고, 한 번도 만족하지 않으며, 끊임없이 잔소리하고, 완벽해지길 요구한다. 그리고 자녀의 불평에 매우 예민하게 반응하고, 자신이 힘들면 다른 사람을 비난하며, 자녀가 부모 때문에 힘들어하면 자녀를 비난한다. 다른 사람들의 가치를 깎아내리거나 우습게 여기고, 매우 방어적이다.

마지막 유형은 자기 의지가 지나치게 강한 부모라고 할 수 있다. 자신이 가장 훌륭한 사람이라 믿고 사람들이 그것을 분명하게 인정하도록 하려 한다. 이러한 부모는 자녀를 조종하려 하고, 어떤 대가를 치르더라도 자기가 옳다는 것을 증명하려 한다. 때로는 거짓말도 서슴지 않고, 자녀를 자기 뜻대로 따르도록 회유하기도 하며, 자기가 원하는 것은 반드시 다 가져야 하고, 자녀를 강제적으로라도 원하는 방향으로 끌고 가려고 한다. 유혹하고, 강제적이고, 자녀를 이용하기도 하며, 복수하려 하고, 내가 원하는 대로 사람들이 따르는 것이 마땅하다고 믿고, 누구보다도 자신이 잘나야 한다.

나는 행복한 가족을 이루기 위해 결혼을 한 평범한 여성이었다. 그러나 결혼한 후 나는 정상적인 사람이 아니게 되었다. 판단 능력을 상실하게 되었다. 처음에는 모든 게 이상했는데, 나도 점차 시집 식구가 되어가는 것 같아 마침내 이혼을 결심하였다.

시어머니는 오랫동안 우울증약을 복용하고 있었다. 시어머니는 주위의 모든 사람을 비난했다. 시아버지가 있을 때는 시아버지를 대통령처럼 위하는 척했지만 결국은 시아버지 흉을 며느리인 나한테 끝없이 하고, 시누이나 아들의 자존감을 깎아내리는 흉을 항상 입에 달고 있었다. 남편이 뭐라도 잘하면 네가 어떻게 그걸 할 수 있냐고 비아냥거리면 서 비난하였다. 시아버지도 똑같았다. 끊임없이 아들과 딸을 통제하고 어린 손주에게 도 똑같이 하는 것을 보고, 나는 아이를 시부모에게 안 보여주고 있으며, 앞으로도 안보여줄 작정이다.

시어머니는 돈, 지위, 명예, 직업, 일류학교 등 온통 물질적인 것에만 관심이 있다. 자기 잘못은 없다. 일이 잘 안 되면 그 원인은 다 외부에 있다. 시어머니는 친구가 하나도 없다. 딸을 소개소를 통해 시집 보낼 때도 사돈 될 집안의 사회적 지위, 학력, 직업, 재산만 보고 괜찮다고 여겨 결혼시켰다. 그런데 사위가 신혼집을 장만하는 데 사돈네가 한 푼도 보태주지 않자 분노가 탱천하여 딸을 이혼시켰다. 그런데 딸이나 사위 모두 아무 말도 못하고 부모 말을 따르고 있었다. 그리고 보니 며느리인 나도 간택당한 것이었다. 우리 집이 웬만큼 살고 집을 사줄 것 같아서 결혼을 시킨 것이다. 인물이나 조건이나 학벌이나 모든 것이 내가 남편보다 나은데 이렇게 간택을 당했다는 사실을 알게 되자 수치심 때문에 우울해지고 식욕도 없어졌으며 아이한테 소리만 지르게 되었다.

시아버지가 사망하자 시어머니는 이제부터 자신의 인생을 살아야 한다며 한달에 한 번 외국으로 놀러 다닌다. 그리고 취직한 아들의 월급은 용돈만 빼고 전부 가져갔다. 이혼한 시누이가 용돈이라도 벌겠다고 아르바이트해도 나 몰라라 했다. 남편 역시 내가 자기 마음에 안 들면 소리소리 지른다. 나는 내 아이와 이 집을 떠날 준비가 다 되어있다.

자료 자기중심적인 부모의 태도

- 자녀가 부모의 기대를 채워줄 때만 조건부로 사랑과 인정을 해준다.
- 자녀의 성공이 곧 자신의 성공이라 믿는다.
- 자녀의 가치를 인정하지 못하고, 자녀의 요구에 무척 화를 낸다.
- 자신의 가치를 높이는 일에 자녀를 이용한다.
- 자녀의 처지를 이해할 수 있는 능력이 없다.
- 자녀를 자기의 욕구를 충족시켜줄 도구로 생각한다.
- 자녀가 어려도 오히려 부모를 신체적, 심리적으로 돌봐주기를 기대한다.
- 자녀를 낮추고 깎아내리면서 자신의 낮은 자존감을 보상하려 한다.
- 부모가 자존감이 낮아 상처를 잘 입기 때문에 자녀는 부모의 눈치를 많이 본다.

자료 자기중심적인 부모를 둔 자녀의 특징

부모관계
- 자신의 삶을 부모의 삶의 연장선으로 생각하고, 부모의 뜻대로만 살려고 한다.
- 자신의 삶을 접고, 부모가 원하는 것을 눈치채고 항상 충족시켜주려 한다.
- 부모에 대해 감사와 존경심을 표현하고, 부모에게 복종하려 한다. 그러나 동시에 부모에 대한 분노를 억압하고 있다.
- 부모의 복지를 위해 자신의 삶을 포기한다.
- 부모의 기분이나 마음을 상하게 하지 않으려고 필사적인 노력을 한다.
- 부모의 기대를 저버리는 실패를 절대 하지 않으려 한다.
- 부모의 규칙을 따르고, 부모가 원하는 것은 그 즉시 따른다.
- 부모가 인정하지 않는 나의 삶은 별로 중요하지 않다.

대인관계
- 지속적으로 다른 사람들의 감정 상태를 파악하려고 애쓴다.

- 다른 사람들이 내 마음에 들지 않으면 고통스럽다. 따라서 다른 사람들이 내 마음에 들도록 조종하거나 통제하거나 이용하려 한다. 혹은 겁을 주려고 한다.
- 다른 사람들이 나를 존중하지 않는다고 느끼면 지나치게 분노를 느낀다.
- 상대방에게 쉽게 설득당해서 내가 원하지 않는 일도 한다.
- 다른 사람들이 나 또는 나의 행동을 언제나, 반드시 좋아하고 인정해주기를 바란다.
- 내가 믿던 사람들에게 배신당하거나 거부당했을 때 자신에 대해 수치심을 느끼면서 지나치게 힘들어한다. 그리고 모든 것의 원인이 자기에게 있다고 믿는다.
- 다른 사람들에 대해 지나치게 책임지려 한다.
- 항상 긴장하면서 다른 사람들이 불편해하거나 불평하는 점에 대해 잘 알아차린다.
- 자신의 감정에 대해 매우 예민하게 반응하거나 지나치게 엉켜버린다. 따라서 감정이 항상 날카롭고 강력하다.
- 자기가 연루되지 않은 갈등 상황인데도 불구하고 어떻게 해서든지 문제를 해결하려 한다.
- 주위 사람들이 행복해야 나도 행복하다. 그러나 이들의 감정은 전반적으로 우울하다.

자기중심적인 사람들의 배우자와의 만남

자존감 수준이 비슷한 사람끼리 부부 혹은 연인으로 만나는 경우가 흔하다. 여기에서 설명하는 내용과 유사한 경험을 하였거나 어떤 사람과의 관계가 계속해서 괴롭다면 두 사람의 문제가 어디에서 비롯되었는지 확인할 필요가 있다.

초기 만남 자기중심적인 사람과 어떻게 사랑에 빠지게 될까? 자기중심적인 사람은 처음 사람을 만나면 흥분하면서 상대방에게 찬사를 아끼지 않는다. 자기의 이상적인 이미지를 상대방에게 씌우고 정신을 못 차릴 정도로 칭송

한다. 그리고 관계에 쏟아붓는 집중도와 에너지가 너무 강렬하여 상대방은 천상에 있는 것과 같은 착각을 하게 만든다.

태도의 변화 이들의 관계는 그리 오래 지나지 않아 정반대로 변화한다. 이들이 극단적으로 칭찬하고 찬양하던 상대는 곧 비난의 대상이 된다. 연인의 돌봄을 극진히 받으면서 그녀의 배려를 찬양하던 남성이 어느 날 갑자기 그런 태도가 굴욕적이고 바보 같다며 비난한다. 결단력이 멋져 보인다며 남성에게 모든 찬사를 아끼지 않던 여성이 갑자기 남성의 태도를 지배적이고 통제적이고 폭력적이라며 비난한다. 이들의 태도는 어떤 순간에 갑자기 변하기 때문에 당하는 사람은 자신들이 왜 이런 대우를 받게 되었는지 이유를 알 수 없다. 이들에게 그 이유에 대해 질문하면 멸시의 눈초리로 쳐다보면서 당신 자신에 대해 그렇게 모를 수가 있느냐며 모든 원인을 상대방에게 돌린다.

감정의 소용돌이 이런 사람들이 부부 또는 연인 관계를 형성하면 항상 감정의 폭풍 속에 있는 것과 같아진다. 이들과 안정적인 관계를 유지하기 위해 애쓰지만, 이는 거의 불가능하다. 이들의 태도는 순식간에 변하고, 자기 마음에 안 들면 무섭게 화를 내며, 모든 잘못이 상대에게 있다고 공격하기 때문에 이들을 이길 재간이 없다. 이들의 배우자는 어떻게 하면 저 사람의 마음에 들까 골똘히 생각하다가 결국에는 모든 잘못이 자신에게 있다는 결론을 내리고야 만다. 그러면서 점차 자기(중심-나)를 상실하게 된다.

배우자 선택 자기중심적인 사람은 자신이 갖고 싶은 어떤 기질이나 특성을 보여주는 사람들을 배우자로 고려한다. 이들은 사람의 전체를 보고 관계를 맺지 않고, 자신이 관심을 두고 있는 기질과 특성만을 확대해석하다가 상대가 이런 기질이나 특성만으로 이루어진 사람이 아니라는 것을 알게 되면 즉시 비난하고 거부한다. 이들은 이런 만남과 헤어짐을 전 인생에 걸쳐 반복한다. 상대방이 자신의 실체에 대해 눈치를 채면 자기 통제력을 회복하기 위해 상대방을 무섭게 공격한다. 이들은 한 사람에게만 충실할 수 없어서 짝을 수시로 바꾸려 한다. 때때로 자존감이 낮은 배우자는 이들을 지키기 위해 모든 수단을 가리지 않는다.

거울 역할의 배우자 이런 사람들은 자신을 반짝반짝 빛내주는 사람을 찾기도 한다. 이들에게는 사람이 필요한 것이 아니라 거울같이 자신을 빛나게 비춰줄 대상이 필요할 뿐이다. 그러나 상대방이 이렇게 해주지 않으면 쓰레기 버리듯 상대방을 버리고 새로운 사람을 찾아 나선다.

이런 사람들과 결혼한 사람은 이들에게 연민을 느껴서 관계를 시작하기도 한다. 상대방에 대해 연민을 느끼는 것은 자기의 열등자기를 느끼기 때문일 수 있다. 마치 내가 돌봄을 받고 싶듯이, 상대방을 애처롭게 보고 도와주고 고쳐주려 하다가 결국 관계가 더 얽히게 된다. 이들과의 관계는 좀처럼 고쳐지지 않는다. 특히 어린 시절에 가족의 문제를 해결하려다 실패만 거듭했던 동반 의존적인 사람들이 이런 관계에 빠지면 쉽게 벗어나지 못한다. 그들은 역기능 가족에서 힘든 상황을 버티던 경험으로 지나친 인내심을 가지고 자기중심적인 배우자를 참아낸다. 이러한 배우자들은 홀로 남겨짐에 대한 두려움이 크고, 다른 사람을 돌보면서 자기가치감을 느낀다.

끌림의 역동 이들은 자기 자신한테는 냉정하고, 자기에 대한 기대는 높고, 도움이 필요한 사람에게 쉽게 끌리면서, 대부분 문제 있는 사람들과 관계를 맺게 된다. 만일 자신이 반복하여 문제 있는 사람들과 관계를 맺는다면 자신의 욕구를 지나치게 누르며 성장하지는 않았는지, 또는 상대방의 욕구를 맞추는 것에 익숙해져 있는 건 아닌지, 아니라고 느낄 때 자신감을 가지고 자신의 의견을 말할 수 있는지를 잘 살펴보아야 한다. 그리고 만약 이런 사람들과 어려운 만남을 지속하고 있다면, 내가 왜 이런 사람과 관계를 끝내지 못하고 계속 끌려가고 있는지 자신의 문제에 대해서 탐색할 필요가 있다.

우월자기와 열등자기가 혼합된 경우

60대 여성이 가족의 손에 끌려와서 상담을 왔다. 상담신청서에 적힌 것을 보면 이 어머니는 힘이 하나도 없는 열등자기의 어머니여야 했다. 그러나 상담실을 들어선 그녀는 모습에서부터 남다른 포스가 느껴졌다. 가족의 말에 의하면 이 어머니는 어려운 가정생활을 잘 이끌어왔고, 자녀들을 열심히 키웠다. 그러나 문제는 자녀를 붙잡고 수시로 결혼 초기, 그리고 지금까지의 결혼생활의 힘든 부분을 처음부터 끝까지 반복하여 이야기하고, 갑자기 180도로 바뀌어 도저히 제정신으로는 할 수 없는 행동을 한다는 것이다. [우월자기의 갑작스러운 등장] 본인도 자기의 증상을 해결하고 싶어 하는 마음이 있었고, 가족이 관심을 보여주니까 좋기는 한데 자기 문제가 해결될 것에 대해서는 의문을 가지고 있었다.
나는 찢어지게 가난한 집안에서 셋째 딸로 태어났다. 조부모는 은근히 내가 아들이었으면 하셨는데, 부모님은 그런 내색을 하지 않으셨다. 그렇게 하시는 것이 고마웠다. 그렇지만 부모님도 마음속으로는 아들을 원했다는 것을 나는 어려서부터 알고 있었다. [열등자기의 등장]

가난한 농사꾼이었던 아버지는 농사일은 안 하고 책만 읽었으며 자녀들에게 훈시만 했다. 그러다 술을 드시면 우리를 때리지 않았지만, 어머니에게 폭력을 가했다. [아버지의 우월자기] 어머니는 그런 아버지를 그러려니 하고 열심히 자식들 먹이고 입히느라 늘 쉴 틈 없이 고생만 하셨다. [어머니의 열등자기]

언니는 초등학교를 마치자, 서울 봉제 공장에 취직하였다. 오빠도 초등학교를 마치자 서울 자동차 부속공장에 취직하였다. 나는 공부를 잘했기 때문에 정말 중학교에 가고 싶었다. 그러나 그 말을 할 수가 없었다. 나는 어머니를 위해서 입을 닫아야 했다. 나도 그냥 공장에 취직하였다. 10년 동안 돈을 벌어서는 한 푼도 안 쓰고 부모님에게 전부 갖다 드렸다. [열등자기]

나이가 차니까 어머니는 중매로 나를 시집보내버렸다. 나는 부모님의 뜻을 거부할 수가 없어서 아무 말도 못 하고 시집을 갔다. [열등자기] 내가 원하는 것이나 생각을 표현해도 소용없었다. 괜히 부모님만 힘들게 했다. [열등자기] 내가 나이가 들어가자 어머니가 나를 데리고 있는 것을 부담스러워하신다는 것을 잘 알고 있었다. [열등자기] 그래서 아무 말도 하지 못하고 시집을 갔다. 나는 내 마음을 한 번도 다른 사람에게 이야기해본 적이 없다. [열등자기] 그렇지만 나는 사람들의 마음을 잘 알기 때문에 그들이 원하는 것을 다 채워주려고 했다. [열등자기] 그런데 시집을 가니 시부모님이 이상했다. 나중에 알고 보니 시아버지는 요샛말로 분노조절 성격장애이고 알코올 중독자였다. [우월자기와 열등자기] 시어머니는 자주 귀신이 들어왔다 나갔다 하는 분이었다. [우월자기와 열등자기] 시할머니가 엄청나게 시집살이를 시켜서 그렇게 되었다고 동네 사람들이 수군대었다.

나는 시부모 말을 잘 들었다. [열등자기] 한 번도 말대답해본 적이 없었다. 그런데 신혼집에 시동생들이 너무 많이 와 있었고, 시아버지까지 오셔서 시아버지는 가셨으면 좋겠다고 말했다. [열등자기의 상황에 부적절한 의사소통] 그러자 시아버지는 내 얼굴을 주먹으로 치셨고, 나는 앞니가 나가고 피범벅이 되었다. 그 순간 나는 정신을 잃었다. 그 후 나는 가끔 정신을 잃었다. [통제력 상실] 그러면 아무도 나를 말릴 수가 없었다. [잘못된 통제력 회복] 식구들이 나를 정신병원에 가두었고, 나중에는 교회에서 한다는 귀신을 쫓는다는 산골에 있는 기도원에 가뒀다. [방어기제가 무너지고 억압된 엄청난 감정이 터져 나옴] 나는 그 산골을 맨발로 도망쳐 나왔다. 그러다가는 정신이 말짱해지곤 했다. [열등자기] 이제는 좀 줄어들긴 했지만 가끔은 가슴이 답답해지면서 순간적으로 내가 아닌 딴사람이 된다. [우월자기의 등장] 그러면 모든 사람이 나를 무서워하고 건드리지를 못한다. [우월자기의 등장] 나도 나를 어떻게도 할 수 없었다. [자기가 약해서 우월자기와 열등자기에 지배당함] 요새는 기도만 많이 한다. 기도하면 좀 나을 것 같은데 가끔은 또 내가 귀신이 들 것 같아서 더 무서울 때도 있다. [자기 상실이 두려움으로 다가옴]

자기중심적인 부부의 관계 역동

우월자기와 우월자기 부부 부부 모두 드러나는 자기는 우월자기고, 보이지 않는 자기는 열등자기다. 그러나 이들은 내면을 모르기 때문에 무의식적 열등감을 해결하기 위해 외부로 드러나는 상대방의 우월자기의 모습에 끌린다. 상대방의 우월 모습이 자기가 추구하는 이상화된 모습과 겹치면서 상대방을 사랑한다고 착각에 빠진다. 그러나 시간이 흐르면서 상대방이 나의 기대를 채워줘야 하는 게 당연하다고 여기기 때문에 점차 갈등이 발생한다. 이들은 자신의 열등자기를 억압하기 때문에 열등자기의 존재를 자각하지 못하고 자기가 수용하지 못하는 것을 상대방에게 투사하면서 비난한다. 이들은 모든 문제가 상대방에게 있다고 믿기 때문에, 아무리 고통스러워도 자기가 변하고자 하는 의지는 약하다.

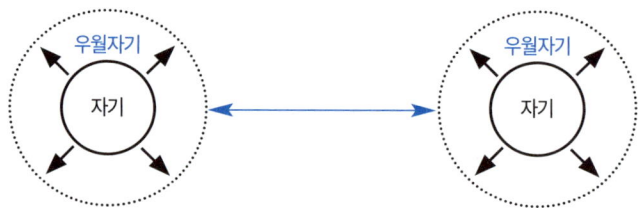

　　장남이었던 남편은 권위적인 아버지의 강권으로 의대에 들어갔다. 그는 어느 날 버스 안에서 본 젊은 여인에게 반해 쫓아가 구애를 해서 결혼했다. 아내의 아버지는 일찍 돌아가셔서 극성스러운 어머니가 생선 장사를 하면서 생계를 유지하였다. 집안 환경과는 상관없이 아내는 자기가 하고 싶은 대로 다 하면서 성장했고, 얼굴이 예뻐서 멋 부리는 것에만 관심이 있었다. 남편은 장남이고 공부를 잘해서 인정받았지만, 작은 아들은 유난히 열등감이 컸다. 그러한 열등감을 극복하려고 공부를 했고, 사람들을 웃기고 분위기를 띄우는 데 일가견이 있었다. 아내는 예쁘기는 했지만, 가정형편 때문에 항상 불평이 많았다. 그래서 좋은 집안의 잘난 남자와 결혼하려 했었지만 쉽지 않았다. 지금 남편이 쫓아왔을 때 마음에는 안 들었지만, 의대생이라는 것 때문에 만났고, 결혼했다. 남편은 돈 버는 데 진력하고 아내는 그 돈을 사치하는 데 다 써버렸다. 남편은 끊임없이 다른 사람들을 비난하기 때문에 친구들도 별로 없었다. 아내 역시 친구들과 만나면 다른 친구의 흉을 보다가 재미가 없다고 느껴지면 휙 가버리곤 했다. 진심으로 마음을 나누는 친구는 하나도 없었다. 그 후 아내는 거액의 빚까지 얻어 부동산에 투자했다가 결국 사기를 당해 모든 것을 날렸다.

우월자기와 열등자기 부부　한 사람은 드러나는 자기가 우월자기이고, 다른 한 사람은 드러난 자기가 열등자기인 부부는 겉으로 보기에는 잘 맞는 부부처럼 보이기도 한다. 한 사람은 다른 한 사람에게 자기가 이루지 못한 이상적인 모습을 투사하고 숭배한다. 따라서 열등자기는 우월한 대상을 배우자로 갖게 되면서 열등감을 해결하고, 우월자기는 자기를 숭배하는 배우자를 갖게 되면서 우월자기를 유지할 수 있다. 서로가 상대방의 기대를 채워주기 때문에 처음에는 서로에게 만족한다. 그러나 시간이 흐르면서 우월자기의 배우자는 열등자기 배우자를 무시하고 비난하게 되면서 지배-복종의 관계가 형성된다. 우월자기의 배우자가 그렇게 좋았던 열등자기 배우자에게 어느 순간 등을 홱 돌려버리거나, 같은 공간에서 숨도 쉴 수 없을 정도로 혐오감을 느껴서 상대를 마치 괴물같이 여기기도 한다. 그렇게 되면 열등자기의 배우자는 우울증에 빠지거나 무력감에 빠지면서 다양한 신체적 질병을 앓게 된다.

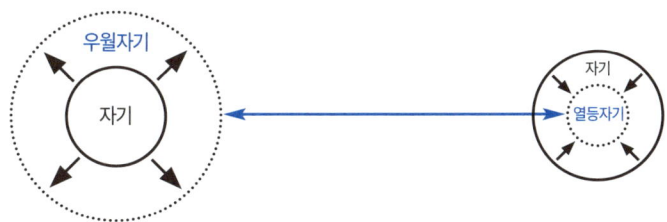

모 대학 교수는 동료와 학생들이 공주마마라고 불렀다. 공주마마는 어려서 몸이 약해 죽을 고비를 넘기면서 가족 내에서 특별한 대접을 받았다. 식구들 누구도 어린 공주마마에게 '안 돼!'라는 말을 할 수 없었다. 결국, 이 공주마마가 원하는 것은 뭐든지 다 해주어야 했다.

교수들 간의 알력다툼으로 실력 있는 후보들이 밀려난 자리에 어부지리로 교수가 되었다. 고래 싸움에 새우 등이 터진 것이 아니라 새우에게 대박이 난 셈이다. 공주마마가 동료를 소외시켰는지, 동료들이 공주마마를 소외시켰는지는 몰라도 공주마마는 한 번도 동료들과 어울려 식사를 한다든가 수다를 떨어본 적이 없다. 공주마마는 자기가 모시던 교수에게는 완벽하게 충성하였다. 때마다 고급 선물은 빼놓지 않았고, 교수의 집안일도 마다하지 않고 다 해냈다. 하지만 교수가 되자 자기가 모시던 교수에게도 등을 돌리고, 학생들에게는 절대적 권력자로 군림하며 시간강사들을 하인 다루듯이 무시했다.

공주마마의 남편은 가난한 집안의 아들이었는데 다른 집에 양아들로 보내졌다. 이 남편은 부모에게 자기가 업둥이냐고 묻지 못하였지만, 지금의 부모는 양부모일지 모른다고 생각하면서 자랐다. 스스로 주눅이 들어서 사람들이 자기를 무시하는 것 같다고 느꼈고, 동창 모임 등 그 어떤 모임에도 나가지 않고 홀로 지내는 사람이었다.

두 사람은 처음 만날 때 나침반의 양극이 서로 붙는 것처럼 서로에게 끌렸다. 공주마마와 머슴 남편은 찰떡 같은 커플이다. 열등자기 남편은 우월자기의 아내가 바라봐주는 것만으로도 황홀한 느낌이 들었고, 우월자기의 아내는 말 잘 듣는 머슴 남편을 통제하면서 엄청난 황홀감을 느꼈다. 머슴 남편은 아내를 모시면서 자신도 우월해지는 것 같은 착각에 빠졌다. 머슴 남편은 공주마마가 확신에 차서 자기 자랑을 할 때, '엄청나게 잘났으니까 저런 태도와 말이 나올 수 있는 거겠지'라고 자기와 비교해서 생각하면서 아내는 잘났기 때문에 저렇게 말할 수 있겠다고 믿었다. 잘난 아내의 남편이라는 자리에 있다는 것만으로도 감사하였다.

두 사람은 항상 자석같이 붙어다녔고, 여러 사람이 모이는 장소에서도 둘이서만 얼굴을 쳐다보면서 대화를 나누지, 다른 사람들과는 전혀 관계를 맺으려 하지 않았다. 이들은 콩 한 알이다. 그러다 사춘기 딸이 우울증에 빠지게 되어 자살시도를 하였고, 머슴 남편은 우울증을 앓다가 자동차 사고로 사망했다. 주위에서는 머슴 남편이 자살했다고 생각하였다. 공주마마는 머슴 남편이 어떻게 자기 뒷바라지를 하지 않고 죽을 수 있는지 도저히 이해할 수 없었다. 생각할수록 화가 치밀었다.

열등자기와 열등자기 부부 열등자기를 형성한 두 사람이 만나면 서로를 불쌍하게 여긴다. 상대방의 위축된 모습만 보아도 마치 자신을 보는 것 같다. 내가 돌봄을 받기 원하는 마음과 같이 상대방을 돌보려 하고, 돌보면서 만족을 느낀다. 그러나 이런 관계가 계속되다 보면 서로 지치게 된다. 이들은 자기의 기대나 감정 등을 표현하기보다 상대방의 눈치를 보면서 상대방 기대에 맞추려 한다. 이러한 부모의 자녀는 힘없는 부모에게 의존할 수 없다고 느끼면서 부모를 무시하거나, 돌보려 하거나, 혹은 부모와 같이 의존 욕구에서 벗어나지 못한 자녀로 성장하게 된다.

열등자기 남편은 폭력 가정에서 성장하였다. 아버지는 알코올 중독이었고, 술만 마시면 아내와 자녀에게 폭력을 행사하였다. 형들도 얌전한 이 막냇동생에게 폭력을 가했다. 한번은 형이 휘두르는 칼에 맞아 죽을 뻔했던 적도 있었다. 그때 경험했던 분노와 두려움에서 벗어날 수 없어 지금까지 우울증 치료약에 의존하고 있다.

아내는 넷째 딸이었다. 딸이라는 이유로 태어나자마자 존재를 거부당했다. 부모는 그냥 죽으라고 아이를 윗목에 밀어놨는데 며칠이 지나도 숨이 붙어있어 젖을 주어 살아났다고 한다. 아내는 딸만 낳았다고 구박하는 할머니에게 말대답 한번 못하는 아버지와 어머니를 바라보면서 늘 자기가 태어난 것에 대해 죄책감을 느끼면서 자랐다. 그리고 속으로 결심하였다. 아들보다 나은 딸이 되겠다고. 시골에서는 나름대로 공부를 잘했지만 결국 대학에 진학하지 못했다. 대학에 간 친구들이 방학 때 내려오면 친구들을 피해 다녔다.

아내는 상경해서 어느 회사에 비서로 취직했다가 지금의 남편을 만났다. 남편은 일류 대학을 나오고 마음이 착하고 점잖아 보여서 너무 좋았다. 당시 주저하던 남편에게 아이가 생겼다고 거짓말을 해서 결혼을 했다. 남편이 우울증 치료약을 먹고 있다는 사실은 결혼 후에 알게 되었다. 그렇지만 아내는 남편을 우상화하고 절대복종하면서 완벽하게 돌보았다. 아내는 항상 애처로운 마음으로 일류 대학을 나온 남편을 위했다. 그리고 자녀들을 좋은 학교로 보내기 위해 고군분투를 하면서 공부를 시켰다. 한 번씩 폭력적으로 되는 남편을 자녀들에게 이해시키려 노력하였고, 아버지를 돌봐드려야 한다고 끊임없이 타일렀다. 아내는 남편을 완벽하게 돌보고, 남편이 하는 사업의 상당 부분도 감당하며, 아이들 학원 관리, 성적 관리 등 모든 일을 완벽하게 수행했다. 아내는 남편, 아이들 모두 자기가 원하는 모습대로 이끌어가기 위해 온 힘을 다 쏟았다. 그러나 아들은 심각한 열등감에 시달리면서 피해망상으로 인해 자기 방에서 나오지 않았고, 명품으로 휘감으려는 딸은 조울증의 증상을 보이기 시작했으며, 남편은 우울증약의 부작용으로 파킨슨병 증상을 보였다. 아내는 점차 모든 기력과 희망을 잃게 되었다.

최고를 추구하는 우월자기 부모의 가족

아버지는 한국의 최고 대기업 임원으로, 외모에서 풍기는 분위기 자체만으로도 그 위엄이 충분히 느껴졌다. 권위와 인품이 적절하게 잘 어우러져 있는 분위기에 친근함이 느껴지기도 했지만, 막상 가까이 가기에는 왠지 먼 사람같이 느껴졌다. 어머니는 어떤 흠도 잡을 수 없을 만큼 완벽해 보이는, 소위 잘나가는 강남 사모님의 모습이었다. 외국 컨설팅회사에 다니는 딸은 머리부터 발끝까지 고상한 명품으로 치장하여 세련미가 넘쳐흘렀다. 그러나 마지막에 들어선 큰아들은 축 늘어져서 마치 강아지가 목줄에 매여 어쩔 수 없이 끌려 온 표정이었다. 그는 비언어적 메시지를 통해 '나는 살 가치가 없는 존재'라고 말하고 있었다. 마음속에 거대한 허무감과 분노에 짓눌려있는 것이 보였다.

큰아들만 빼놓으면 이 가족은 완벽하게 성공한 가족의 모습이었다. 그러나 외부로 보이는 것과 달리 아버지는 폭군이었다. 가족 중 누구도 아버지의 뜻을 거스르는 의견을 내놓을 수가 없었다. 아내와 자녀들은 남편에게 절대적으로 복종해야 했고, 또 아버지는 할머니에게 절대적으로 복종하였다.

아버지의 부모, 즉 친할아버지와 친할머니는 일제 강점기에 일본 유학을 다녀온 엘리트였다. 그러나 아버지가 어렸을 때 할아버지는 사업에 실패했고, 자살하셨다. 할머니는 그 당시 은행가 집안의 장녀였으나 친정아버지가 돌아가시면서 친정까지 돌봐야 하는 상황이 되었다. 게다가 남편이 자살한 후 어린 자식들을 혼자 양육해야 했기 때문에 갑자기 몰락한 친정 식구들과 어린 자식들을 혼자 힘으로 전부 책임져야 하는 기구한 운명에 처하게 되었다. 원래 강박적이던 할머니는 엄청난 무게의 책임을 떠안고 너무나 불안해져서 강박증, 편집증, 불안증, 우울증 등 다양한 정신병리 진단을 받게 되었고, 증상이 심해지면서 결국 집에서 한 발짝도 나가지 못했다. 장남이었던 아버지는 그런 어려운 환경 속에서 다행히 당시의 최고 명문 중·고등학교를 나와 명문 대학교에 입학할 수 있었고, 졸업한 후 현재 재직 중인 대기업에 취업하였다.

어머니도 명문가 출신이었다. 어머니의 부모님도 최고의 학벌이었고, 건설회사의 회장이었던 아버지 밑에서 자녀들은 모두 최고 명문 중·고등학교와 대학교를 졸업한 후 사회적으로 성공했다. 어머니는 대학을 졸업하자마자 친정아버지가 마음에 두었던 현재의 남편과 맞선을 보고 결혼하였다. 어머니 역시 공부밖에 몰랐던 모범생이었기 때문에 남편과 조금 다르긴 했지만, 자녀들에게 완벽하기를 요구하기는 마찬가지였다. 사실 아버지와 어머니 모두 외국에서 박사학위를 받은 후 교수가 되는 것이 꿈이었다. 결국, 두 분은 사회적으로 성공했지만, 자신들의 꿈을 이루지는 못했다. 이 두 사람의 꿈을 이루어줄 사람은 바로 자녀들, 특히 큰아들이었다.

집에만 계시는 할머니와 어머니 사이는 남북의 긴장 상태와도 같았다. 할머니에 대한 아버지의 절대적인 복종심 때문에 결국 어머니는 늘 완패하였다. 어머니는 할머니의 강박적 습관 때문에 항상 힘들어하셨지만, 손자들은 할머니를 측은하게 여겼다. 특히 큰아들(장손)은 어려서부터 할머니의 완벽한 돌봄과 사랑을 받았다. 결국, 할머니의 손자이자 이 집의 장남은 할아버지, 할머니의 이루지 못한 꿈, 아버지, 어머니가 이루지 못한 꿈을 이루어 드려야 하는 의무를 유산으로 물려받게 되었다. 그러나 꿈만 물려받은 것이 아니라 그들의 강박, 우울, 자기중심적인 성향까지 같이 물려받게 되었다.

아버지는 자녀들과 눈이 마주칠 때마다 어려웠던 어린 시절의 경험, 자신의 성공담, 도덕적 훈시, 우리 사회에서 최고 대학에 반드시 들어가야만 하는 이유, 근검절약 등에 대해 강조하며 일장 연설을 해댔다. 한번은 큰아들이 이런 아버지에게 대들었다가 야구방망이로 맞았는데, 야구방망이가 부러지자 다른 야구방망이로 쉬지 않고 때려서, 아들은 엉덩이가 부어 한동안 대변을 볼 수 없을 정도로 고생하였다. 큰아들은 그때 아버지의 눈빛이 정상이 아니었다고 했다. '이 사람이 돌지 않은 이상 이런 행동을 할 수 없어'라고 생각했고, 그 후 아버지와는 정서적으로 완전히 결별했다.

하지만 아버지로부터 귀에 못이 박히도록 들었던 일류 대학에 대한 집착은 큰아들 자신도 버리지 못했다. 싫어하는 아버지에게 필요한 경비를 달라고 요청해야 할 때마다 자존심이 상했고, 더럽고 치사해서 아버지로부터 경제적 도움을 받지 않으려고도 해봤지만, 현실적으로 불가능했기 때문에 스스로 최소한의 소비생활을 유지하며 비굴함을 달랬다. 용돈도 거의 안 쓰고 옷을 사는 사치나 낭비는 전혀 하지 않았다. 과외도 하지 않았다. 어떻게든 혼자서 모든 것을 해결하려 했다. 그러나 결국에는 안타깝게도 최고 대학에 들어가지 못하고, 최고 대학 다음으로 알아주는 학교에 입학했지만, 그것은 아들 자신의 기대에도 미치지 못했다. 아들이 실망하고 방에서 나오지 않자 놀란 부모는 그것도 잘한 거라며 괜찮다고 했지만, 아들은 스스로 자존심이 너무 상했다.

아들은 손상된 자존심을 회복하는 방법으로 고시를 선택하였다. 아마도 아버지를 심판하듯 잘못된 사람을 심판하고 싶은 욕구가 있었으리라. 그러나 일차 시험에는 합격하였지만, 이차 시험에서 매번 실패했고, 결국 고시를 포기하게 되었다. 하는 수 없이 취직하려고 했을 때는 이미 나이가 너무 들어 취업이 여간 어려운 게 아니었다.

아들은 요즘은 집에만 있다가 부모 몰래 공사장에 가서 용돈을 조금씩 벌고 있다. 부모는 자신들이 애쓰고 희생했는데 아들이 이 모양이 되었다며 한탄만 하고 있을 뿐이다. 아들은 이런 부모를 퀭한 눈으로 바라보고 있었는데, 그 눈빛 너머에는 죽음의 그림자가 어른거리는 것 같았다.

9장

용서하기와 수용하기

용서하기
수용하기

용서하기

인간관계를 제대로 맺기는 정말 어렵다. 우리는 모두 자기 입장에서 상황을 받아들이기 때문이다. 분노는 상대방이 나에게 부당한 행위를 했다고 판단할 때 느끼는 감정이다. 분노 해결의 한 가지 방법은 잘못된 상황을 바로잡는 것이다. 잘못된 상황은 사적 영역일 수도 있고, 공적 영역일 수도 있다. 여기에서는 사적 영역에 관한 이야기만 할 것이다.

어떤 상황에서 분노와 억울함 등의 감정을 적절하게 해결하지 못하면 나 자신이 피폐해지고, 신체에도 악영향을 끼쳐 병을 앓게 되기도 한다. 분노나 억울함을 해결하는 가장 바람직한 방법은 상대방이 나에게 잘못을 진심으로 고백하고, 용서를 구하고, 그리고 상황을 바로잡는 것이다. 그리고 내가 용서를 선택할지를 결정할 수 있는 결정권을 가질 수 있어야 한다. 그러나 상대방이 잘못했다는 사실 자체를 인정하지 않거나, 화해를 구하지 않거나, 또는 내가 억울해도 어떻게 더 해볼 수 없는 상황에 놓이면 용서는 불가능해진다. 더군다나 상대방이 이미 이 세상 사람이 아니거나 그 대상이 뚜렷하지 않은 경우, 용서는 더욱 힘들어진다.

일반적으로 용서하기 힘든 상황에 놓이면 사람들은 관계를 단절한다. '그래, 다시는 당신을 만나지 않을 거야' 혹은 '그래, 내가 너랑 또 만나면 사람이 아니야'라고 하든가, 더 나아가 '얼마나 잘 사는지 지켜볼 거야' 하거나, 신앙인의 경우 '하나님이 보고 계시지, 하나님이 심판할 거야'라는 식으로 자기를 위로하면서 상황에서 도망가거나, 회피하려 하거나, 혹은 상대방과 단절하고 만다. 관계의 단절은 상대방과의 관계에서 발생한 부정적 감정과 생각들을 해결할 수 없을 때 마지막으로 선택하는 방식이다. 그러나 이는 내 안의 분노를 해결하는 것이 아니라 단지 분노를 억제하거나 회피해서 느끼지 않으려는 것일 뿐이다. 그렇다면 어떻게 부정적인 감정을 해결하고 상대방을 용서할 수 있을까?

가장 바람직한 결과는 양쪽이 화해하는 것이다. 그것이 가능하기 위해서는 가해자가 피해자에게 용서를 구하는 것이 필수적이다. 그러나 나에게 가해를 한 사람이 나에게 찾아와 용서를 구하리라는 기대가 항상 충족될 수 있는 것은 아니다. 상대방의 기대는 나의 기대와 전혀 다를 수 있고, 상대방이 오히려 자기가 상처를 입었다고 생각할 수도 있기 때문이다. 또는 그 사람은 애초부터 나에게 상처 줄 의도가 없었기 때문에 상처 준 것 자체를 모를 수도 있다. 또는 자신이 저지른 죄에 대해 내가 원하는 방식이 아닌 자기만의 방식으로 해결하려 할 수도 있다.

「밀양」이라는 영화를 보면 아들을 잃은 어머니가 괴로운 나날을 보내다가 겨우 마음을 달랜 후 자기 아들을 죽인 살인자를 용서하기로 마음먹고 살인자를 찾아가는 장면이 나온다. 그러나 가해자는 이미 하나님이 자기를 용서해 주었기 때문에 피해자 어머니의 용서는 필요 없다는 태도로 답한다. 이러한 가해자의 태도 앞에서 이 어머니는 좌절감을 느끼며 분노로 몸부림친다. 이 어머니는 가해자를 용서할 기회마저 가해자로부터 박탈당한 것이다. 가해자가 진심으로 하나님 앞에서 회개하고 용서를 받았다고 스스로 믿는다면, 피해자인 어머니 앞에서도 진심으로 용서를 구했어야 할 것이다. 가해자는 하나님의 용서라는 이름으로 죄책감은 내려놨을지 몰라도 진심으로 죄사함을 받은 것은 아니다. 피해자의 어머니는 그러한 가해자의 태도에 절망했다. 이처럼 우리는 상대방이 반드시 내가 원하는 방식으로 나에게 용서를 구하리라는 기대가 채워지지 않을 수 있다는 사실도 인정해야 한다.

용서를 구할 때는 진심으로 상대방에게 폐가 안 되는 시점에 적절한 방법으로 구해야 한다. 어느 순간에 과거의 잘못이 떠올라서 혹은 깨달아서 마음의 빚을 탕감하고 싶은 욕심에 용서를 구하려 한다면 이 태도는 진심으로 자기 잘못을 깨달은 것이 아니다. 이런 용서 구하기는 자기중심적 태도다. 이런 태도야말로 가해자가 자기의 잘못을 제대로 못 깨달았다는 반증이다. 따라서 용서는 상대방의 입장을 고려해서 폐가 안 되는 시간과 상황에서 상대방의 허락을 받은 다음에 구해야 한다. 가장 중요한 것은 먼저 자신이 무엇을 잘못했는지를 확실하게 알고 진지하게 용서를 구하는 것이다.

"지난번 이러저러한 상황이었을 때, 내가 이러저러한 행동을 했는데 그때 내가 이런 생각을 했고, 이런 감정이었다. 나는 내가 원하는 것만 중요하게 여기고, 그렇게 했을 때 당신에게 이러저러한 상처를 준 것, 혹은 손해를 끼칠 것을 제대로 알지 못했으며, 당신이 나에게 가지고 있는 사랑, 신뢰, 진심 등을 깨지게 한 것에 대해 진심으로 잘못했다고 느낀다. 그러나 비록 내가 잘못했어도 나에게 있어 당신과의 관계가 정말 중요하기 때문에 당신이 내 사과를 진심으로 받아주기를 바란다"라고 할 수 있다. 그러나 용서는 어디까지나 상대의 몫이지 요구할 수 있는 것이 아니다. 슬프지만 여기까지가 내가 할 수 있는 부분이다.

한 여인이 매우 혼란스러운 태도로 상담실에 들어섰다. 남편과 어떤 주제건 갈등을 겪게 되면 자기가 잘못한 것처럼 되어버려 결국은 자기가 남편한테 미안하다고 사과를 하게 되곤 한다는 것이다. 자기는 명문 여고, 명문 여대를 나왔고 매우 명석하다는 칭찬을 듣고 자랐는데, 이제 바보가 된 것 같아 정말 억울하다고 했다. 이렇게 살다 보니 무기력해지고 자주 자살 충동을 느낀다고 호소하였다.

남편의 할머니는 동네에서도 '심술보'라고 불리는 노인네였다. 남편의 아버지는 막내아들로 태어났으나 사랑을 받지 못해 마음이 꼬일 대로 꼬인 사람이었다. 자녀들이 학교에 낼 돈을 요구해도 그냥 주는 법이 없었다. 문밖에 한참을 세워놓고 아이들의 자존심을 있는 대로 밟아주고서야 돈을 주었다. 남편의 아버지는 발달장애가 있었던 큰아들을 몹시 싫어했다. 그래서 아버지가 언제 화를 낼지 몰라 집안 분위기는 항상 불안하였다. 반면에 남편의 어머니는 빚을 져서라도 자기 하고 싶은 대로 다 하는 사람이었다.

며느리가 보기에 시집은 너무 이상했다. 어떤 일이 벌어지면 부모가 나서서 해결하기보다는 문제를 모른 척 회피하다가 누군가 적당히 해결하면 언제 그런 일이 있었느냐는 듯이 상황이 종결되었다. 문제에 대한 의식도 없고, 책임의식도 없고, 앞으로의 계획도 없었다. 한편 장녀였던 내담자는 자라면서 부모의 문제, 동생들의 뒤치다꺼리를 도맡아 해결하면서 성장하였다. 이 내담자는 시집와서 친정에서 그랬듯 시집의 문제를 해결하기 시작하였다. 문제가 종결되면 시집 식구들은 언제 그랬냐는 듯이 상황종결이었다.

남편도 까다롭기는 시아버지와 똑같았다. 세상의 모든 것을 비난하였다. 불만에 싸인 자기가 가장 큰 문제면서 세상이 전부 문제라고 보았다. 부모에게 절대복종하는 남편은 아내가 시집이 요구하는 것을 감당하지 않으면 아내에게 분노를 퍼부었다. 자기 마음에 들지 않는 일이 전부 아내의 책임인 것처럼 아내를 무시하고 화를 냈고, 때로는 신체적 폭력도 마다하지 않았다. 그러고는 이상한 논리로 절대적 기준을 들이대면서 아내를 비난했기 때문에 아내는 대답할 근거를 잃어버리곤 했다.

남편은 시어머니와 똑같이 하고 싶은 대로 다 해야만 하는 충동적인 사람이었다. 술, 여자, 주식놀이 등 남들이 하는 못된 짓은 다 하면서도 그렇게 한 데에는 다 이유가 있었다며 궤변을 늘어놓곤 했다. 항상 자기에게는 문제가 없단다. 문제는 항상 아내 몫이었다. 아내가 마음에 안 들면 아내의 잘못을 조목조목 보편적 가치를 들이대면서 따지곤 했다. 그러나 남편의 잘못된 행동들 때문에 힘들어하는 아내에게는 옛일은 잊어버리고 앞을 내다봐야지 왜 바보같이 지나간 일에 매달리냐며 비아냥대곤 했다. 그러나 현실에서는 여자 문제까지 아내가 해결해주어야 종결이 났다. 아내는 50이 넘게 이런 세월을 살다 보니 뭐가 잘못되었고, 뭐가 문제인지 모르겠다고 혼란스러운 얼굴로 하소연하였다. 어떤 때는 나 죽고 너 죽자라는 극단적인 생각까지 든다고, 어떻게 하면 남편을 용서할 수 있겠냐고 물었다. 그녀는 남편이 진심에서 우러나온 사과만 해도 숨통이 트일 것 같다고 했다.

한 남성이 철없던 시절에 많은 여자에게 임신중절을 시켰다. 그러다 결혼을 한 후 아내가 임신하자 갑자기 과거 여자친구들에게 임신중절을 시킨 기억이 떠올랐다. 그리고 밀려드는 죄책감 때문에 힘들어졌다. 그래서 그들을 찾아가 한 사람씩 용서를 구하겠다는 것이다. 얼마나 이기적이고 자기중심적인 행동인가! 상대방의 입장을 모르는 채 느닷없이 그 사람을 찾아가 용서를 구한다면 그것은 자기의 죄책감 해결을 위한 자기중심적 발상일 뿐이다.

인간관계가 복잡해질 때 가장 먼저 해야 할 것은 경계선을 긋고 분리하는 작업이다. 그래서 무엇이 내 문제이고, 또 무엇이 상대방의 문제인지를 분별해야 한다. 내 문제는 내가 해결하고, 상대방 문제는 상대방이 해결해야 한다. 먼저 여성의 사례는 남편이 여성에게 가한 부당한 대우에 대해 용서를 요구해야 한다. 그러나 여성에게도 문제가 있었던 것은 아닐까? 성장하면서 자기희생의 역할에 매여있어 그 역할을 지금까지 반복하고 있는 것은 아닐까? 잃어버린 자기를 찾으려는 노력은 한 것일까? 자기를 사랑하고 귀하게 여겼을까? 외부의 인정을 얻고자 노력한 것은 아닐까? 자기가 원하는 것이 무엇인지는 알고 있었을까?

모든 상황을 단순하게 판단하기에는 세상이 너무 복잡하다. 이것이 옳고 저것이 틀렸다고 간단히 결정 내릴 수 없는 것이 현실이다. 그러면 어떻게 해야 하는가? 우리는 상대방에게 화가 날 때 그 사람을 용서하는 것이 상대방을 위한 것이라고 믿는다. 그러나 용서는 상대방을 위해서 해주는 것이 아니라, 나를 위해서 하는 것이다. 두 사람이 함께 분노를 해결하는 것이 화해라면, 용서는 상대와 상관없이 내 안에 맺혀있는 것을 풀어놓는 것이다. 용서는 잊어버리는 것도 아니고, 상대방을 너그럽게 봐주는 것도 아니며, 내가 희생하는 것도 아니다. 또 용서는 한 번에 다 되는 것도 아니고, 분명하게 되는 것도 아니다. 용서란 단지 과거 사건에 걸려있는 강한 정서를 흘려보내는 것이다. 상처를 준 대상에게 화를 내고, 억울해하고, 증오하고, 자기 연민에 매달려 나의 귀한 생명의 에너지를 낭비하는 것에서 방향을 바꾸는 것이다. 용서하지 못하고 괴로워한다면 결국 내가 내 삶을 제대로 살지 못하기 때문이다.

한 부인이 시부모 문제로 남편과 싸우다가 아기를 조산하였다. 미숙아인 아기는 상태가 좋지 않아서 결국 세상을 떠나게 되었다. 아기를 제대로 안아보지도 못한 채 떠나보내야만 했던 부인은 죄책감에 사로 잡혀 평생 자신을 용서하지 못했다. 그 부인은 다른 자녀들을 사랑할 수도 그렇다고 사랑을 안 할 수도 없었다. 결국 자기뿐만 아니라 가족 전체를 불행하게 만들었다.

용서는 내가 상처를 입었다는 것을 인정하고, 슬픔과 분노의 감정을 인정하며, 그러한 감정을 느낀 자신을 따뜻한 사랑으로 품는 자기 수용의 과정이다. 이런 과정을 통해서 우리 자신에 대한 지각과 경험, 다른 사람을 보는 관점, 다른 사람들에 대한 기대, 우리의 과거를 바라보는 관점을 열망의 차원에서 새롭게 볼 수 있다. 용서는 나의 존재가치가 회복되면서 얻게 되는 결과물이다.

수용하기

우리는 그 누구와도 항상, 반드시 좋은 관계를 유지할 수는 없다. 때로는 좋고, 때로는 나쁘며, 또 싸우기까지 한다. 만약 우리가 누구한테 실망하고 관계가 나빠졌다면 그것은 내가 갖고 있던 그 사람에 대한 기대와 환상이 깨진 것이다. '그 사람은 나만을 영원히 사랑할 거야', '그 사람은 내가 원하는 모습만을 지닌 사람일 거야', '그 사람만큼은 내가 해달라는 대로 다 해줄 거야' 같은 근거 없는 기대와 믿음을 가지고 있었을지도 모른다.

좋아할 수 없는 사람을 수용한다는 것은 참으로 어렵다. 특히 자신이나 타인에 대한 기대가 높은 사람일수록 쉽지 않다. 사람들은 다른 사람을 수용하기 위해서는 흔히 자신이 원하는 것을 포기하는 길밖에 없다고 생각한다. 그러나 수용이란 자신이나 다른 사람에 대한 기대를 내려놓고, 인간의 부족함을 인정하고 받아들이는 작업이다. 그 작업의 결과는 내적 평화다. 그리고 수용은 다른 사람을 변화시키고자 하는 마음을 버리고, 성숙하고도 적절한 방법으로 상황에 대처하는 것이다.

그러나 이런 과정이 잘 안 된다고 하면 자신의 내면을 살펴보는 것이 바람직하다. 나는 왜 이렇게 계속해서 화가 나고 용서하지 못할까? 나의 마음속 깊이 그 사람을 사랑하고 싶은 열망을 저버리고 싶지 않은 것은 아닌가? 이런 감정은 분노라기보다 안타까움이 아닐까? 그 사람이 나를 저버린 것이 아니라 내가 그 사람에게 내 마음의 그림을 덮어씌웠던 것은 아닐까? 그 사람은 그냥 거기에서 그 사람이었을 뿐인데, 그렇다면 그 그림은 내가 되고 싶었던 그림이 아닐까? 내가 그 사람을 판단할 권리가 있는가? 이와 같은 자기 탐색 질문을 할 수 있다.

> **작업** 나와 상대방의 빙산 탐색하기

내가 상대방을 용서할 수 없다고 판단되는 상황을 기억해보시오. 그리고 나의 빙산과 상대방의 빙산을 비교해시오.

나의 빙산

상황	
신체적 경험	
행동	
감정	
감정에 대한 감정	
지각	
지각에 대한 지각	
기대	
열망	
자기(중심-나)	
새로운 선택, 결정, 행동	
자신에 대한 감사	

상대방의 빙산

상황	
신체적 경험	
행동	
감정	
감정에 대한 감정	
지각	
지각에 대한 지각	
기대	
열망	
자기(중심-나)	

돌아가신 어머니를 용서하고 떠나보내기

나는 문득문득 올라오는 공허함과 극심한 외로움 때문에 늘 뭔가를 갈구하였고 허기를 느끼곤 하였다. 30년이 조금 넘게 살아오는 동안, 언제나 가슴 한구석에서 올라왔다 사라지곤 하는 원인 모를 외로움과 공허감에 철마다 찾아오는 감기를 앓듯 아파했다.

학창 시절부터 지금까지 늘 그래 왔기 때문에 이것을 뭔가 특별한 문제라고 여기지 않았다. 가정을 돌보면서도 밖에서 해야 할 일거리를 잔뜩 벌여놓고 언제나 바쁜 사람으로 보이는 것을 내심 즐기며 살았다. 가족치료 워크숍 과정 중에 가족조각 자원자를 찾을 때 마음속 깊은 데서 "저요!" 하는 소리가 들렸다. 가족조각의 주인공이 된 내가 기억해낸 어린 시절 가족의 모습은 추억 속에 간직하고 있었던, 마냥 행복했던 모습과는 거리가 멀었다.

나를 등지고 서있는 엄마, 거리를 두고 서있는 딸의 모습.
각기 다른 곳을 바라보는 그 모습은 행복해 보이기는커녕 서글퍼 보였다. 그러면서도 다른 모습으로 변형시키는 것이 왠지 내 가족이 아닌 것 같아 차마 다른 형태로 조각을 바꾸지도 못하였다. 내가 만들어낸 가족조각의 형태에 따라 자연스럽게 엄마와 나의 관계에 초점이 맞춰졌고, 엄마에 대해 억눌러왔던 감정이 하나둘 터져 나오기 시작했다.

그렇게나 엄마의 관심을 간절히 바라고 원했으면서도 엄마가 힘들어하고 속상해하는 것이 싫어서 착한 딸이 되어야 했고, 투정 부리는 것은 아예 꿈도 꾸지 못했다. 일하는 엄마, 남편과 자식밖에 모르는 엄마, 세련되고 멋진 완벽한 엄마의 모습은 보통 엄마들의 평범한 모습과는 달랐다. 내 삶은 나의 우상이었던 멋진 엄마를 닮아야 했고, 엄마를 기쁘게 해주기 위해 나는 더 씩씩하고 명랑해야 했다. 나 혼자의 생각으로 만들어낸 생존방식이었다.

엄마는 몹쓸 병이 들어 예전의 멋지고 당당한 모습을 잃어버렸다. 초라한 모습으로 집을 지키고만 있었다. 그런 엄마가 밉고 싫었다. 야속하고, 속상하고, 실망스럽고, 그러면서도 그런 마음 때문에 미안하고 죄스러웠다. 울며 소리치고 싶었던 말들을 고스란히 또 가슴에 묻고, 천연덕스럽게 아무 일도 없다는 듯 어린아이처럼 친구들과 어울려 밖으로만 나돌았다.

엄마는 예견되었던 시간에 조용히 세상을 떠났다. 그러나 나는 엄마를 놓아주지 못하고 10년이 넘도록 가슴 깊은 곳에서 엄마를 붙잡아두었다. 작업하는 중에 "난 아직 엄마가 필요한데, 엄마 사랑을 충분히 받았다고 생각 안 하는데, 벌써 가버리시다니. 이건 말도 안 되지. 이럴 순 없지, 엄마!"라고 외치면서 내 온몸 구석구석에 썩은 물이 되도록 고여있던 설움이 일순간 터져 나오는 것 같았다. 엄마 역할을 맡은 분의 손을 붙잡고 서럽게 울었다. 이제 엄마를 놓아주어야 할 때가 되었는데도 차마 엄마를 놓지 못하고 한동안 이를 악물고 망설였다.

이 과정에서 나는 어린 시절, 학교에서 집에 돌아왔을 때 여느 아이들처럼 엄마가 반겨주기를 간절히 바랬지만 이루지 못했던, 밝은 얼굴의 가면을 쓰고 살았던 어린 나를 만났다. 그리고 어린 나를 두 팔로 안아주었다. 가슴속에 얼마나 큰 아픔을 담고 있는지도 모르고 태연히 서있는 그 아이가 너무나 불쌍해서 한참을 울었고 등을 어루만지며 위로해주었다. 하지만 이제 엄마를 떠나보내고 혼자서도 충분히 살아갈 수 있다고 용기를 주어야 했다.

"난 할 수 있다.
할 수 있을 것이다.
엄마 딸이니까.
엄마가 하늘에서 지켜봐 줄 테니까"라고 되뇌었다.

드디어 엄마 역할자의 손을 놓으며 다짐했다.
"엄마. 이제 엄마 놓아드릴게요.
그동안 좁고 갑갑한 내 가슴속에서 저를 지켜주셔서 정말 감사해요.
이제 하늘나라에 가셔서 아프지 않은 아름답고 멋진 엄마의 예전 모습으로 돌아가 엄마가 바라던 것 모두 이루며 행복하게 사세요.
엄마 딸도 엄마처럼 그렇게 살도록 할게요. 약속해요.
사랑하는 엄마, 지금처럼 계속 딸 응원하며 지켜봐주세요."

워크숍을 마치고, 승강기를 타고 건물 밖으로 나올 때까지 엄마 손을 놓아버린 것이 못내 아쉬웠다. '아직 놓을 때가 아닌 것 같은데 괜히 놓아버렸나….'
그런데 참 희한한 일이 벌어졌다. 전철역으로 걸어가는 동안에 갑자기 가슴 한가운데에서 시원한 기운이 돌았다. 명치끝을 짓누르며 기분 나쁘게 만들었던 심한 체증이 내려가는 것 같은 후련하고 개운한 기분이 들기 시작했다. 후유~ 하고 큰 한숨이 입 밖으로 빠져나갔다.
'아, 엄마가 나가셨구나.'
하늘에 떠있는 몇 개의 조각구름이 날갯짓하며 오르는 새하얀 비둘기처럼 느껴졌다.
엄마를 보내드렸다. 힘들었던 어린 나를 보냈다. 가슴에 꽁꽁 묶어두고 살아온 내 안의 나에게 훨훨 날 수 있는 날개를 달아 날려 보냈다.

언제나 닮고 싶었던 나의 우상, 나의 미래, 나의 분신이라 여겼던 엄마.
또 다른 나였던 엄마를 이제야 엄마가 계셔야 할 그곳으로 보내드렸다.
진작 보내드렸어야 했는데, 12년을 꼬박 가슴속에 발목을 붙들어 매어놨으니 그 갑갑함이 오죽하셨을까! 지금쯤 하늘에 도착하셨을까?

이제 아침이 밝아오면 어제와는 다른 모습의 하늘을 보리라. 엄마가 계신 하늘.
언젠가 누군가 나에게 예언하듯 했던 말이 문득 떠오른다.
"아가야, 넌 하늘을 봐야 살 수 있어."
하늘을 봐야 살 수 있다니. 어이없고 황당했던 그 말의 의미를 이제는 알 것 같다. 엄마를 가슴속에 묶어두었던 지난날에도, 평소에도 유난히 좋아했던 하늘인지라 자주 하늘을 올려다보며 살았다. 그러나 건조한 감탄과 감동만 줄 뿐이었다. 하지만 이제는 분명히 다를 것이다. 하얀 뭉게구름이 피어오르면 포근한 엄마 가슴을 보게 될 것이고, 언제나 엄마가 든든히 나를 내려다보고 있을 테니 이 세상에 두려울 것이 없는 자유롭고 생명력 넘치는 아이로 살아갈 수 있을 것이다.

"엄마, 이제 나 하늘을 보며 살게요."

2부

빙산의사소통 방법

10장

의사소통 과정과 걸림돌

의사소통 과정
의사소통 걸림돌

의사소통 과정

의사소통은 마음과 마음을 주고받는 과정이다. 마음이 말과 몸으로 표현되고 상대방이 이를 보고, 듣고, 느끼고 답하면 의사소통의 한 순환체계가 완성된다. "잘 지냈어?" "응. 너도 잘 지냈어?" "나도 잘 지냈어." 이렇게 한 순환체계가 완성되어 종결된다. 대화가 길어지면 이런 순환체계가 여러 번 돌아간다.

이렇게 단순한 대화에도 고려해야 할 것이 많다. 잘 지냈다는 것의 정확한 의미는 무엇인가? 이 대화가 진지한 나눔인가 아니면 단순한 인사치레인가? 두 사람의 말투가 두 사람의 관계에 적절한가? 두 사람이 이런 대화를 하는 것이 사회적 맥락에서 허용되는 상황인가? 이처럼 우리는 깨닫지 못하지만 의사소통에는 이렇게 다양한 측면이 포함되어있다.

의사소통의 기본은 정확하게 말하고, 정확하게 듣는 것이다. 우선 말을 할 때는 명확하게 표현해야 한다. 발음이 부정확하거나, 뜻이 모호하거나, 앞뒤가 잘 안 맞거나, 두서가 없거나 하면 상대방이 잘 알아들을 수가 없다. 표정도 말과 일치해야 한다. 듣는 사람도 상대방의 말을 잘 들어야 한다. 상대방의 말에 공감과 경청을 하면서 듣되, 들은 것이 정확한지 확인하면서 들어야 한다. 상대방의 말을 건성건성 듣는다면 상대방의 말을 놓치거나, 듣지 못하거나, 딴 생각에 빠질 수 있다.

말하기·듣기와 더불어 또 한 가지 의사소통의 기본은 서로의 마음을 적절하게 표현하는 것이다. 말하는 사람, 듣는 사람 모두 자기 내면에서 경험하는 것을 자각하고, 어느 정도 개방할 것인지를 판단하며, 정확하고 맥락에 어울리게 말을 해야 한다. 듣는 사람 역시 상대방의 말을 들으면서 자기 내면에서 경험하는 것을 자각해야 적절하게 자기를 표현할 수 있다. 의사소통의 주고받는 순환체계, 그리고 두 사람의 내면에서 경험하는 것에 대해서 알아보자.

일치적 의사소통 과정

(1) 말하는 사람 A가 듣는 사람 B에게 언어적 표현(말)과 비언어적 표현(표정, 목소리 톤, 신체적 표현 등)이 일치되게 말을 한다.

① A가 말을 한다.

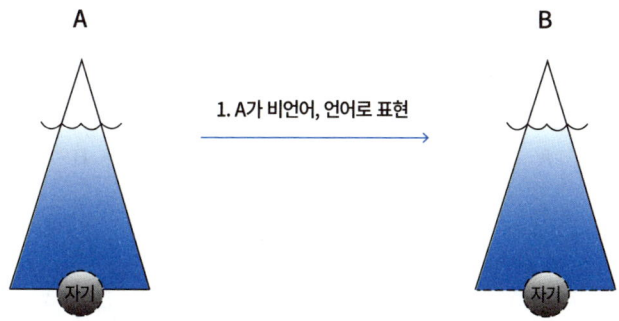

(2) 말하는 사람 A의 언어적 표현과 비언어적 표현을 듣는 사람 B가 보고 듣는다.

① A가 말을 한다.
② B가 듣는다.

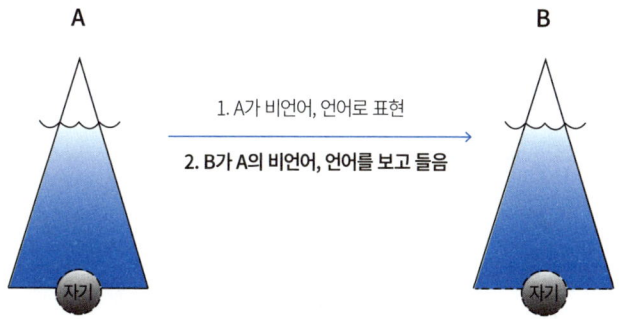

(3) 말하는 사람 A의 말을 듣는 사람 B가 정확하게 들은 후에, 들은 사람 B가 다시 자기의 말을 A에게 한다. 이번에는 A가 듣는다.

① A가 말을 한다.

② B가 듣는다.

③ B가 A의 말을 정확하게 듣고 자신의 빙산을 상황에 맞게 일치적으로 표현한다.

의사소통의 한 순환체계가 완결된다.

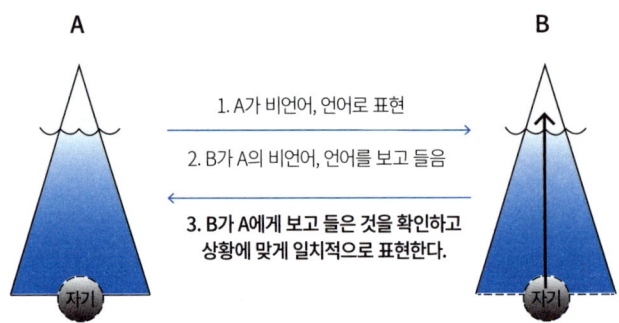

비일치적 의사소통 과정

(1) 말하는 사람 A가 듣는 사람 B에게 언어적 표현(말)과 비언어적 표현(표정, 목소리 톤, 신체적 표현 등)으로 말한다. 언어적 표현과 비언어적 표현이 일치하지 않는다.

① A가 말을 한다. 언어적 표현과 비언어적 표현이 일치하지 않는다.

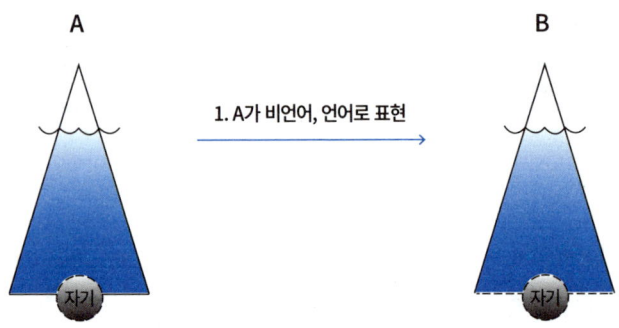

(2) A의 언어적 표현과 비언어적 표현을 B가 정확하게 보고 듣지 못한다.

① A가 말을 한다. 언어적 표현과 비언어적 표현이 일치하지 않는다.

② B가 듣는다. 상대방의 말을 정확하게 듣지 못한다.

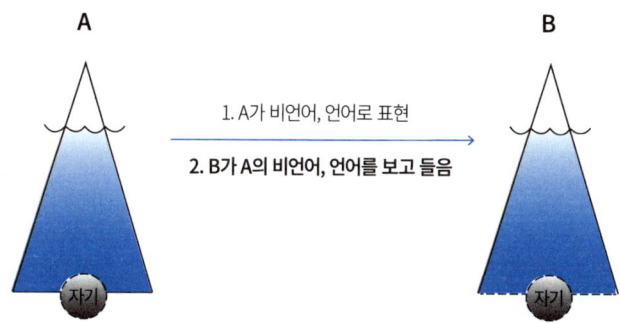

(3) 말하는 사람 A의 말을 듣는 순간에 듣는 사람 B의 정보판단 필터가 작동된다.

① A가 말을 한다. 언어적 표현과 비언어적 표현이 일치하지 않는다.

② B가 듣는다. 상대방의 말을 정확하게 듣지 못한다.

③ B가 정확하게 듣지 못하고 왜곡된 정보판단 필터를 작동시킨다.

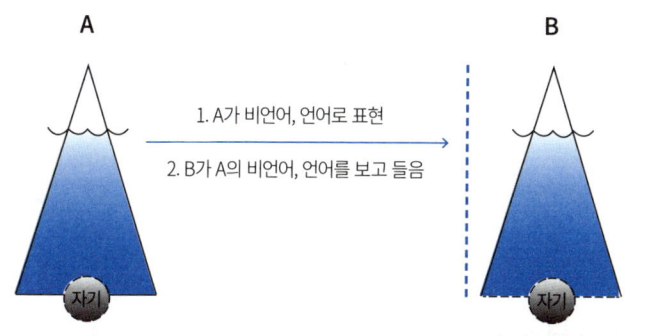

(4) 듣는 사람 B의 정보판단 필터가 작동되면 말한 사람의 내용을 거르는데, 그중에 과거의 부정적 경험이 저장된 필터를 통해 수면 위로 떠오르면서 자기가 위축된다.

① A가 B에게 말을 한다. 언어적 표현과 비언어적 표현이 일치하지 않는다.
② B가 듣는다. 상대방의 말을 정확하게 듣지 못한다.
③ B가 정확하게 듣지 못하고 왜곡된 정보판단 필터를 작동시킨다.
④ B는 과거의 부정적 경험이 활성화되면서 자기가 위축된다.

- 해석/의미부여: A의 말을 듣는 순간 A의 말을 자기의 틀로 해석하고 의미를 부여한다.
- 감정: 해석과 의미부여에 따라 부정적 감정이 발생한다.
- 감정에 대한 감정: 감정에 대해서 또 부정적 감정이 발생한다.
- 지각: 자존감이 낮을수록 상황에 대해 부정적인 생각을 하고 판단을 내린다.
- 기대와 열망: 기대가 충족되지 못하면 열망도 충족되지 못한다.
- 자기: 위축된다.

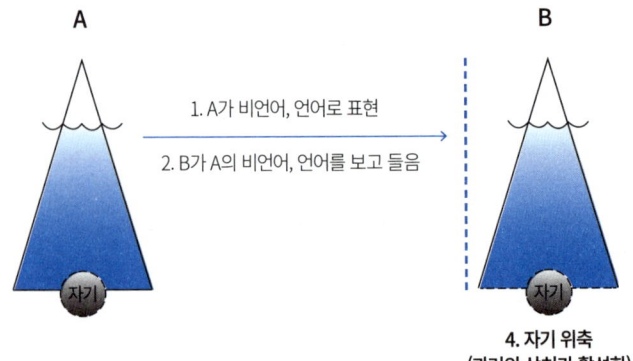

(5) 부정적 경험이 떠오르면 자기를 보호하기 위해 방어기제가 발동한다.

B의 자존감에 따라 '자기'가 위축되고, '자기'가 위축될수록 투사, 왜곡, 부인, 무시, 회피, 수동공격 등

의 방어기제가 발동한다. 언어 표현을 제한하는 의사소통 규칙이 강하면 방어기제가 더욱더 활성화된다.

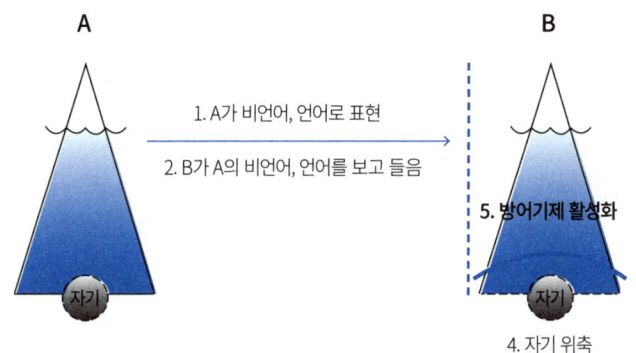

(6) 의사소통 규칙이 전면으로 등장한다.

언어 표현을 제한하는 의사소통 규칙이 강하면 자신의 내면을 효과적으로 표현할 수 없다.

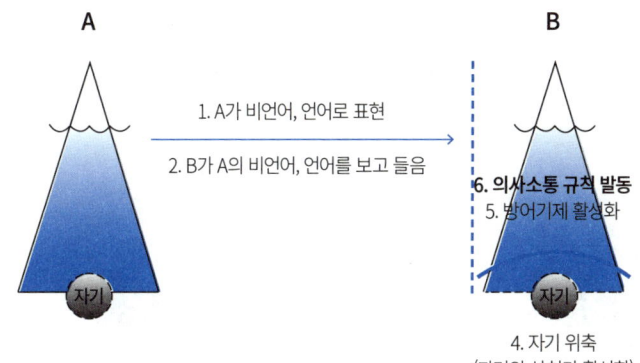

(7) 의사소통 방식, 즉 대처방식이 발동한다.

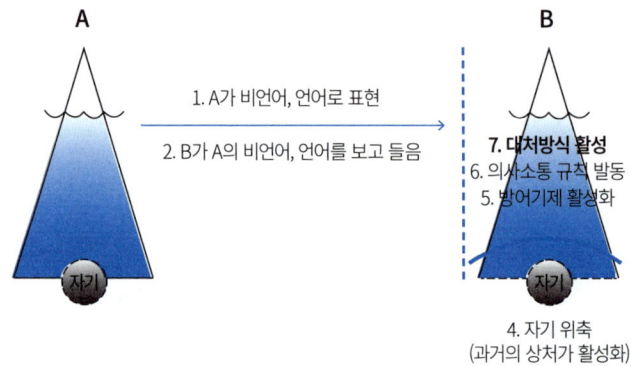

(8) B가 대처방식을 사용하여 부적절하고 비일치적인 방식으로 말하고 A가 듣는다.

A의 자존감이 낮으면 B의 말에 비일치적으로 반응하면서 비일치적인 의사소통 순환과정이 반복된다.

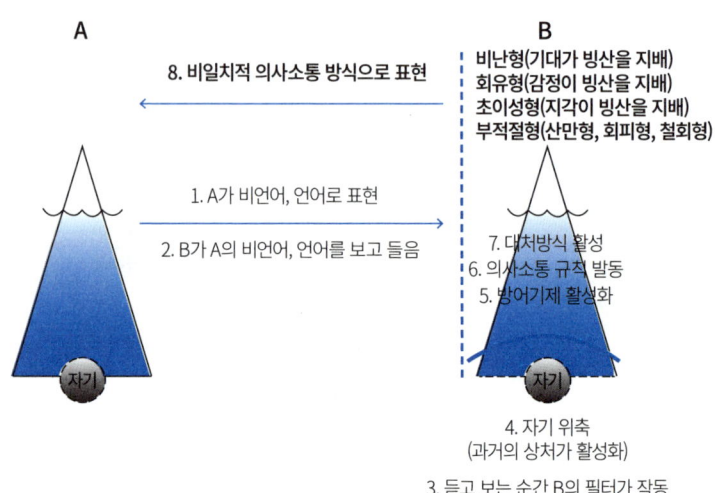

> **작업** 의사소통의 내적 과정 탐색하기

- 상황 1: 요즘은 사는 게 사는 것 같지 않다. 내가 아무리 열심히 일해도 부장은 나를 볼 때마다 짜증을 내면서 잔소리를 한다. 회사가 힘든 상황에 놓인 것이 말단사원인 내 책임이란 말인가!

- 상황 2: 오늘도 남편은 술을 먹고 새벽 2시에 들어왔다. 이번 주만 해도 벌써 세 번째다. 나도 직장 생활하기는 마찬가지인데 마치 혼자 바깥에서 일하는 것인 양 집안을 돌보지 않는다.

- 상황 3: 딸이 공부하지 않는 것에 대해서는 포기한 지 오래되었다. 그러나 딸은 자기 방을 정리하는 것 같은 기본적인 일들도 제대로 하지 않는다. 자기가 입었던 옷이라도 정리하라고 하면 "왜 내가 해야 하는데?"라고 말대답을 한다.

위의 사례들을 직접 경험하고 있다고 가정해보고 자신의 내적 과정을 탐색해보시오.

1. 가장 강력하게 앞으로 나오는 부분들은 무엇인가?

2. 가장 뒤로 밀려나는 부분은 무엇인가?

3. 그렇게 될 때 내가 경험하는 것은 무엇인가?

4. 스트레스를 받을 때의 내적 과정을 설명하시오.

5. 어떤 부분이 가장 강력하며, 그 부분이 강력하게 나올 때 자기의 경험을 이야기해보시오.

> **작업** 의사소통의 상호작용 탐색하기

지난 일주일 동안 있었던 의미 있는 사람과의 대화 장면을 기억해보시오. 그때 두 사람 사이의 대화에서 어떤 상호작용이 일어났는지 다음 질문에 따라 구체적으로 기술해보시오.

1. 상대방이 보낸 언어적·비언어적 메시지는 무엇이었는가? 내가 본 것은 무엇인가? 무엇을 보고 들어야만 했고, 상상한 것은 무엇인가?

2. 그 메시지를 듣고 나는 어떤 생각을 하고, 어떻게 해석하고, 어떻게 나 자신에게 설명하였는가? 그렇게 한 근거는 무엇인가?

3. 그렇게 해석하고 의미를 부여하고 난 후 내 안에서 느낀 감정들은 무엇인가? 그런 감정들을 어디서 어떻게 느끼고 있는가?

4. 그러한 감정을 다루는 규칙은 무엇인가? 이러한 규칙 때문에 경험하는 감정에 대한 감정은 무엇인가?
   - 예: 나는 아버지에 대해 화가 나고 억울했다(일차감정). 나는 아버지에게 화를 내서는 안 된다고 믿고 있으므로, 화가 나고 억울한 감정을 느끼는 것에 대해 죄책감이 들었다(이차감정).

5. 상대방에 대한 나의 기대는 무엇인가? 또 상대방이 나에게 갖고 있던 기대는 무엇이었는가? 그런 기대를 했을 때의 결과는 무엇인가? 이런 판단의 근거가 되는 규칙은 무엇인가?

6. 내가 상대방에게 가졌던 기대는 어떤 열망을 충족시킬 수 있었는가?

7. 나는 그러한 기대를 어떻게 표현했는가?

8. 나의 표현방식은 일치적이었는가, 아니면 비일치적이었는가? 만약 나의 표현방식이 비일치적이었다면, 내가 사용한 대처방식은 어떤 것이었는가?

9. 지금까지와 다른 새로운 가능성이 있다면 무엇인가? 새로운 의사소통 방식을 어떻게 개발할 것인가?

의사소통 걸림돌

우월자기와 열등자기가 강한 사람은 낮은 자존감을 유지하려다 보면 의사소통 걸림돌을 자주 사용하게 된다. 자존감이 낮은 사람들이 흔히 사용하는 의사소통 걸림돌은 다음과 같다.

비교하기/부정적으로 타인과 비교하기 우월자기가 강력한 사람은 자기가치감을 느끼기 위해 남보다 자기가 낫다는 것을 확인하고 싶어 한다. 자기가 상대방보다 우월하지 않다고 느끼면 불안해진다. 따라서 말을 하면서도 계속 나와 상대를 비교하면서 내가 우월하다고 느끼려고 한다. 때로는 타인뿐만 아니라 배우자 혹은 자식하고도 끊임없이 비교하기도 한다.

인격 전체를 비난하면서 규정짓기/잘못 파헤치기/과거의 잘못을 모두 들춰내기 우월자기의 사람들이 자주 사용하는 것으로, 비난형, 초이성형의 대처방식을 사용하는 사람에게서 흔히 볼 수 있는 걸림돌이다. 흑백논리가 강하고, 완벽을 추구하고, 자기는 옳고 타인은 틀렸다는 관점에서 비롯되는 걸림돌이다.

옳아야만 하기/위협하기 어떤 상황에서도 자기가 옳아야만 하는 사람과는 대화가 진전될 수 없다. 그런 사람하고 대화를 하게 되면 상대방은 빨리 말을 끝내고 싶은 마음이 들게 된다. 대처방식으로 본다면 비난형과 초이성형에게 많다. 이들은 내용이 무엇이든 항상 자기가 옳으므로 상대방은 자기에게 승복해야 한다고 믿는다.

조언하기/내 말만 하기 다른 사람의 문제를 해결해주려는 욕구가 강한 사람들의 걸림돌이다. 이들은 성급하게 상대방에게 조언하기 때문에 말을 꺼낸 사람이 표현을 제대로 할 수 없게 막아버린다. 이 걸림돌을 많이 쓰는 사람은 조급하거나, 불안이 높거나, 책임감이 큰 사람이다. 그러나 더 깊은 수준에서는 내가 너보다 더 잘 안다는 우월의식이 숨겨져 있다.

말 자르기 상대방의 말을 다 듣기도 전에 내가 이미 네가 할 말을 잘 알고 있으니 더 들을 필요가 없다고 판단하면서 말을 자르고 끼어든다. 상대방이 말을 꺼내자마자 자기가 알고 있는 것을 급하게 말하려고 한다. 이들은 앞에서 설명한 것과 같이 마음이 급하거나, 자기주장이 강한 사람들이다.

귓등으로 듣기/흘려듣기 상대방이 듣고 싶지 않은 말을 할 때, 상대방과 이야기하고 싶지 않을 때, 관심이 딴 데 있을 때, 어떻게 반응할지 모를 때, 상대방의 말을 받아들이기 힘들 때, 이해하기 힘들 때, 또는 공감이 안 갈 때 솔직하게 지금 자신의 상태를 전달하기보다는 억지로 듣는 흉내를 내는 것이다. 이들은 상대방을 무시하거나, 딴 데 정신이 팔려 현재 이 자리에 존재하지 않는 것과 같다.

판단하기/비아냥거리기 과거의 경험이나 스스로 상대방이 이런 사람이라고 판단을 이미 내려놓고 있다면 상대방의 말에 귀 기울이기 힘들다. 상대방 말을 듣는 척하지만 이미 마음으로는 상대방이 틀렸다고 비난할 증거를 찾기 바쁘다. 그리고 곧 반격할 태세를 갖출 것이다.

지레짐작하기 상대방의 말과 신체적 표현 중에서 일부분을 선택해서 그것을 기반으로 자기의 생각이 옳다고 확신한다. 이미 상대방을 알고 있으므로 상대방의 말을 더 들을 필요가 없다. 심각한 병리적 수준이 되면 의부증, 의처증으로 발전한다. 영어로는 마인드 리딩 mind reading이라고 할 수도 있다. 내가 네 마음을 다 안다는 것이다.

환상 환상은 우리 모두 조금씩 가지고 있다. 특히 유아시기의 환상은 정상적이다. 그러나 성인이 되어서도 현실과 분리된 환상을 자주 하게 되면 대화하기가 힘들다. 서로 다른 세계에서 말을 하는 것이기 때문에 소통할 수가 없다. 한 예로, 아내가 현실적인 어려움을 호소할 때, 남편은 미래에 우리가 얼마나 잘 살 수 있는지에 대해 이야기한다면 대화는 아예 불가능하다.

대답할 말 준비하기 마음이 불안하거나, 급하거나, 자기주장이 강하거나, 자기 뜻을 관철하려는 사람들이 보이는 걸림돌이다. 이들은 상대방이 말을 꺼내자마자 서둘러서 자기 할 말을 하려 한다. 반응할 말을 준비하려다 보면 상대방의 말을 제대로 들을 수 없다. 자기주장이 강한 사람들은 상대방의 말을 들으려 하지 않고 상대방의 말을 논박할 수 있는 단서를 찾기 바쁘고, 그 단서를 중심으로 상대방을 논리적으로 설득하려 한다.

딴 궁리하기 상대방의 요구를 들어주기 싫거나 지금 이 상황을 회피하고 싶을 때 딴 궁리를 하면서 대화에 집중하지 않는 방식이다. 한 예로, 일요일에 친구들과 놀러 가기로 약속한 남편은 아내가 그날 처가에 가자고 한다면 딴 궁리에 빠질 수 있다. 그러면 아내가 그날 왜 반드시 처가를 가려고 하는지에 관한 이야기에 귀 기울일 여유가 없게 된다. 부적절형 대처방식 중에서 특히 회피형 혹은 철회형의 대처방식을 사용하는 사람의 모습이기도 하다.

슬쩍 넘어가기 구렁이 담 넘어간다는 말처럼 현재 대화 주제에 머물기 싫다는 표현이다. 상대방의 대화 주제가 흥미롭지 않거나, 회피하고 싶을 때 사용하는 걸림돌이다. 일종의 부적절형의 회피 대처방식이다. 때로는 대화가 긴장감을 유발하면 우스갯말을 하면서 주제를 바꾸려 하기도 한다. 이런 사람은 유머러스하다는 평을 듣기도 한다. 부적절형의 산만형과 유사한 점이 많다. 결국, 갈등 해결을 위한 대화는 진행되지 못하고, 문제는 그대로 남아서 갈등을 유발할 것이다.

비위 맞추기 전형적인 회유형 사람들이 사용하는 걸림돌로, 상대방의 눈치를 많이 보고 상대방의 기분을 거스르지 않으려 하다 보면 자기가 무엇을 느끼고 생각하고 경험하는지를 자각하지 못하거나 자각하더라도 무시한다. 이렇게 하다 보면 자기를 상실하게 된다. 그러나 비위 맞추기가 진정 상대방에게 순종, 복종하려는 것인지, 아니면 나를 잘 봐주기를 원해서 혹은 내가 원하는 대로 상대방을 통제하려는 욕구에서 기인한 것인지를 탐색해야 한다. 이런 마음이 있다면 진정한 의사소통은 힘들다.

작업 나의 의사소통 걸림돌 찾기

- 불편한 감정을 느꼈던 상황을 3개 이상 찾아보시오.

1.

2.

3.

- 위의 상황에서 내가 사용했던 걸림돌을 찾아보시오.

11장

의사소통
듣기·말하기·공감하기

상대방의 언어적 표현 듣기
상대방의 신체적 표현 읽기
상대방의 말을 정확하게 듣고 말하기
상대방의 말에 공감하기

상대방의 언어적 표현 듣기

존중하는 마음 듣기의 기본은 자기의 생각이나 판단을 잠시 옆으로 밀어놓고 상대방을 존중하며 그 사람과의 대화를 즐기려는 태도로 듣는 것이다. '말을 잘 들어주는 고마운, 좋은 사람'이라는 소리를 듣고 싶어서 혹은 상대방의 기분을 상하게 할까 봐 그저 잘 듣는 척하면서 듣는 것은 상대방을 존중하는 것이 아니다.

열린 마음 상대방이 비판적인 말을 하더라도 열린 마음으로 들어야 한다. 만일 내 잘못이 있다면 시인할 수 있어야 한다. 하지만 상대방이 상황과 관련이 없는 비판을 하거나, 공격적으로 비난하면 그 사람의 말로부터 나를 보호해야 한다. 그 사람의 의견은 그 사람의 것이고, 그 사람의 말을 받아들일지 결정하는 것은 나이기 때문이다.

내면 알아차리기 상대방과 대화할 때 나의 내면에서 느껴지는 것을 알아차려야 한다. 내가 나를 자각하지 못하고 대화를 하게 되면 상대방과 제대로 연결되지 못한다. 상대방과 말은 하지만 겉도는 대화를 하게 된다. 그러면 엄밀하게 말하자면 거짓말을 하는 것이다.

신체적 자세 상대방의 얼굴을 마주 보고 눈을 적절히 맞추면서 들어야 한다. 그러나 상대방의 눈을 너무 뚫어지게 쳐다보면 상대방이 위협감을 느끼거나 불편하게 느낄 수 있다. 특히 심리적 갈등이 크거나 수치심을 잘 느끼거나 자신감이 부족한 사람들과는 부드럽게 눈을 맞추어야 한다. 그리고 상대방을 향하여 몸을 약간 앞으로 굽히고, 머리를 가볍게 끄덕이거나 음, 아, 네 등의 의성어를 적절히 넣으면서 듣는다. 그러나 마치 상담자가 내담자를 대하듯 감탄사를 너무 자주 표현하거나, 형사가 심문하듯 "그래서? 왜?"라는 식의 캐묻는 질문을 하면 거부감을 불러일으킬 수 있으므로 주의해야 한다.

상대방의 신체적 표현 읽기

언어적·비언어적 표현 상대방 말의 내용과 신체적 표현이 서로 일치하지 않을 때는 어떤 것이 맞는지 확인할 필요가 있다. "당신이 지금 속상하지 않다고 말했는데 표정은 몹시 화가 난 것 같아요. 당신이 하는 말을 그대로 믿어도 될지 모르겠어요. 마음에 불편한 것이 있으면 말해주세요. 그러면 내가 좀 더 정확하게 당신의 마음을 알 수 있을 것 같아요." 이렇게 상대방의 말과 신체적 표현이 다른 것을 확인하면, 상대방도 좀 더 정확하게 표현할 수 있고 갈등이 줄어들 수 있다. 이렇게 말과 신체적 표현의 차이를 확인한 다음에는 상대방의 말을 잘 들어야 한다.

비언어적 표현 우선 상대방의 신체적 언어를 파악할 수 있어야 한다. 예를 들어, 아버지가 자식에게 오랜 시간 동안 일방적으로 이야기할 때 아이들이 몸을 뒤로 빼고 다리를 떤다면 그것은 아이들이 아버지의 말을 듣기 불편해하고 있다는 것을 비언어적으로 표현하는 것이다. 또 지나치게 권위적인 아버지를 둔 사춘기 자녀가 말로는 아버지에 대해 아무 감정이 없다고 하지만 아버지 앞에서는 항상 허리를 반쯤 꺾은 채 고개를 푹 숙이고 있다면, 그것은 그의 억압된 심리 상태를 드러내는 비언어적인 신체적 메시지다. 또는 사람들 앞에서 유난히 얼굴이 붉어지거나 목소리가 변한다면 마음이 불편하다는 것을 표현하고 있다고 짐작할 수 있다.

다음으로는 목소리의 크기, 말의 속도, 발음, 악센트에도 신경을 써야 한다. 같은 말이라고 해도 그것을 전하는 사람의 목소리가 어떠하냐에 따라 그 의미가 크게 달라질 수 있다. 어머니가 자녀에게 "내가 너를 얼마나 사랑하는지 아니?"라는 말을 차가운 목소리로 천천히 힘을 주어 이야기한다면, 밝고 다정한 목소리로 그 말을 전달할 때와는 달리 부정적인 의미를 전달한다. 또 어떤 사람이 자신의 장래 계획에 대해 말을 하는데 축 처진 자세로 입도 제대로 벌리지 않은 채 우물우물한다면, 정말 장래에 대한 희망과 포부를 가졌는지 헷갈릴 수 있다. 또는 "나는 행복합니다", "나는 당신을 좋아합니다", "오늘 날씨가 매우 좋습니다"라고 힘 있고 밝은 목소리 톤으로 이야기한다면 긍정적인 의미로 전달되겠지만, 작은 목소리로 느리게 말한다면 뭔가 불안하고 걱정스러운 마음이 느껴져 듣는 사람이 의아하게 느낄 수 있다.

언어적·비언어적 표현의 불일치 언어와 비언어가 일치하지 않으면 듣는 사람은 혼란스럽다. 사실 신체적 표현이 전달하는 의미는 말보다 훨씬 더 정직하다. 우리 문화에서는 말하지 않아도 상대방이 알아서 내가 원하는 것을 해주기를 바라고, 또 되도록 말을 삼가는 것을 미덕으로 여겨왔기 때문에 더욱더 신체적 표현에 주의를 기울일 필요가 있다. 예를 들어, 아버지의 회사가 부도에 처했음에도 불구하고 어머니가 고민스러운 표정과 힘없는 목소리로 "괜찮아. 우리 집은 문제 없다"라고 말한다면, 어머니의 말과 신체적 표현 사이의 모순 때문에 자녀는 혼란에 빠질 수 있고, 자기 나름대로 상황을 잘못 해석해서 받아들일 수 있다. 또 부부 사이가 좋지 않아 냉전을 지속하면서도 아이에게는 아무 일도 없는 듯한 표정과 부드러운 목소리로 말한다면, 아이는 상황에 대한 자신의 판단에 대해 확신을 잃게 된다. 이렇게 상대방의 말을 분명하게 확인하고, 말의 내용과 표현의 일관성을 확인하는 과정은 의사소통에서 매우 중요한 과정이다.

작업 신체적 표현 읽기

1. 두 사람이 짝을 지어 한 사람씩 3분간 자유로운 주제로 이야기를 해보시오. 이때 다른 한 사람은 상대방의 말을 들으면서 관심을 보이지 않는 등 다양한 듣지 않는 태도를 보여주시오.

2. 이야기를 마친 후, 말한 사람은 듣는 사람의 태도에 대해 느낀 점을 말해보시오.

3. 서로 역할을 바꾸어 이 과정을 반복해보시오.

작업 말과 신체적 표현의 불일치 경험하기

1. 다시 두 사람이 짝을 지어 과거에 힘들었던 상황을 말과 신체적 표현을 다르게 말해보시오.

2. 듣는 사람은 말하는 사람의 말과 신체적 표현이 일치하는지 확인해보시오.

3. 서로 역할을 바꾸어 이 과정을 반복해보시오. 서로의 경험에 대해 나눠보시오.

상대방의 말을 정확하게 듣고 말하기

사람들과 대화를 하면서 정확하게 듣는다는 것은 그리 쉽지 않다. 상대방의 말을 들으면서 다른 생각을 하거나, 잘 듣지 못했는데도 확인하지 않고 그냥 넘어가거나, 이미 내가 들을 것을 정해놓고 듣고 싶은 것만 듣는 등의 다양한 걸림돌을 사용한다면 정확하게 듣기가 매우 힘들다. 이럴 때 내가 들은 것을 그대로 반복해서 말하고 들은 말을 확인하는 과정은 간단하면서도 매우 효과적인 의사소통 기법이 될 수 있다. 특히 갈등 관계에 있는 사람과 대화나 협상을 해야 할 때는 정확하게 듣고 그대로 말하기 기법이 쓸데없는 오해를 불식시키는 데 유용하다.

정확하게 듣고 말하기 이 기법을 사용하면 말하는 사람도 상대방이 자기의 말을 진지하게 들어준다고 느끼기 때문에 대화가 잘 진행될 수 있다. "지난번 학회에 가려고 계획했는데 갑자기 몸이 아파서 참석하지 못해 정말 속상해!"라고 상대방이 이야기하면 거울을 비춰주듯 상대방의 말을 그대로 돌려준다. "지난번 학회에 꼭 참석하려 했는데 갑자기 몸이 아파서 학회에 참석하지 못해서 몹시 속이 상한다는 말이구나." 그렇다고 상대방의 모든 말을 앵무새처럼 반복해야만 하는 것은 아니다.

이렇게 정확하게 듣고 그대로 말하기를 하다 보면 두 사람은 서로가 나눈 대화를 정확하게 기억할 수 있다. 사람은 상대방의 말을 들을 때도 자기 생각대로 해석하지만, 기억은 편집 과정을 거쳐 저장되기 때문에 서로 다르게 기억할 수 있다. 따라서 첫 단계부터 정확하게 들은 것을 확인하면 편집이나 해석에 의한 오해를 덜 하게 된다. 부부들이 싸우는 원인 중 하나도 한 사람은 이 말을 했다고 하고, 다른 한 사람은 저 말을 했다고 다르게 기억하기 때문이다.

상대방이 나에게 부정적인 말을 해도 상대방의 말을 다시 한번 차분하게 정확하게 듣고 그대로 말하기 기법을 사용하면 감정이 치솟는 것을 막을 수 있다. 상대방이 "당신은 매번 계획만 세우지 제대로 실행하는 것도 없으면서 일이 잘못되면 오히려 나를 비난할 때는 정말 화가 나서 미치겠어!"라고 상대가 자신을 비난한다면, 마음을 가라앉히기 위해 심호흡을 하거나 한박자쯤 늦춰, "당신 말은 내가 계획만 세우고 제대로 실행하지도 못하면서 당신한테 잔소리하는 것 때문에 화가 나서 미칠 것 같다는 말이지! 내가 들은 것이 정확하오?"라고 다시 말할 수 있다.

부정확한 표현을 정확하게 듣고 그대로 말하기　일치하지 않는 모순된 메시지가 한꺼번에 전달된다면 듣는 사람은 혼란스럽다. 아버지가 자신은 아들과 친구처럼 지낸다고 말하다가 아들이 아버지에게 허물없이 대하면 버르장머리 없다고 화를 낸다면 자녀는 일관성 없는 아버지 때문에 상처를 입게 된다. 또 다른 예로, "당신은 내가 좋아하는 음식에 대해서는 하나도 관심이 없지?"라고 말하는 아내에게 남편이 "당신이 먹고 싶은 게 뭔데?"라고 묻는 경우 아내는 대답은 피하고 "그것 봐. 당신은 나에 대해 아는 게 하나도 없지! 그걸 꼭 말해줘야만 아나?"라고 한다면 상대방은 혼란스러워진다. 정확하게 듣고 그대로 말하기 기법을 사용하면 말하는 사람의 메시지가 전체 맥락 안에서 일관성이 있는지, 상대방이 정말 말하고 싶은 것이 무엇인지, 상대방이 하고자 한 말을 확인하면 혼란을 피할 수 있다.

상대방의 말을 잘 이해할 수 없으면 정확하게 듣고 그대로 말하기 기법을 사용하면서 육하원칙에 따라 질문하는 것이 좋다. 그러나 질문할 때는 그 목적이 상대방을 이해하고 존중하며 함께하고자 하는 마음이어야 한다. 그렇지 않고 상대방의 말을 미심쩍어하거나, 동의하기 싫어하거나, 자신의 관점만 옳다고 주장하거나, 비난하거나, 조종하기 위해서 질문한다면 결코 좋은 결과를 기대할 수 없다. 또 상담가나 판사 같은 전문가적인 태도로 반응하면 상대방에게 거부감을 줄 수 있으므로 조심해야 한다.

추상적인 단어와 표현을 많이 사용하는 것도 대화를 불분명하게 만드는 이유가 될 수 있다. 따라서 상대방이 추상적인 표현을 하면 정확하게 듣고 그대로 말하기 기법을 사용하여 말한 다음에 구체적인 뜻을 말해달라고 청하거나 추가 질문을 한다. 예를 들어, 상대방이 "나에게 좀 더 관심을 기울여주면 좋겠어"라고 말한다면, "당신은 내가 당신에게 좀 더 관심을 기울여주면 좋겠다고 말했는데, 어떤 관심을 받고 싶은지를 좀 더 구체적으로 말해주면 좋겠어"라고 물을 수 있다. 또 "난 너한테 인정받지 못한다는 느낌이 든단 말이야"라고 말하면, "내가 어떻게 인정하지 않았는지 좀 더 자세하게 말해줄 수 있겠니?"라고 되묻는다. "나는 너의 인간다움을 믿지 못하겠어"라고 말한다면, "너는 나의 인간다움을 믿지 못하겠다고 말했는데, 네가 말하는 인간다움을 좀 더 설명해줄 수 있겠니?"라고 되물을 수 있다. 이렇게 정확하게 듣고 그대로 말하기 기법을 사용하면 의사소통을 명료화할 수 있다.

작업 정확하게 듣고 그대로 말하기를 경험하기

1. 두 사람씩 짝을 이룬 후, 한 사람이 일주일 동안 지내면서 겪은 힘들었던 상황을 먼저 이야기하고, 다른 한 사람은 정확하게 듣고 그대로 말하기 기법을 사용하면서 5분간 대화해보시오.

2. 역할을 바꾸어서 5분간 대화를 나눠보시오.

3. 이 기법을 사용하여 대화를 나눈 후의 느낌을 말해보시오.

4. 내가 사용한 걸림돌들을 찾아보시오.

상대방의 말에 공감하기

상대방의 말을 듣고 반응할 때에는 상대방이 공감받았다고 느낄 수 있게 말해야 한다. 그러기 위해서는 말한 사람에게 듣는 사람이 즉각적이고, 일치적이며, 지지적인 태도로 피드백을 해야 한다. 공감 피드백을 잘하기 위해서는 지켜야 할 몇 가지 규칙이 있다.

즉각적으로 공감하기 피드백은 시간을 지체하지 않아야 한다. 상대방의 말을 정확하게 듣고, 충분히 이해했다고 생각하면 지체하지 않고 피드백한다. 시간이 갈수록 피드백의 영향력은 줄어든다. "어제 남편하고 싸웠는데 너무 힘들어"라고 하는 친구에게 이틀이나 지난 후, "네가 남편과 싸워서 힘들었다는 말을 듣고 생각해봤는데…"라고 새삼스럽게 이야기를 꺼내는 것보다 즉각적 피드백을 하는 것이 효과적이다.

일치적으로 공감하기 일치적 태도는 부정적인 느낌까지도 정직하게 보여주는 것을 의미한다. 당신이 상대방에게 위협을 느껴서 마음을 표현하기가 쉽지 않은 상태라면, 이 감정까지도 정직하게 표현하는 것을 일치적 태도라고 한다. 정직한 표현이란 상대방과의 친밀한 관계를 유지하고 서로의 성장을 간절히 원한다는 목표가 있을 때 자신의 내면을 느끼는 대로 표현하는 것을 말한다.

예를 들면 "내가 잘못했다는 것을 알고 너에게 사과하고 싶었지만, 혹시 네가 내 사과를 받아들이지 않고 화를 더 내면 어쩌나 걱정이 되고 두렵기도

해서 많이 주저했어"라고 하는 것이다. 그러나 정직한 것과 무례한 것은 구별되어야 한다. 파괴적인 의도로 상대방에게 자신의 속마음을 다 이야기하는 것은 잔인한 짓이다.

지지적으로 공감하기   상대방 말을 정확하게 듣고, 그대로 반영해서 말하면서, 상대방 빙산에 대해 공감을 하면 상대방에 대한 나의 지각이 옳았는지 확인할 수 있다. 또 상대방은 내가 말한 내용을 통해 자신의 메시지가 정확히 전달된 것을 알 수 있다. 이렇게 되면 두 사람은 서로의 관점을 더 많이 수용할 수 있는 공감대가 형성된다. 그러나 상대방이 나에게 부정적인 말을 한다면 지지적으로 공감하기가 쉽지 않다. 나의 자존심이나 감정보다 상대방과의 관계를 지키는 것이 더 중요하다면 상대방의 자존심을 상하게 하거나 약점을 이용하거나 위협적인 용어를 사용하는 대신, 상대방의 입장에 서서 상대방을 최대한 존중하면서 피드백할 때 지지적인 공감적 피드백이 될 수 있다.

상대방 빙산에 공감하기   공감을 위해서는 상대방에게 주의를 집중해야 한다. 나 자신의 불안, 걱정, 감정, 바라는 것을 잠시 내려놓고 모든 관심을 상대방의 빙산 경험에 초점을 맞추어야 한다. 공감은 나의 입장에서가 아니라 상대방 위치에서 상대방의 경험을 같이 느껴보려는 노력이다. 그러나 공감을 한다고 해서 반드시 상대방의 행동이나 말에 전적으로 동의하라는 것은 아니다. 상대방의 말이나 행동이 내 마음에 들지 않는다 하더라도, 그 사람이 왜 그런 반응을 했는지 그 사람의 입장에 있어 보는 것이다. 상대방 위치에서 상대방의 말을 듣게 되면 그 사람의 행동이 어떻게 보이든 그 사람 나름대로 주어진 환경에 적응하기 위해 노력하고 있다는 것을 알 수 있다. 더 나아가 그의 행동 이면에 있는 것들, 이를테면 위협을 느끼고 있거나, 공격하고 싶거나, 두려워하는 등의 심리적 배경을 알아차리는 데에도 도움이 된다. 그리고 상대방의 말과 행동을 촉발한 요인이 내게 있는 것은 아닌지 찾아보는 것도 도움이 된다. 만약 상대방이 나의 공감을 받아들이지 않더라도 그것 자체를 있는 그대로 수용해야 한다.

공감적 피드백을 할 때는 말하기 걸림돌을 사용하지 않으면서 되도록 차분한 어조로 천천히 말하는 것이 좋다. 그렇지 않으면 상대방 쪽에서 강요당하는 것처럼 느낄 수 있기 때문이다. 이때 상대방의 표정, 말 등의 메시지를 통해 내가 상대를 제대로 공감하였는지 확인한다. 혹은 "내가 당신이 경험하는 것을 제대로 이해했는지 궁금합니다"라고 확인할 수도 있다. 상대방의 빙산을 읽는다는 것은 마치 행간을 읽듯이 눈에 보이지 않는 상대의 내면을 파악하려고 하는 것이다.

> **작업** 상대방의 위치에서 상대방을 경험하기

1. 조용한 곳을 찾아 의자 두 개를 놓고 한쪽 의자에 앉는다. 현재 관계가 힘들거나 혹은 예전에 관계가 힘들었던 사람이 앞에 있는 의자에 앉아있다고 상상하고, 이제 그 사람에게 본인의 입장을 강하게 주장한다.

2. 잠시 후 상대방의 의자에 가서 앉는다. 이번에는 상대방 입장에서 강하게 의견을 주장한다.

3. 상대방 위치에서 강하게 의견을 주장할 때의 생각과 느낌을 경험해보시오. 역할 바꾸기 실습을 하기 전에 상대방에 대해 가졌던 마음과 역할 바꾸기를 하고 난 후의 마음이 어떻게 다른지 나누어보시오.

> **작업** 정확하게 듣고 그대로 말하기를 상대방의 빙산에 의거해서 연습해보기

1. 상대방의 말을 전체적으로 듣는다.

2. 길고 혼란스럽게 표현한 것을 정확하게 요약해본다.

3. 불분명한 부분에 대해 내가 들은 것이 맞는지 확인한다.

4. 잘 듣지 못한 것도 정확하게 들었는지 확인한다.

5. 내가 생각하기에 상대방의 말 중에서 가장 중요한 부분이 빙산의 어떤 부분인지 파악한다.

6. '정확하게 듣고 말하기'와 '상대방의 빙산에 의거해서 정확하게 듣고 그대로 말하기' 기법을 사용해서 말해보시오.

> **작업** 상대방 빙산을 확인하면서 공감하기

1. 유아기, 아동기, 청소년기에 발생한 사건 중에서 특히 기억에 남는 사건을 생각해보시오.

2. 두 사람을 A와 B로 나누고 A가 먼저 자신의 이야기를 해보시오. A의 이야기를 들은 B가 그 사건을 마치 자신이 경험한 것처럼 느껴보고, A에게 빙산 피드백을 해보시오.

3. A는 B가 정확히 공감해준 것인지 확인해보시오. 만약 B가 공감을 잘해주었다고 확인했다면, B는 A에게 이렇게 공감받아본 느낌이 어떠한지 물어보시오. 어느 시점에서 가장 공감을 받은 것 같다고 느꼈는지 물어보시오. A의 전체 빙산에 대해 어떻게 이해하였는지 확인해보시오.

4. 역할을 바꾸어 다시 해보시오.

> **작업** 상대방 빙산을 확인하면서 정확하게 듣고 말하기 연습

"나는 아무래도 남편과 이혼을 해야 할 것 같아 며칠 동안 심각하게 고민했어요."

1. 위의 말에 대해 마치 자신이 경험한 것처럼 느껴보고, 빙산 피드백을 적어보시오.

2. 자신이 쓴 글과 아래의 사례를 읽고 차이점을 찾아보시오.

"지금 당신은 남편과 이혼해야 하는 것은 아닌지에 대해 며칠 동안 심각하게 고민하셨다는 말씀이시군요."('정확하게 듣고 말하기')

"지금 남편과 이혼해야 할지 말아야 할지 아무리 심각하게 고민을 해도 결정 내리기가 힘들어 혼란스러우시다는 말씀이시군요."('정확하게 듣고 말하기'와 '상대방 빙산을 정확하게 듣고 그대로 말하기')

"지금 당신은 이혼까지 고려할 정도로 결혼생활에 대해 심각하게 고민하고 계시군요. 그러나 이혼을 결정한다는 것은 그리 간단한 것만은 아니어서 이혼으로 인해 발생할 수 있는 여러 가지 문제로 마음이 편치 않으셨던 것 같습니다. 결혼에 대한 실패감, 자신에 대한 실망감, 남편에 대한 여러 가지 감정, 가족에게 미안한 감정, 다른 사람들의 비판, 혼자 사는 동안 따르게 될 경제적 문제 등 다양한 어려움 때문에 많이 힘드신 것처럼 보입니다. 그래서 어떤 결정을 내려야 할지 혼란스러운 것은 아닌지요? 지금 경험하고 계시는 것을 제가 제대로 이해했나요?"

작업 상대방의 빙산에 공감하면서 듣기 연습

"저의 시어머니는 너무나 많은 것을 요구하세요. 첫애를 임신하고 내 몸 하나도 가눌 수 없을 때도 매주 시댁을 방문하면 시어머니와 시누이는 반찬거리만 사다놓은 채 손 하나 까딱 안 하고 앉아서 수다를 떨었고, 음식 준비는 전부 저 혼자 해야만 했습니다. … 남편마저도 제가 힘든 것은 안중에도 없어 보였습니다. 그들과 함께 웃고 떠드는 남편이 죽이고 싶을 정도로 미웠습니다."

1. 위의 말에 대해 각자가 생각하는 공감적 피드백을 적어보시오.

2. 자신이 쓴 글과 아래의 글을 읽고 차이점을 찾아보시오.

"당신은 시어머니가 당신이 감당하기에 힘들 만큼 많은 것을 요구하신다고 느끼시는군요."

"당신은 첫애 임신 중이라 몸이 힘들었어도 며느리로서 최선을 다하려고 주말마다 시댁을 방문하셨죠. 그런데 그런 당신을 같은 여자인 시어머니나 시누이가 이해하거나 도와주지 않고 오히려 함부로 대한다고 느끼신 것 같습니다.
무거운 몸으로 식사 준비를 혼자서 다 해야 하는 것도 힘들었지만, 시댁 식구들이 자기들끼리 웃고 떠들 때면 서럽고 야속하기까지 하셨을 것입니다. 그리고 '나도 친정에서는 귀하게 자란 자식인데 왜 나만 이렇게 일을 해야 하나? 내가 이 집에 일하러 온 일꾼인가?'라는 생각도 들 수 있고, 결혼하면 새댁이라고 귀여움을 받을 줄 알았는데, 그런 기대는 다 사라지고 오히려 일만 하는 자신이 무시당한다고 느껴져서 매우 초라하게 느끼셨다는 말씀 같습니다. 더군다나 나를 사랑한다는 남편마저도 나에게는 눈도 돌리지 않고 자기 식구들과 모여서 떠들고 있는 모습을 보고 있자니 저 사람이 내 남편인가 하는 생각이 들면서 설움, 미움, 소외감, 분노가 몰려와 남편을 죽이고 싶을 정도로 마음이 힘드셨던 것 같습니다. 제 말이 경험하신 것과 맞나요?"
(다시 말하기 + 명료화 + 빙산 공감적 피드백 기법이 모두 사용된 대화)

12장

사티어의 빙산의사소통

빙산의사소통 말하기 6단계
- *신체적 경험 자각하기*
- *감정(일차감정)과 감정에 대한 감정(이차감정) 자각하기*
- *부정적 감정 표현하기*
- *지각체계의 점검과 오류 확인하기*
- *기대와 열망, 그리고 자기(중심-나) 말하기*
- *빙산 전체 말하기*

빙산의사소통 말하기 6단계

지금까지 인간의 내면, 자존감 형성 과정, 의사소통에 필요한 다양한 정보들을 다루었다. 그러나 일치적 의사소통을 위해서는 이런 정보들을 실제 의사소통에 적용하려는 노력이 필요하다. 이 장에서는 배운 것을 실제 적용할 수 있는 작업 과제들을 첨부하였다. 여기에서 제시하는 연습문제는 물론, 일상적인 인간관계에서도 배운 것을 의식적으로 적용하기 바란다.

이제 의사소통 단계를 상세하게 나누어서 설명하고자 한다. 물론 우리가 의사소통하면서 항상 6단계를 거쳐서 말하지는 못하겠지만 이 단계를 염두에 두고 이 장 뒷부분의 연습문제를 하다 보면 내면에 대한 자각, 경계선에 대한 감각, 또 자존감에 관한 경험을 하게 될 것이다. 이렇게 의사소통하려고 노력하다 보면 저절로 일치적으로 말하는 자신을 발견하게 될 것이다.

1단계: 신체적 경험 자각하기   우리는 감각기관을 통해서 일차적으로 외부 정보를 입수한다. 입수한 외부 정보를 해석하고, 각 기관에 반응하라는 메시지를 보내는 것은 뇌가 하는 역할이다. 신체나 뇌의 기능이 마비되면 외부 정보를 받아들이는 1단계부터 문제가 발생한다. 따라서 외부에 관한 정보를 입수하기 위해서는 감각기관을 돌보고 신체적 메시지에 귀 기울여야 한다. 예를 들자면, 명치 부분에서 뭔가 꿈틀거리거나 매우 답답한 느낌, 혹은 몸 전체가 뭔지 모르게 불편한 경우, 갑자기 땀이 많이 나는 경우, 공황장애 등의 증상을 느낄 때는 지금 이 상황이 나에게 적절하지 않다는 신체가 보내는 메시지다. 이때에는 모든 것을 멈추고 신체가 보내는 메시지에 귀를 기울여야 한다.

2단계: 감정(일차감정)과 감정에 대한 감정(이차감정) 자각하기   인간이 태어나면서 처음 경험하는 것이 신체적 자각이고, 여기에 반응하는 경험이 감정, 즉 느낌이다. 감정은 나의 생존을 돕기 위한 보호기관이다. 두렵다, 무섭다, 불안하다, 안전하다 등의 감정을 느낄 수 있어야 상황에 적절하게 대처할 수 있기 때문이다. 점차 지각이 발달하면서 감정에 대한 감정을 느끼게 된다. 일차감정은 상황에 부닥쳤을 때 느끼는 감정이고, 이렇게 느끼는 감정에 대한 감정이 이차감정이다. 사람은 어떤 상황에서 일차감정만 느낄 수도 있고 일차 및 이차감정을 함께 느낄 수도 있다. 예를 들면, 아이가 어머니한테 화를 낸 다음에 어머니한테 화를 낸 것에 대해 죄책감 혹은 수치심을 느꼈다면 이 감정이 이차감정이다. 이차감정에는 자기에 대한 비판이 포함되어있어서 자존감에 더 손상을 입힐 수 있다.

작업 감정 자각하기 1

1. 조용한 장소를 찾아 편안한 자세를 취한 다음, 눈을 감고 몸을 이완시킨다. 마음이 편안하게 가라앉을 때까지 호흡에 초점을 맞추고, 숨을 깊게 들이마시고 내쉰다. 몸과 마음이 점점 더 편안해짐을 느낀다. 그리고 이러한 감정을 느꼈던 경험을 천천히 떠올린다.

2. 감정을 느끼는 동안 신체의 어느 부분이 반응하는지 살펴본다. 자신이 경험하고 있는 감정이 전체적으로 좋은 느낌인지 또는 싫은 느낌인지 알아차린 후, 그 느낌이 신체의 어느 부분에서 느껴지는지 찾아본다. 가슴, 목, 어깨와 등, 위장, 손, 눈, 머리 그리고 그 감정과 가장 연관된 신체 부위에 의식을 집중한다. 신체적으로 경험하는 감정을 이미지, 모양, 색깔 등으로 상상한다.

3. 감정이 자신에게 전달하려는 메시지를 찾아본다. 당신의 감정이 스스로 말을 한다고 상상해본다. 당신의 생각으로 감정을 판단하지 말고, 그 감정으로부터 단어들이 저절로 나올 수 있도록 허락한다. 이 과정을 통해 평소에 명확하게 의미를 알 수 없었던 감정들도 새롭게 이해할 수 있을 것이다. 이미지를 떠올렸다면, 그 이미지의 메시지를 탐색한다.

4. 그 감정이 이 순간 처음 느끼는 감정인지, 아니면 전에도 비슷한 감정을 느껴본 적이 있는지 확인한다. 이와 같은 감정을 전에도 느껴본 적이 있다면, 그때의 장면을 떠올려본다. 누구와 함께 있었을 때인가? 그때 무슨 일이 일어났는가? 그 당시에 감정을 제대로 표현하였는가? 아니면 표현하지 못한 채 그냥 눌러놓거나 무시해버렸는가? 이 감정이 정말 충족시키고자 하는 것은 무엇인가?

5. 아래의 감정을 느낄 때 지금의 나라면 어떤 방식으로 이 말에서 묻어나는 감정을 표현할 것인지 상상해본다. 아래는 예들이다.

"엄마, 나를 두고 가지 마. 무서워."
"꼭 안아줘."
"아버지, 엄마 때리지 마세요. 아버지가 너무나 미워요."
"너무 외롭다. 모두 떠나고 나 홀로 남아있다."
"아, 누군가가 내 옆에 있어줬으면."
"심심하다. 친구와 놀았으면."
"울고 싶다. 그러나 울어서는 안 된다."
"화가 난다. 너무 화가 나서 다 부숴버리고 싶다."
"악, 하고 소리 지르고 싶다."

이것들은 대부분 기대나 열망이 충족되지 못한 경우에 느끼는 감정이다. 누군가를 안아주고 싶다면 사랑의 감정을 느끼는 것이고, 누군가를 때리거나 욕해주고 싶다면 분노나 좌절의 감정을 느끼는 것이다. 또 울거나, 숨거나, 외면하고 싶다면 슬픔이나 우울한 느낌, 거부당할까 봐 두려운 느낌, 또는 불안감이 함께 있을 것이다.

6. 감정에 이름을 붙여서 말로 표현한다. 위에서 경험한 감정에 정확한 이름을 붙이기 위해서는 다양한 감정의 단어를 사용할 수 있어야 한다. 또한 겉보기에는 하나의 감정인 것 같아도 사실 여러 감정의 결합으로 이루어진 감정일 수도 있다. 이렇게 자신이 경험하고 있는 것이 어떤 감정인지를 분명하게 알게 되면 이제는 그 감정을 해결하면 된다. 물론 그렇다고 문제가 다 해결되는 것은 아니지만 내 마음의 상태를 알고, 감정에 이름을 붙이기만 해도 머리가 맑아지는 것을 경험할 것이다.

7. 감정을 표현한다. 이제 위에서 경험한 감정을 그대로 표현한다. 만일 어떤 사람과의 관계에서 경험하는 감정이라면 앞에 그 사람이 있다고 상상하고 마음이나 원하는 것을 표현해본다. 그리고 앞에 있는 사람의 대답을 상상해본다. 다시 감정을 확인한다. 의외로

많은 사람이 감정을 표현하면 재앙이 떨어진 것 같은 두려움을 느낀다. 그러나 이 작업 중에는 아무리 큰 소리로 감정을 표현해도 어떤 일도 벌어지지 않는다. 감정을 표현한 다음에는 자신을 감싸주는 작업을 한다.

8. 이제 눈을 뜨고 몸을 쭉 뻗는다. 이 연습이 기대만큼 잘 이루어지지 않았다 해도 자신을 비판하는 일은 없도록 한다. 단지 연습이 필요한 것이기 때문에 다시 연습하기 바란다.

작업 | 감정 자각하기 2

아래의 글을 읽은 후, 불편했던 상황을 떠올리고 그때 느꼈던 감정들을 적어보시오.

"나는 시댁 식구들과 함께 시아버지 생신 잔치에 필요한 음식을 준비하고 있었다. 시어머니와 두 시누이는 음식을 준비하면서 어릴 적에 만들어 먹던 음식에 대해 이런저런 이야기를 하며 연신 웃어댔다. 그 음식들이 얼마나 맛있었는지, 시누이들이 시집도 가지 않은 처녀였는데도 음식을 얼마나 잘 만들었는지, 시어머니의 음식 솜씨가 얼마나 훌륭했는지, 게다가 그 당시에 시댁이 얼마나 잘살았는지…. 쉴 새 없이 재미있게 이야기하는 그들 틈에서 나는 할 말이 없어 조용히 음식만 만들었다. 혼자 그렇게 가만히 있자니 묘한 기분이 들었다. 그러나 그 기분이 구체적으로 어떤 느낌인지 분명하게 파악할 수가 없었다."

"집에 돌아와서 가만히 그 기분을 다시 느껴보았다. 그 기분이 명확하게 어떤 느낌이었는지 찾아내고 싶었다. 별로 좋은 느낌은 아니었다. 갑자기 가슴이 답답해지면서 윗부분에 주먹만 한 것이 묵직하게 느껴졌다. 울퉁불퉁한 것이 시꺼멓게 보였다. 슬픔, 부당함 같은 단어가 떠올랐다. 그 감정을 행동으로 표현하자면, 쭈그리고 앉아서 울고 있는 모습 같은 것이었다. 이런 감정을 나는 언제 느꼈던 걸까?"

"어린 시절, 셋째 딸인 나는 엄마가 언니들과 음식을 장만할 때 거기에 당당하게 낄 수가 없었다. 음식 만드는 모습이 신기해서 어떻게든 끼어들어 하나라도 만들려고 하면, 엄마는 제대로 만들지도 못하면서 재료만 망쳐놓는다고 호통을 치곤 하셨다. 우리 집은 가난했기 때문에 나는 재료를 망쳐버린 것에 대해 큰 죄책감을 느꼈다. 내가 정말 바보라고 생각되어 슬프고 비참했고, 소외당했다는 느낌 때문에 외롭고 우울하고 화가 났다. 그럴 때마다 나는 혼자 울곤 했다. 시댁에서 내가 느꼈던 감정이 바로 그 감정이었다. 나는 시댁 식구들과의 대화에 낄 수 없었고, 나를 배려하지 않는 그들에게 바로 친정어머니와 언니들로부터 경험한 것과 같은 감정을 느꼈다."

1. 내가 불편하게 느꼈던 상황을 떠올리시오.

2. 그때 느꼈던 감정을 표현해보시오.

3단계: 부정적 감정 표현하기 위의 작업을 통해 감정을 자각한 다음에는 그 감정을 정확하게 표현할 수 있어야 한다. 특히 부정적 감정을 표현하기가 어려우므로 부정적 감정을 표현하는 방법을 알아보자.

[부정적] 감정이 발생한 사건이나 상황에 대한 객관적 서술 상대방의 말이나 행동에 대해 부정적 감정을 느낄 때 상대방을 비난하기 쉽다. 그러나 비난을 받으면 상대방도 비일치적인 대처방식으로 반응한다. 따라서 상대방을 덜 방어적으로 되게 하려면 감정을 배제한 채 상황을 있는 그대로 서술해야 한다. 또 갈등 상황을 서술할 때는 단어를 조심스럽게 선택하여 직접적인 비난 없이 객관적으로 잘 표현해야 한다.

[부정적] 감정을 느끼게 된 상황이나 사건에 대한 의미 부여 및 해석   어떤 상황에 부딪히면 순간적으로 그 상황에 의미를 부여하게 되고, 뒤이어 그 의미 때문에 어떤 감정이 발생한다. 그러나 우리가 부여한 의미는 곧 배경으로 물러가고, 단지 감정만 강하게 드러난다. 앞에서도 설명했듯이 대부분의 사람은 부정적 감정을 좀처럼 드러내려 하지 않기 때문에, 자신이 느끼는 부정적 감정이 무엇인지 파악하고 그것을 가장 적합한 감정 언어로 표현하는 것이 필요하다. 우리가 선택한 감정 언어도 상황과 사람에 따라 다양한 내용을 내포할 수 있으므로, 그 감정의 동의어를 추가하면 감정을 좀 더 명확하게 표현하는 데 도움이 된다.

[부정적] 감정을 느꼈던 구체적 시점 또는 그 감정을 얼마나 오랫동안 가지고 있었는지에 대한 설명   감정을 느낀 기간을 함께 표현하면 그 감정 때문에 얼마나 힘들었는지를 좀 더 명확하게 표현할 수 있다. 따라서 '평생', '지난주 이후로', '아침에 일어나서부터 지금까지'와 같은 표현을 사용하여 자신의 감정이 언제부터 시작되어 얼마나 오랫동안 지속하였는지 표현한다.

[부정적] 감정의 강도 표현   부사나 형용사를 사용하여 감정의 강도까지도 정확하게 표현한다. 또는 감정의 강도를 부연 설명할 수 있는 적절한 비유를 들어도 좋다. '거지가 동냥하듯 비굴한', '지붕을 뚫을 것 같은 분노', '밤하늘에 홀로 반짝이는 별처럼 외로운', '바위가 짓누르는 것 같은 답답함' 등이 그러한 사례가 될 수 있다. 그러나 지나친 강조는 오히려 상대방을 당황하게 할 수 있다.

[부정적] 감정에 대한 감정(이차감정) 기술   상황에 대해 의미부여를 한 결과로 어떤 감정이 발생하는 것 외에도 발생한 그 감정 자체에 관한 판단으로 또 다른 감정인 이차감정이 발생한다. 특히 가족규칙을 엄격하게 지킬 것을 요구하는 가족 안에서 성장한 사람일수록 감정에 대한 감정이 더 강력하게 발생한다.

예를 들어, 직장 상사로부터 지적을 당했다고 하자. 그때 순간적으로 '이런 질책은 나를 무시하는 부당한 처사다'라는 의미를 부여하면 분노와 억울한 감정이 생긴다. 그런데 그 순간 갑자기 '윗사람한테 화를 내서는 안 된다'는 가족규칙이 떠올라 자신이 느낀 감정을 판단하게 되면 곧바로 죄책감을 느끼게 된다. 이 과정은 순간적이기 때문에 분간하기 어려울 수도 있다. 그러나 둘을 분리하는 작업은 중요하다. 이차감정은 자기 (중심-나)에 관해 판단이 개입되기 때문에 자존감이 낮을수록 더 강하게 느낄 수 있다.

[부정적] 그 감정과 유사한 감정을 느꼈던 과거의 경험을 진술   지금 느끼는 감정과 유사한 감정을 전에도 느낀 적이 있다면 그것을 연관시키는 것이 때로 도움이 된다. "아버지가 우리를 두고 떠났을 때 이런 감정을 느꼈어요", "어머니가 병원에 계셨을 때의 감정과 똑같아요", "네 살 때 나만 외갓집에 남겨두고 모든 식구가 떠났을 때, 그때 몹시 두렵고 외롭고 슬펐어요. 지금 바로 그런 느낌이 들어요"라고 이야기하는 것이다. 이렇게 표현하면 상대방이 공감할 수 있는 여지를 제공한다.

작업 부정적 감정 자각하기

1. 아직도 부정적인 감정을 느끼고 있는 사건을 하나 떠올려보시오. 그 상황에서 경험하는 것을 지금 이 순간 느껴보시오. 그리고 그 시점의 감정을 아래의 감정 자각하기 작업의 순서에 따라 경험해보시오.

2. 일주일 동안 주위 사람들과 만날 때마다 당신이 느끼는 감정을 자각하고 그 감정을 기록해보시오. 부부관계에 초점을 맞추고자 할 때는 배우자와의 관계에서 느끼는 감정을 적어보시오. (이 연습은 순간순간의 감정을 놓치지 않고 확인하기 위한 것이다.)

작업 감정표현을 제한하는 의사소통 규칙 찾기

1. 내가 성장할 때 우리 가족은 내 감정을 어떻게 다루었는가?

2. 어떤 감정은 이야기할 수 있었고, 어떤 감정은 모르는 척해야 했는가?

3. 가족 구성원들이 감정을 표현할 때 나는 그것을 어떻게 받아들였는가?

4. 나는 어떤 감정을 잘 알아차리는가? 또한 나의 감정을 있는 그대로 인정하고 표현하는가?

5. 나는 누구와 감정을 나눌 수 있었는가? 또는 어떤 사람과 감정을 나누기가 힘들었는가?

작업 특정한 상황에서 감정을 정확하게 말하기

가족 구성원과 일정한 시간을 정해놓고 자신들의 쌓인 감정을 표현하는 것도 매우 유용하다. 이 작업은 어느 한 사람이 감정을 표현하면서 시작할 수 있다. 이 과정에 친숙해지면 누구든지 돌아가면서 시작할 수 있다. 이때 기억해야 할 점은, 말하는 사람이 누구든지 또 그들이 무엇을 말하든지 간에 그것이 모두 가치가 있다고 여겨야 한다는 것이다. 이때 부정적 감정보다 긍정적 감정을 우선 표현하는 것이 바람직하다.

부정적 감정이 발생한 상황을 설명하고, 그 상황에서 느낀 감정을 아래의 예와 같이 순서대로 정리해보시오.

- 예: 남편이 비행기 예약을 하는 것을 잊어버려서 여름휴가를 갈 수 없게 되었다는 사실을 알려주었을 때 [상황에 대한 객관적 서술]

나는 그 말을 듣는 순간부터 지금까지 [부정적 감정의 발생 시간과 지속기간 설명]
가슴이 답답해서 미치는 줄 알았어요. [부정적 감정의 강도 표현]
비행기 표를 사는 것을 잊었다는 것은 당신이 나를 무시하고 사랑하지 않는 것 같아서 화가 치밀어 오르고 정말 실망이 컸어요. [부정적 감정의 적절한 정의]
그리고 이 상황에 이렇게 심한 분노를 느끼는 나 자신에게 또 화가 났어요. [자기와 관련된 감정 기술]
다음 일요일에 놀이공원에 간다고 한 약속을 부모님이 까맣게 잊어버리고 "다음에 가면 돼. 뭐가 문젠데?"라고 말씀하신 적이 있는데, 놀이공원 못 가는 것도 화가 났지만 나하고 한 약속을 깨고서도 아무렇지도 않다는 듯이 말하는 부모에게 '사람이 어떻게 저럴 수가 있어!'라는 생각과 나를 전혀 배려하지 않는 태도에 자존심이 확 상해버렸어요. 나는 지금 당신이 비행기 표 사는 것을 깜빡 잊었다고 했을 때 마치 그때와 똑같은 감정을 느껴요. [유사한 감정을 일으킨 과거의 경험 진술]

작업 부정적 감정을 정확하게 말하기

[상황에 대한 객관적 서술]

[부정적 감정의 발생 시간과 지속기간 설명]

[부정적 감정의 강도 표현]

[부정적 감정의 적절한 정의]

[자기와 관련된 감정 기술]

[유사한 감정을 일으킨 과거의 경험 진술]

자료 감정 언어 모음

자신의 감정을 적절하게 표현하기 위해서는 감정과 관련된 어휘를 많이 알고 정확한 감정을 표현해야 하며, 그래야 명확한 의사소통이 가능하다. 평소에 어떤 감정을 느낄 때마다 그 느낌에 알맞은 단어를 찾아내어 목록을 만들어간다면, 훨씬 감정을 자세하게 표현할 수 있게 될 것이다.

아래 단어들은 워크숍 참여자들과 함께 모은 형용사다.

행복함, 즐거움, 사랑을 표현하는 형용사
기쁜 / 벅찬 / 포근한 / 흐뭇한 / 상쾌한 / 짜릿한 / 시원한 / 반가운
후련한 / 아늑한 / 평온한 / 활발한 / 온화한 / 안전한 / 느긋한 / 괜찮은
살박한 / 정다운 / 그리운 / 화사한 / 흡족한 / 황홀한 / 상냥한 / 편안한
야릇한 / 끝내주는 / 감미로운 / 멋진 / 살가운 / 상큼한 / 가득한 / 고마운
들뜬 / 정겨운 / 순한 / 행복한 / 즐거운 / 충족한 / 친근한 / 쾌활한
푸근한 / 유쾌한 / 훌륭한 / 활기찬 / 따뜻한 / 통쾌한 / 기대하는 / 가슴이 벅찬
흡족한 / 명랑한 / 감탄스러운 / 신뢰하는 / 안정된 / 좋아하는 / 자유로운
영광스러운 / 더없이 행복한 / 기뻐하는 / 사랑스러운 / 환희에 찬 / 따사로운
평화로운 / 살맛 나는 / 흥분되는 / 열중하는 / 흥미 있는 / 희망에 찬 / 감동하는
만족스러운 / 신바람 나는 / 감사하는 / 생기 있는 / 근심 없는 / 감격스러운
영감을 느끼는 / 득의양양한 / 낙관적인 / 마음이 열리는 / 마음이 놓이는
기뻐 날뛰는 / 기쁨에 넘치는 / 날아갈 듯한 / 낙천적인 / 희열을 느끼는

슬픔, 회한, 좌절을 표현하는 형용사
뭉클한 / 눈물겨운 / 서운한 / 처량한 / 울적한 / 위축되는 / 허탈한 / 애끓는
애처로운 / 외로운 / 후회되는 / 쓸쓸한 / 주눅 드는 / 공허한 / 허전한
뭔가 잃은 듯한 / 적적한 / 낙심되는 / 우울한 / 참담한 / 맥 빠지는
마음이 무거운 / 애석한 / 비참한 / 풀이 죽은 / 암담한 / 무기력한 / 죽고 싶은
막막한 / 서글픈 / 안타까운 / 절망적인 / 자포자기의 / 거북한 / 애틋한 / 침울한

짓눌리는 듯한 / 울고 싶은 / 쓰라린 / 애잔한 / 처절한 / 절절한 / 아린 / 북받치는
고독한 / 괴로운 / 기죽는 / 낙담하는 / 녹초가 된 듯한 / 상처받은 / 실망하는
슬픈 / 불행한 / 음울한 / 의기소침한 / 좌절하는 / 지친 / 허무한 / 가라앉는 듯한
한스러운

분노, 미움, 싫음을 표현하는 형용사
얄미운 / 열 받는 / 지겨운 / 못마땅한 / 권태로운 / 불만스러운 / 불쾌한 / 불편한
질투하는 / 피하고 싶은 / 찜찜한 / 떨떠름한 / 넌더리 나는 / 언짢은 / 지루한
쓸쓸한 / 괘씸한 / 성질나는 / 약 오르는 / 쌀쌀한 / 역겨운 / 메스꺼운 / 속상한
원망스러운 / 하찮은 / 더러운 / 진저리 나는 / 귀찮은 / 부담스러운 / 짜증스러운
신경질 나는 / 핏대서는 / 끔찍한 / 기분 나쁜 / 따분한 / 세상이 싫은 / 분한
심술 나는 / 혐오스러운 / 보기 싫은 / 지긋지긋한 / 치가 떨리는 / 화나는
샘나는 / 언짢은 / 섭섭한 / 성가신 / 불편한 / 경멸하는 / 시시한 / 신경 쓰이는
질리는 / 정떨어지는 / 격노하는 / 격분되는 / 격앙되는 / 골치 아픈 / 냉담한
냉정한 / 마음 상하는 / 분개하는 / 이 갈리는 / 미칠 듯한 / 끓어오르는 듯한

고통, 두려움, 불안, 놀라움을 표현하는 형용사
초조한 / 무서운 / 긴장되는 / 어이없는 / 억울한 / 당황스러운 / 조급한 / 참담한
두려운 / 불쌍한 / 어리둥절한 / 가혹한 / 난처한 / 섬뜩한 / 위태위태한
조마조마한 / 답답한 / 참을 수 없는 / 겁나는 / 걱정스러운 / 떨리는 / 충격적인
놀라운 / 살벌한 / 조바심 나는 / 전전긍긍하는 / 정신이 번쩍 드는 / 멍한
기가 막힌 / 죽을 것 같은 / 큰일 날 것 같은 / 무시무시한 / 캄캄한 / 안절부절못하는
놀라는 / 공포에 떠는 / 깜짝 놀라는 / 고통스러운 / 뒤숭숭한 / 불안한
마음이 안 놓이는 / 겁에 질리는 / 고민스러운 / 안달 나는 / 어쩔 줄 모르는
심란한 / 우려되는 / 주저되는 / 오싹한 / 숨이 멎는 듯한 / 가슴이 조여오는 듯한
찢어지는 듯한 / 안쓰러운 / 혐오스러운

신체 부위로 표현하는 형용사
목메는 / 가슴 아픈 / 가슴이 아린 / 가슴이 시린 / 가슴이 저미는
가슴이 미어지는 / 몸서리쳐지는 / 피가 끓는 / 쓰러질 것 같은 / 두근두근하는
구역질 나는 / 진땀 나는 / 속이 빈 듯한 / 넋 잃은 / 손에 땀을 쥐는 / 배가 아픈
머리 아픈 / 스멀스멀한 / 찌릿찌릿한 / 애간장 타는 / 소름 끼치는 / 쑤시는
터질 것 같은 / 쓰라린 / 숨 막히는 / 전율을 느끼는 / 몸 둘 바를 모르는
얼굴이 화끈거리는 / 머리칼이 곤두서는 / 다리가 후들거리는 / 간담이 서늘한
속이 부글부글 끓는 / 간이 콩알만 해지는 / 오줌이 마려운 것 같은 / 코끝이 찡한
뼈를 깎는 듯한 / 숨이 멎을 듯한 / 가슴이 조여오는 / 오금이 저린 / 숨 가쁜
골수에 사무친 / 오장육부가 뒤틀리는 / 짓눌리는 / 벌레가 기어 다니는 듯한
졸린 것 같은 / 눈앞이 캄캄한

힘과 관련된 느낌을 표현하는 형용사
활기찬 / 힘찬 / 생생한 / 의기양양한 / 든든한 / 격렬한 / 열렬한 / 당당한
팔팔한 / 엄청난 / 자신만만한 / 싱싱한 / 튼튼한 / 듬직한 / 강렬한 / 충만한
무기력한 / 기죽은 / 넋 나간 / 패기만만한 / 왜소한 / 미약한 / 미세한 / 야생마 같은
맥 빠지는 / 저돌적인 / 열광하는 / 열정적인 / 용기가 나는 / 자신에 찬 / 풀이 죽은
힘겨운 / 기운 없는 / 기운 잃은 / 맥 풀리는 / 고무되는 / 약동하는

부끄러움, 죄책감, 의심을 표현하는 형용사
부끄러운 / 쑥스러운 / 수줍은 / 멋쩍은 / 민망한 / 가라앉는 듯한 / 겸연쩍은
어색한 / 미안한 / 애매한 / 야릇한 / 뻔뻔스러운 / 어중간한 / 미심쩍은 / 서툰
뭔가 아닌 듯한 / 놀림당하는 / 자책하는 / 창피한 / 죄스러운 / 안심이 안 되는
벌거벗은 / 수치스러운 / 영문 모를 / 캄캄한 / 무거운 / 쪽팔리는 / 아리송한
묘한 / 머쓱한 / 몸 둘 바를 모르는 / 이상한 / 의심나는 / 회의적인 / 경계하는
걱정스러운 / 쥐구멍에라도 들어가고 싶은

소외감이나 기타 느낌을 표현하는 형용사

그저 그런 / 피곤한 / 뭔가 저지르고 싶은 / 마음을 닫고 싶은 / 밥맛 떨어지는
무감각한 / 뒷전에 물러난 듯한 / 중간에 끼인 듯한 / 개 같은 / 버려진 / 궁지에 빠진
따돌림당한 듯한 / 마음이 급한 / 녹초가 된 / 덫에 걸린 / 뭐가 뭔지 알 수 없는
들뜬 / 무관심한 / 주체할 수 없는 / 양다리 걸친 것 같은 / 뒤틀린 것 같은 / 쉬고 싶은
벼랑에 선 듯한 / 정리가 안 된 듯한 / 퇴짜 맞은 / 기대고 싶은 / 나태한 / 걷어차인
혼란스러운 / 잊힌 / 얽매인 / 맞닥뜨린 듯한 / 내동댕이쳐진 / 애매한
물먹은 솜처럼 / 긴장이 풀리는 / 정신이 바짝 드는 / 호기심 나는 / 민감한
궁금한 / 무딘 / 미지근한 / 열망하는 / 초연한 / 탐나는 / 피로한 / 갑갑한
곤란한 / 마음이 내키지 않는 / 무관심한 / 차분한 / 침착한

4단계: 지각체계의 점검과 오류 확인하기 지각체계는 개인과 사회 환경으로부터 형성된 생각思考의 합이다. 따라서 지각체계에는 개인과 사회의 보편적 가치관과 더불어 개인의 주관적 믿음, 주관적 해석, 주관적 신념이 들어있다. 지각오류도 걸림돌이 되지만, 자기의 것이 바르다고 믿는 강도, 타인의 입장에 설 수 있는 공감능력 등에 따라 관계에 부정적 영향을 미칠 수 있다. 이러한 자동적 지각의 오류들을 살펴보자.

부정적 선택 지각오류 상대방의 행동이나 말 중에서 부적절하다고 판단되는 부분만 확대해서 초점을 맞춘다. 이것은 일종의 선택적 집중으로, 상대방의 약점에 거의 강박적으로 관심을 기울이는 방식이다.

부정적 추측 지각오류 상대방의 감정이나 동기를 자기 마음대로 추측해서 판단하려는 경향을 말한다. 정확한 객관적 증거도 없으면서 상대방의 동기에 대해 부정적으로 확신하고 상대방의 모든 것을 비판한다.

부정적 해석 확대 지각오류 상대방의 모든 것을 부정적으로 해석하고, 그 해석을 확대하고 마치 그 해석대로 결과가 발생할 것이라 확신하면서 부정적인 가능성에 초점을 맞춘다. '끔찍한', '엉망진창인', '믿을 수 없는' 같은 단어를 사용하거나 '항상', '언제나', '늘', '매일', '절대로', '모두가', '아무도'와 같이 지나치게 일반화하는 단어를 자주 사용하는 사람은 확대 지각오류에 빠질 가능성이 크다.

존재 비판 지각오류 자존감이 낮은 사람은 사람과 행동을 하나로 묶어서 비난한다. 상대방의 행동에 대해서만 비판하는 것이 아니라, 그 사람의 존재 자체에 부정적인 이름표를 붙이는 것이다. 위의 오류들과 같이 사용하면서 상대방의 인격을 총체적으로 비판한다.

자기 의인 지각오류 현실을 흑과 백의 이분법적으로 나눈다. 상대방의 행동은 나쁘거나 좋거나 옳거나 그르거나 둘 중의 하나다. 여기에서 좋다는 것은 본인의 기대에 맞는다는 뜻이고, 나쁘다는 것은 그렇지 않다는 것을 의미하는 매우 주관적인 판단이다. 상대방이 나에게 관대하면 옳다고 느끼고, 상대방이 내가 원하는 것을 해주지 않으면 나쁘다고 느낀다.

현실 지각오류 사소한 하나의 사건을 보고 논리적으로 비약해서 생각하는 것이다. '요즈음 남편이 직장에서 늦는 걸 보니 다른 여자가 생긴 모양이야'라든지, '이렇게 심하게 싸웠으니 이제 헤어지게 될 거야'라고 생각하는 것이 이 오류에 해당한다.

통제 착각 지각오류 자신의 삶이 행복하거나 불행한 것이 상대방에게 달려있다고 믿는 사람은 자신의 마음에 들 때까지 상대방을 통제하려고 한다. 반대로 자신이 상대방의 감정이나 욕구, 행복을 채워주어서 상대방을 행복하게 할 수 있다고 믿는 것도 통제 착각이다. 만약 이런 두 사람이 만나게 되면 한 사람은 다른 한 사람을 비난하면서 통제하고, 다른 한 사람은 상대방을 회유하면서 통제한다.

책임 전가 지각오류 다른 누군가의 잘못 때문에 자신이 고통을 겪고 있다는 것을 믿는다. 이런 사람은 어떤 상황이나 사건에 대해서 아무런 책임을 지지 않으려 한다. 예를 들어, "우리 사이가 멀어진 것에 대해서는 나도 어떻게 할 수가 없어. 그는 목석같은 사람이야"라고 말하는 것은 두 사람의 관계가 멀어진 것이 전적으로 상대방의 정서적 결함 때문이라며 관계파탄의 책임을 상대방에게 전가하는 것이다. 따라서 자기에게 상처를 준 사람이 마땅히 처벌을 받아야 한다고 주장한다. 심하면 상대방을 자기의 뜻대로 행동하게 만들기 위해서 화를 내거나 정서적인 폭력을 가해도 자기가 정당하다고 믿는다.

자기 비하 지각오류 모든 결과에 대한 책임이 자기에게 있다고 믿고 그 결과에 대해 자기를 판단한다. 이들은 모든 일의 중심에 자기가 있다고 믿기 때문에, 좋은 일뿐만 아니라 좋지 않은 일도 자기 잘못이라고 여긴다. 이런 사람은 '내가 부족하다', '게으르다', '머리가 나쁘다', '무능하다' 등의 온갖 이유를 대면서 자기를 비난한다. 더 나아가서 실질적으로 자신이 어떻게 할 수 없었던 일들까지도 자기 잘못이라고 여긴다.

자기중심 지각오류 모든 사건이 자신과 연관되어있다고 믿는 사람이다. 이런 사람들은 자기 뜻대로 되지 않는다는 사실을 경험할 때마다 무력감을 느낄 수밖에 없다. 전철에서 사람들이 자기를 쳐다보는 것 같다고 생각하는 경우를 보자. 이 경우, 자기를 쳐다보는 모든 사람에게 자신을 못 쳐다보게 할 수 없으므로 무력감에 빠질 수밖에 없다.

작업 지각체계 탐색하기

지각체계를 점검하고 왜곡된 신념을 바로잡기 위해서 먼저 해야 할 일은 우리 내면의 소리에 귀를 기울이는 것이다. 어떤 상황을 이해하고자 할 때 생각의 흐름을 자각하는 훈련을 위해 내면의 생각에 대해 일기를 써보는 것도 도움이 된다. 특히 당연하게 여기는 자동적 사고를 탐색하면 의외로 자기 생각의 오류를 발견할 수 있다.

1. 일주일 동안 감정적인 반응이 일어날 때 자동으로 떠오르는 내면적 사고들을 기록해보시오. 화가 나거나, 슬프거나, 불안하거나, 죄책감이 들거나, 다른 사람과의 관계에서 속이 상하거나, 어떤 감정이 들 때마다 자동적 사고를 기록해보시오.

2. 내면적 사고를 기록할 때는 상황, 사고, 감정의 세 부분으로 나누어 기록해보시오. 일주일 정도 기록한 다음에 자주 나타나는 생각의 주관성과 비합리성을 찾아보시오.

3. 위에서 통찰한 것을 주위의 가까운 사람들에게 확인해보시오.

작업 지각체계 변화시키기

1. 지난 일주일 동안 다른 사람과의 관계에서 경험한 마음에 많이 남아있는 일이 있다면, 그것을 떠올려보고 상황을 설명해보시오.

2. 상대방의 행동을 다른 방식으로 이해하기 위해서 다음의 요소들을 고려해보시오.

- 상대방은 어떤 생각, 가치관, 믿음 등을 가지고 있었을까?

- 그런 행동을 하게 만든 상대방의 감정은 무엇이었을까?

- 상대방은 그런 행동을 통해서 어떤 기대를 채우려고 했을까?

- 상대방의 성장 배경은 어떠했는가?

- 상대방은 어떤 자원을 가졌고, 어떤 자원이 부족한가?

- 상대방이 다르게 행동할 수도 있는 선택 가능한 대안이 있었을까?

3. 이러한 여러 요소를 고려한 후 상대방의 지각체계를 다시 이해했을 때, 단순히 내가 가지고 있던 상대방에 대한 과거의 지각체계와 무엇이 다른지 설명해보시오.

5단계: 기대와 열망, 그리고 자기(중심-나) 말하기   인간에게는 기본적인 열망이 있다. 인간은 태어나면서부터 사랑, 수용, 소속, 존재감, 자유, 즐거움, 창조성, 친밀성, 의미, 힘(능력) 등을 채우고자 하는 열망이 있다. 또 인정받고 싶고, 승인받고 싶고, 공평하게 대우받고 싶은 열망 등도 지니고 있다. 그러나 사람의 특성에 따라 어떤 열망을 더 채우고 싶은지는 다를 수 있다.

기대는 우리의 열망을 충족시키는 구체적인 방법이다. 나에 대한 기대, 다른 사람들에 대한 기대, 미래에 대한 기대, 삶에 대한 기대가 없다면 우리는 죽은 사람과 같을 것이다. 기대가 많은 것이 문제라기보다 어린 시절부터 배워 온 비효율적인 방식으로 그 기대를 충족시키려는 것이 문제다.

사람은 자기의 기대를 모두 충족시키면서 살 수 없다. 인간관계에서 서로의 기대가 다를 때 타협을 통해서 가장 좋은 타협점을 찾을 수 있어야만 한다. 그렇게 하려면 무엇보다 각자의 기대를 구체적이고 분명하게 상대방에게 알리는 것이 중요하다. 상대방이 알 것으로 추측해서 대충 이야기하거나, 생략하거나, 추상적으로 표현한다면 내 기대를 충족시키기가 어렵다. 그리고 상대방도 그 나름대로 기대와 열망이 있다는 것도 인정해야 한다. 나의 기대 충족과 상대방의 기대 충족이 적절하게 조화를 이루도록 타협하는 노력이 필요하다.

자신의 기대를 채우는 방법은 다양하다. 그러나 어떤 사람은 한 가지 방법에 매달리면서 실망한다. 또 다른 사람이 나의 기대를 충족시켜주리라는 기대도 옳지 않다. 그러나 자신의 기대를 조절하지 못한다면 그 기대가 어디에서 비롯했는지를 탐색해야 한다. 어쩌면 과거, 특히 어린 시절의 충족시키지 못한 기대와 연관이 있을지 모르기 때문이다. 또한 상대방이 그의 기대를 채워줄 것을 지나치게 요구하면 "아니요"라고 거절할 수도 있어야 한다.

> **작업** 기대체계 탐색하기

1. 이 상황에서 내가 나에게 갖는 기대는 무엇인가?
   그 기대가 채워지면 어떤 열망이 채워지고 자기(중심-나)를 어떻게 경험할 것인가?
   - 예: 내가 나에게 갖는 기대는 수능 점수가 높게 나오는 것이다. 그럴 때 나 자신이 자랑스러울 것이다.

2. 이 상황에서 내가 상대방에게 가진 기대는 무엇인가?
   그 기대가 채워지면 어떤 열망이 채워지고 자기(중심-나)를 어떻게 경험할 것인가?
   - 예: 내 수능 점수가 잘 나오지 않아도 부모님이 실망하지 않으셨으면 좋겠다. 그럴 때 나는 부모님이 나를 믿어주시고 인정해주시고 지지해주시는 것이 느껴져서 자신감이 높아질 것 같다.

3. 이 상황에서 상대방이 나에게 가진 기대는 무엇인가?
   그 기대가 채워지면 어떤 열망이 채워지고 자기(중심-나)를 어떻게 경험할 것인가?
   - 예: 부모님이 나에게 갖는 기대도 수능 점수가 높게 나오는 것이다. 그럴 때 나 자신이 자랑스러울 것이다.

4. 이러한 기대가 채워지면 어떤 열망이 충족되는 것일까?

상황에 대한 자세한 설명	상황에 대한 나의 지각	내재되어있는 부정적 지각체계	지각체계에 따르는 행동결과	치러야 하는 대가

6단계: 빙산 전체 말하기 위에서 설명한 단계를 다 포함해서 말하는 것을 빙산 의사소통이라고 할 수 있다. 아래에 전체 내용을 다시 정리해서 설명하고자 한다.

듣기 듣기 기술을 사용하여 상대방의 비언어적·언어적 표현을 객관적으로 듣는다. 상대방의 말과 표정, 몸짓, 목소리 톤 등이 일치하는지 확인한다.

말하기 들은 것을 정확하게 다시 말하거나 상대의 빙산을 확인하면서 말한다. 그런 다음 정보를 정확하고 객관적으로 보고 들었는지를 점검한다.

"지금 괜찮다고 말씀하시지만 제가 보기에는 표정과 목소리가 다른 것 같아요. 정말 괜찮으신가요?" 좀 더 구체적으로 이야기하자면 다음과 같다. "지금 얼굴은 붉어지고 목소리는 떨리고 입술 근육은 경직되어 보이는데, 정말 말씀하신 것처럼 괜찮으신가요?"

공감하기 상대방의 말이나 행동에 대해 공감한다. 그리고 말한 것이 적절한 것인지 확인한다. 맞지 않으면 이 과정을 지속하면서 상대방의 빙산에 대해 분명하게 파악한다.

"지금 말씀하시는 것을 들으니 이번에는 반드시 승진하실 것이라고 기대했는데(기대) 승진에 탈락하여 몹시 실망하시고(감정), 내가 뭐 부족한 것이 있느냐는 생각도 들고(지각), 그러다 보니까 회사에서 능력도 인정받지 못하고 있다고(열망) 느껴지니, 자신에 대한 창피함이 더 강하게 느껴지신다(자기에 대한 경험)는 말씀이신가요?"

빙산 말하기 상대방의 말을 듣고 말하기를 한 다음, 상황에 대한 구체적이고 객관적으로 말하기의 원칙을 지키면서 나의 빙산에 대해 진술한다. 상황에 대한 해석이나 분석 없이 객관적인 태도를 견지하면서 사실만을 진술한다. 이때 부정적인 언어를 사용하지 않도록 조심한다. "집구석이 엉망진창이야!"라고 말하는 대신 "내가 직장에서 돌아와 보니 싱크대에는 설거지할 그릇들이 잔뜩 쌓여있고, 바닥에는 옷이 널려있고, 아이들이 먹다 남은 음식들이 거실 한가운데 그대로 있더군" 하고 상황을 객관적으로 말하는 게 좋다. 부정적인 감정을 섞지 않고 말해야 상대방이 방어하지 않는다.

지각체계 말하기 사건이나 상황에서 자신이 부여한 의미를 일치적으로 표현한다.

"또 이런 상황과 맞닥뜨리게 되면 당신에게 나는 별로 중요하지 않은 사람이라는 생각이 들고, 이 집의 가장이 도대체 뭐하는 사람인가 하는 생각도 들고, 나는 그저 돈이나 벌어오는 기계가 아닌가 싶은 생각도 들어요." "지금 당신은 상관 말라고 말하지만, 눈에 눈물이 고이고 입술이 파르르 떨리는 것을 보면 정말 상관하지 말라고 하는 것으로 보이지 않아요. 지금 당신은 아이들에게 소리를 지르면서 그릇을 막 다루는데, 내가 장모님에게 따뜻하게 대해 드리지 못해 당신이 마음에 상처를 입고, 화가 나기도 하고, 슬픈 것은 아닌지 모르겠어요. 아마도 당신은 내가 당신이 원하는 행동을 하지 않았다고 생각해서 당신을 진심으로 사랑하지 않는다고 느끼고 있는 것 같아요. 내가 파악한 것이 맞는지 확인하고 싶어요. 만약 내가 파악한 것이 맞다면, 내 마음에 대한 설명이 좀 필요할 것 같아요. 당신은 내가 장모님한테 당신이 원하는 대로 하지 않았다고 하지만, 나는 장모님이 예전에 우리 집에 오셨을 때 내가 신경을 써드리면 사위 눈치가 보인다고 하셔서 그냥 편하게 계시다가 가시라고 그렇게 하지 않았던 것뿐이에요. 그렇다고 해서 내가 당신을 사랑하지 않거나 장모님을 무시한다고 생각한다면 내가 오히려 당황스럽고 당신한테 비난받고 비판받는 것 같아 마음이 무거워지네요."

지각에 대한 감정체계 말하기 해석과 의미부여를 하게 되면 거기에 따르는 감정이나 감정에 대한 감정을 표현한다. 이때 앞에서 설명한 감정 단어를 사용하고, 감정의 강도 및 기간, 또는 이와 관련된 과거의 경험을 포함할 수 있다. 만약 감정을 표현하면서 느끼는 감정에 대한 감정이 있다면 그것까지 포함하여 말한다.

"직장에서 피곤한 몸으로 돌아왔는데 이런 상황을 보게 되면 나는 마음이 답답하고, 짜증도 나고, 화도 나고, 다시 밖으로 나가버리고 싶은 충동을 느끼지만, 당신한테나 아이들한테 미안한 마음도 들어 혼란스러워지곤 해요"라고 앞에서 배운 대로 그 상황으로 인해 느끼게 된 감정을 표현한다.

상황에 적절한 자신의 기대를 구체적으로 표현하기 기대와 열망을 표현할 때에는 긍정적인 언어로, 명확하고 구체적인 행동을 요구해야 한다. '더 많이 사랑해 달라', '진실하게 살아라', '최선을 다해라' 등의 말은 상대방을 곤혹스럽게 만드는 것이다. 그리고 상대방의 가치나 태도, 동기, 감정까지 변화할 것을 기대하는 것은 무리다. 대신 관찰 가능한 행동에 대한 변화만을 요구한다. 그리고 한 번에 너무 많은 변화를 요구하면 상대방이 부담을 느끼므로, 한 상황을 지목하여 한 번에 한두 가지 행동만 변화할 것을 요구한다. 앞에서 설명한 듣기, 말하기의 원칙을 지키고, 들은 것을 다시 한번 말해주기를 부탁해서 정확하게 들었는지를 확인하는 것이 필요하다.

"나도 당신이 아이들과 온종일 씨름하느라 지쳐있다는 건 충분히 이해해요. 그렇지만 내가 집에 들어올 때만은 집 안을 좀 더 정리해주었으면 좋겠어요. 적어도 거실만은 발 디딜 자리가 있게 좀 해줘요."

열망과 자기(중심-나) 표현하기 자신의 기대를 말하고 난 후 상대방이 그 기대를 채워주었을 때 충족될 수 있는 열망과 자신의 존재에 대한 경험을 이야기한다.

"그렇게 해주면 내가 이 집안의 가장으로서 존중받고 인정받는다고 느껴져서 당신과 아이들에게 좀 더 잘해주고 싶은 마음이 들어요. 조금 쉬고 나면 집안일, 아이들 돌보는 일도 당신과 함께 잘할 수 있을 것 같아요." 이렇게 열망까지 표현하고 더 나아가 자존감까지 표현할 수 있다면 좀 더 일치적인 의사소통을 하게 되어 깊은 차원에서 인간관계를 맺을 수 있게 된다.

 어린 시절의 빙산경험이 의사소통에 끼치는 영향

다음은 어린 시절에 채워지지 않은 열망을 서로에게 표현하지 못해 갈등을 겪고 있던 부부의 사례다.

40대 후반의 조용하고 참해 보이는 여성이 중증 우울증 때문에 상담을 받으러 왔다. 이 여성은 상담을 통해 좋아졌다가도 남편으로부터 조금이라도 지지받지 못한다고 느끼면 또다시 우울증으로 빠져들곤 했다.

"저는 이북에서 월남한 부모 밑에서 성장했습니다. 아버지는 지주의 막내아들로 곱게 성장하셨기 때문에 월남한 후 아무 일도 할 수 없었습니다. 어떻게 보면 무위도식하셨다고나 할까요? 반면 어려서부터 기독교 집안에서 자란 어머니는 월남 후 선교사들과 일하셨고, 나중에는 다양한 선교 사업을 하셨습니다. 보육원도 운영하셨고, 청소년을 위한 기도원도 운영하셨으며, 전도사로도 활동하셨습니다. 저는 조용한 성격이었고 수줍음이 많았습니다. 그런 저를 어머니는 매우 못마땅하게 여기셨습니다. 성격이 강하고 모든 일을 재빨리 처리하시는 어머니는 얌전하고 수줍음 많은 저를 항상 게으르고 맏이 노릇도 변변치 못하게 한다고 야단을 치곤 하셨습니다. 지금 쉰을 바라보는 나이에도 어머니의 야단치는 소리가 귀에서 쟁쟁합니다. 그럴 때마다 제가 너무나 못났다고 느꼈고 쓸데없는 인간같이 여겨져 밤마다 이불을 뒤집어쓰고 소리 죽여 울다가 잠들곤 하였습니다. 그렇게 자라다가 지금의 남편을 만났습니다. 그때 당시 전도사였던 남편이 자상해 보여서 결혼했는데, 저보다 더 조용하고 말이 없어 결혼한 후에도 한 번 제대로 싸워본 적이 없습니다. 물론 갈등이 없었다는 것은 아닙니다. 단지 우리는 서로 마음이 상하면 입을 닫고 말을 안 합니다. 그럴 때마다 저는 깊고 우울한 감정의 나락으로 떨어지고, 남편은 굳은 표정으로 자기 방에서 나오지 않습니다. 집은 절간같이 조용합니다."

"남편의 아버지, 즉 제 시아버지 역시 월남하신 분인데 전쟁 중에 아내를 잃고 아들 하나를 데리고 살다가 지금의 시어머니와 결혼하셨습니다. 혹시나 새로 맞이할 부인이 전처 아들을 구박할까 봐, 가난해서 공부도 못하고 시집도 가지 못하는 여자를 아내로 맞았고, 아들 다섯에 딸 하나를 두고 사셨습니다. 그러나 시아버지는 첫 번째 부인의 아들을 누가 다치게 할세라 끼고 돌았고, 시어머니는 그야말로 식모같이 사셨습니다. 그렇게 사시던 시어머니는 오다가다 분통이 터지면 집안을 발칵 뒤집어놓곤 했습니다. 그러나 시아버지와 시할머니는 시어머니의 저항에 꿈쩍도 하지 않았습니다."

"다섯 아들 중 둘째로 태어난 제 남편은 조용하고 말이 없던 아이였습니다. 집안의 무거운 분위기를 힘들어하던 제 남편은 아버지가 어머니에게 부당하게 대우받는 것을 못 참고 집을 떠나 목회자가 되었습니다."

"우리 부부는 같이 있어도 말이 없습니다. 상대방이 무슨 생각을 하는지, 무엇을 느끼는지, 무엇을 원하는지 모릅니다. 대학을 졸업한 제 딸도 마찬가지입니다. 대학을 졸업했는데도 초등학교 아이보다 더 순진합니다. 남자친구를 만들기는커녕 매일 집에서 음악만 듣고 사회생활이라고는 거의 안 하고 있습니다. 우리 부부는 봄과 초여름 사이 꽃이 피고 풀이 무성해질 때 가장 크게 부딪칩니다. 남편은 마음대로 자라는 풀을 그대로 자연스럽게 놔두자고 하고, 저는 풀을 베어버리고 꽃나무를 심자고 싸우곤 합니다. 연례행사죠. 제 의사가 매번 무시당할 때마다 저는 깊은 우울감에서 벗어나지 못합니다."

마당의 풀에 대한 아내의 거부반응은 어린 시절의 경험과 연관이 있었다. 어머니가 심방을 다니시던 시골길을 앞서 걸어가시면 뒤따라 가다가 뱀들이 풀숲에서 나오는 것을 보고 놀랐던 경험이 많았다. 남편이 자연스러운 상태의 풀을 그냥 두자고 했던 것은 외로울 때면 뒷산에 올라 무덤 위에 누워서 하늘을 보고 위로를 받았기 때문이었다. 무성한 풀 더미를 그대로 두자는 남편의 주장은 힘들었던 어린 시절에 위로받았던 경험을 불러일으키고, 아내가 풀 더미를 베자는 주장은 어머니에게 사랑받지 못한 어린 시절의 외롭고 힘들었던 경험을 불러일으켰다.

이 사례의 경우, 단순히 '나-전달'의 메시지를 배우는 것만으로는 부족하다. 또 상담에서 부부의 감정을 다루는 것만으로도 부족하다. 우선 부부의 어린 시절에 해결되지 못한 경험과 원가족의 역동을 다루어야 한다. 그 후에 의사소통 방식을 새롭게 변화시켜야 일치적 의사소통이 가능하다. 그렇게 하지 않으면 부부의 문제가 다음 세대인 딸에게 전달된다.

> **작업** 빙산 전체 말하기 1

다음은 아내가 시댁에서 있었던 일에 대한 자신의 감정과 생각, 기대를 위에서 언급한 절차에 따라 남편에게 구체적으로 표현한 사례다.

- 상황: 지난 일요일, 시집 식구들이 모두 모여 아버님 환갑잔치에 대해 의논하는 자리에 내가 당신이랑 같이 있었는데

- 기간: 그날부터 지금까지

- 과거의 경험: 다섯 살 때 나만 외가에 떼어놓고 다른 식구들은 모두 집으로 돌아갔을 때처럼

- 감정과 감정의 강도: 가슴이 꽉 막히도록 화가 나고, 섭섭하고, 무섭고

- 감정에 대한 감정: 나 자신이 초라하게 느껴졌어요.

- 지각: 그날 나는 시집 식구들뿐만 아니라 당신까지도 나를 한 식구로 생각해주지 않는다는 생각이 들었어요.

- 기대: 다음에는 이런 경우에 나도 대화에 참여할 수 있도록 당신이 나에게 말도 걸고 내 의견도 물어봐주면 좋겠어요.

- 열망: 당신이 그렇게 해주면 나도 가족의 일원이라는 생각이 들 것이고, 당신이 정말로 나를 인정하고 사랑한다고 느낄 것 같아요.

- 자기: 그리고 나 자신을 꽤 괜찮은 사람이라고 여기게 될 것 같아요. 또 당신 가족에게 진심으로 좀 더 잘하고 싶어질 거예요.

> 작업 **빙산 전체 말하기 2**

"영진이가 당신을 기다리다가 이제야 잠들었어요."
(아내가 화가 나서 차가운 목소리로 말했다. 사실 아내는 영진이가 아빠를 보지 못하고 자야 해서 매우 실망했다는 것과 아빠와 아들의 관계가 소원해지는 것에 대해 엄마로서의 우려를 전하고 싶었다. 요즘 남편은 퇴근 후 직장 동료들과 어울리느라 늦게 들어왔다.)

- 상황:

- 사고:

- 감정:

- 기대:

- 열망과 자기:

> 작업 **빙산 전체 말하기 3**

"에이, 저녁 반찬이 이것밖에 없어? 허구한 날 김치만 먹고 살아야 하는 거야?"
(남편이 짜증 나고 실망스러운 목소리로 말했다. 남편은 얼마 전부터 얼큰한 육개장이 먹고 싶다는 이야기를 했는데도 아내가 해주지 않아서 기분이 별로 좋지 않았다. 또 요즘 아내가 부쩍 외출이 잦아져서 식사 준비에 소홀한 것 같아 속상한 마음도 표현하고 싶었다.)

- 상황:

- 사고:

- 감정:

- 기대:

- 열망과 자기:

> **작업** 두 사람이 빙산 전체 말하기 연습

한 사람은 자신의 상황을 이야기해보시오. 그리고 상대방은 말한 사람에 대해 아래와 같이 질문해보시오.

1. 이 사람이 지금 힘들어하는 갈등 상황은 무엇인가?

2. 말하는 사람의 대처방식은 무엇인가?

3. 말하는 사람이 이 상황에서 느끼는 감정은 무엇인가?

4. 말하는 사람은 자신의 감정에 대해서 어떤 판단을 하고 있으며, 그에 따르는 감정에 대한 감정은 무엇인가?

5. 말하는 사람은 지금 자신과 상대를 어떻게 이해하고 있는가? 어떤 생각을 하는가? 어떤 가치관을 지니고 있는가? 이 사람의 규칙은 무엇인가?

6. 말하는 사람이 이 상황에 부여한 의미는 무엇이고, 가족규칙은 무엇인가?

7. 말하는 사람이 기대하는 바는 무엇인가?

8. 말하는 사람의 기대가 과거에 뿌리를 두고 있는가? 아니면 그냥 현재 상황에 반응하는 것인가? 이 기대를 그대로 가지고 있는 것이 바람직한가? 이 사람은 이 기대를 어떻게 해결하려 하는가?

9. 말하는 사람이 이 기대를 통하여 충족하고자 하는 열망은 무엇인가?

10. 말하는 사람의 자존감 수준은 어떠한가?

13장

분노 해결을 위한 의사소통

분노는 자기보호 감정이다
분노의 왜곡된 지각체계
분노 해결을 위한 대안
분노 폭발을 막기 위한 훈련

분노는 자기보호 감정이다

분노는 우리가 경험하는 다양한 감정의 하나일 뿐이다. 감정은 인간을 인간답게 해주고, 친밀한 관계를 형성할 수 있게 도와주는 소중한 기능을 한다. 슬픔, 분노의 감정도 생명 에너지에서 흘러나오는 귀중한 감정이다. 분노를 억압하는 것은 자기를 억압하고 생명 에너지를 차단하는 것이며, 나의 존재마저 거부하는 것이다.

공적, 사적 분노 분노는 공적 분노와 사적 분노로 나눌 수 있다. 공적 분노는 그 집단의 구성원이 함께 느끼는 감정이다. 외부 세력의 침략, 절대 권력자의 독재, 사회적 불의, 성차별에 대한 분노 등이 그 예다. 이런 경우에 분노를 느끼지 못한다면 분노를 느끼지 못하는 것이 오히려 문제일 수 있다. 사적 분노는 개인과 개인 사이에서 차이점을 타협하지 못했을 때 느끼는 강력한 부정적 감정이다.

부적절한 분노 해결 방법 분노는 누구나 느낄 수 있는 감정이다. 분노를 느끼는 것이 문제가 아니라 분노표출 방법이 문제가 될 수 있다. 분노를 억압하거나, 약물이나 술로 해결하려 하거나, 약한 대상에게 터뜨리는 등의 방법은 적절한 방법이 아니다. 분노를 표출할 수 없는 경우에는 '한恨'이 쌓이게 된다. '한' 역시 집단적 한과 개인적 한이 있다. 민족이 다 함께 경험하는 '한'과 가부장적인 사회에서 여성이 경험하는 '한', 각자의 삶에서 경험하는 개인적인 '한' 등이 있다. 한이 쌓이면 화병을 앓게 된다.

분노의 메시지 분노는 나의 존재를 보호하라는 메시지다. 그러나 분노를 폭력적으로 표현하는 것은 부적절한 방법이다. 분노를 폭력적으로 표출하면 또 다른 폭력을 불러일으키기 때문이다. 특히 분노를 폭력적으로 표현하거나, 힘이 약한 사람에게 우회적으로 표현하는 것은 부적절한 해결 방법이다. 분노를 느낀다고 분노에 압도되어 폭발하면 '자기(중심-나)'가 주인이 아니라 분노가 주인이 된다. 그리고 오히려 좋지 못한 결과가 피해자에게 넘어갈 수 있다.

분노표현 방식 분노를 적절하게 표현하기 위해서는 우선 내가 경험하는 감정을 자각할 수 있어야 한다. 그리고 분노를 표현하는 방법도 결정할 수 있어야 한다. 분노의 감정을 조절하는 능력은 자존감에서 비롯된다. 자존감이 높으면 상황으로부터 상처를 덜 받을 뿐만 아니라 분노의 감정도 조율할 수 있다. 분노를 적절하게 표현하기 위해서는 (1) 자신의 분노가 상처로부터 비롯되었다는 것을 자각하고, (2) 자신의 기대가 채워지지 못해 상처를 입었다는 것을 인정하고, (3) 나의 기대는 나의 기대임을 인정하고, (4) 상대방이 나의 기대를 채워주어야 할 의무가 없다는 사실을 수용하고, (5) 내 기대를 내려놓는다. 이런 내적 과정을 거쳐 분노를 적절하게 표현할 수 있어야 한다. 그리고 (6) 나와 상대방의 심리적 경계선과 신체적 경계선을 설정하고, 이런 경우에는 이렇게 할 것이라고 상대방에게 분명하게 표현한다. (7) 그러나 상대방이 분노를 폭력적으로 표출할 상황에 이르게 되면 우선 안전한 곳으로 피신하고 외부의 도움을 요청한다.

분노의 감정보다 더 다루기 힘든 감정이 바로 격노(rage)다. 격노는 자기통제만으로 다루기 어렵다는 특징을 가지고 있다. 분노가 나의 기대를 좌절시키는 상황에 대한 반응이라고 한다면, 격노는 '자기(중심-나)' 멸절의 위협을 느끼면서도 상황을 변화시킬 수 없는 무력감을 느낄 때의 반응이다.

격노는 신체적 공격을 받아서 목숨이 위협당할 때, 자신에게 가장 중요하다고 여겨지는 사람으로부터 거부당하거나 유기당한다고 느낄 때, 수치스러운 상황에 놓일 때, 자기가 속한 집단에서 조롱당하거나 무안을 당하거나 모멸감을 느낄 때, 견딜 수 없을 정도로 심각한 수치심을 느껴 의식에서 차단될 때 경험하기 쉽다. 이러한 사람들은 자기 모멸감, 자기 무가치감 등 자기 존재에 대한 위협감으로 인해 아주 미미한 비판이나 지적에도 격노를 느낀다. 격노를 자주 표출하는 사람은 정신적 장애가 있거나 혹은 뇌 기능에 문제가 있을 수도 있으므로 심리검사 및 신경심리학적 검사를 받을 필요가 있다.

분노의 왜곡된 지각체계

지각체계의 의사소통 걸림돌들과 더불어 아래의 왜곡된 자기중심적 지각체계도 분노를 촉발한다. 분노의 왜곡된 지각체계를 파악하기 위해서 지각체계가 언제, 어떻게 형성되었는지 찾아보고 그 원인이 과거의 상처로부터 시작되었다면 과거의 상처를 해결해야 한다. 아래의 것은 몇몇 예일 뿐이다.

내가 옳고 너는 틀렸다   내가 화가 나는 것은 네가 나의 기대를 채워주지 않았기 때문이다. 따라서 너는 나의 기대를 채워줘야 한다고 믿는 것이다. 상대방은 아니라는 의견을 미처 내놓기도 전에 상황에 대한 책임을 떠맡게 되어 잘못한 사람이 되어버린다.

나는 항상 합리적이고, 공평하다   만일 상대방이 내 생각을 따르지 않으면 상대방은 잘못된 생각과 행동을 하는 것이기 때문에 내가 화를 내는 것은 당연하다고 믿는다. 그러나 인간관계의 주고받음이 완벽하게 공평할 수 없음에도 불구하고 공평성을 주장하면 공평성의 오류에 빠지게 된다.

상대방이 바뀌어야 한다   이 신념은 상대가 잘못되었기 때문에 상대방이 달라져야 하고, 그렇지 못하면 마땅히 벌을 받아야 한다는 것이다. 이러한 신념은 상대방에게 충분히 압력을 가하면 상대가 변화할 수 있다는 생각과도 연결된다. 이렇게 공정성에 대한 당위적 신념으로 인한 오류를 범하지 않으려면 개인적인 책임의 원칙을 잘 지켜야 한다. 개인적 책임의 원칙이란 '나의 고통은 내가 책임져야 한다. 나의 기대를 충족시키기 위해 변화되어야 할 사람은 나 자신이다. 나 자신과 나를 둘러싼 상황이 뭔가 잘못되었다고 느낀다면 그러한 상황을 개선할 책임도 나에게 있다'라고 생각하는 것이다.

작업 분노를 느낄 때 내면 탐색하기

행동	당신은 화가 났을 때, 어떤 행동을 했습니까?
↓↑	
대처	그 행동을 통해서 상대방에게 무엇을 전달하려고 하였습니까?
↓↑	
감정	당신의 감정은 어떠했습니까? (감정에 대한 설명) 분노와 관련된 다른 감정들도 느꼈습니까? (상처, 두려움 등)
↓↑	
감정에 대한 감정	분노를 느끼는 자신에 대해 당신은 어떤 감정을 느낍니까?
↓↑	
지각	만일 지금 당신이 분노를 표현한다면 무슨 일이 일어나리라고 생각합니까? 화를 내는 대신 당신이 선택할 수 있는 다른 대안이 있었습니까? 지금 이 상황에 대해 어떻게 생각하십니까? • 지각에 대한 지각 지금 이 상황에 대해 어떤 생각을 하십니까? 상대방은 어떻게 생각하고 판단할까요? 자기의 생각에 대해 어떤 판단을 내릴 수 있습니까? 다르게 생각할 수는 없습니까? 이런 생각을 할 때 나 자신에 대해서는 어떤 생각이 듭니까?
↓↑	
기대	분노를 촉진했을 수도 있는 기대 혹은 충족시키지 못한 기대는 무엇이었는지 알고 있습니까? • 내가 나에게 갖는 기대 • 내가 상대방에게 갖는 기대 • 상대방이 나에게 갖는 기대
↓↑	
열망	기대가 채우고자 했던 열망은 무엇이었습니까? 이런 자신의 열망을 인정할 수 있습니까? 그 열망을 다른 방식으로 표현할 수 있습니까?
↓↑	
자기	자존감의 수준은 어느 정도입니까?

1. 화를 내기 전에는?
2. 화를 낸 뒤에는?
3. 다르게 표현한 뒤에는?

- 참고: Satir model V. Satir, J. Banmen, Maria Gomori, p. 169.

작업 가족으로부터 배운 분노 해결방식 탐색하기

1. 우리 가족은 분노를 어떻게 해결하였는가?

2. 나는 어렸을 때 분노와 좌절을 어떻게 표현하였는가?

3. 지금은 분노를 어떻게 표현하는가? 예를 들면, 폭력과 함께 표출하는가?

4. 나는 언제 가장 분노를 격렬하게 느끼는가?

5. 내가 분노를 느낄 때 나의 내면 상태는 어떠한가?

6. 상대가 화를 내면 나는 어떤 감정을 느끼는가?

7. 나는 분노를 어느 선까지 표현할 수 있는가?

> **작업** 분노, 격노를 느낄 때의 왜곡된 지각체계 탐색하기

1. 내가 화를 내는 이유는 무엇인가?
- 예: 상대방이 나를 무시하였기 때문이다.

2. 내가 만약 화를 낸다면 어떻게 될 것 같은가?
- 예: 나는 문제를 일으키는 사람이라고 낙인찍힐 것 같다, 나 혼자 남을 것 같다, 사람을 다치게 할 것 같다.

3. 내가 만약 화를 낸다면 상대방은 나를 어떻게 생각할까?
- 예: 나를 인격이 모자란 사람이라고 생각할 것이다.

4. 상대방이 그런 생각을 하면 나에게 어떤 반응을 할까?
- 예: 나를 무서워하면서 피할 것이다, 나를 거부하고 무시할 것이다.

분노 해결을 위한 대안

효과적인 해결방식 개발하기   사람들은 상황에 대한 자신의 책임은 회피하면서 상대방이 자신의 기대에 맞추어주기만을 바라고, 그 기대가 채워지지 않으면 화를 낸다. 그러나 나의 기대가 채워지지 않을 때 어떻게 하겠다는 구체적인 대안이 없을 때가 많다. 가령, 맞벌이 부부에게 가사일, 육아, 재정 관리, 가족 챙기기 등과 관련된 갈등은 쉽게 발생할 수 있는 사안이고, 이러한 갈등이 잘 해결되지 않아 이혼으로 가는 경우도 자주 볼 수 있다. 가족도 하나의 체계이기 때문에 마치 회사를 효율적으로 운영하듯이 가족에게도 효율적 경영방식을 도입해야 한다. 전통적인 여자가 할 일, 남자가 할 일로 역할을 나누는 것은 비효율적 가족체계로 가는 지름길이다.

자신의 기대를 스스로 채우기   자기의 기대는 자기가 알아야 한다. 때로는 자기가 원하는 것이 무엇인지 모르면서 화만 내는 사람들이 있다. 분명한 삶의 목표도 없고, 어떤 사람이 나에게 적절한 배우자인지도 잘 모르는 상태에서 지루한 삶을 벗어나고자 결혼을 했다고 가정해보자. 이 사람은 자신의 불만의 원인을 배우자에게 돌릴 수 있다. 그러나 현재 자신의 삶을 살지 못하고 있는 것은 내 자신이다. 또 다른 예를 들자면, 어떤 사람은 자기는 자기 부모에게 화를 내면서 배우자가 조금이라도 자기 부모에 대해 불평하면 몹시 화를 내기도 한다. 부모는 마음대로 흐트러진 삶을 살면서 오히려 자녀에게만 제대로 하라고 채찍질하기도 한다. 이런 경우, 자기의 기대는 자기가 채워야 한다는 원칙을 지켜야 한다. 그리고 내가 나에게 기대하는 것, 내가 타인에게 기대하는 것, 타인이 나에게 기대하는 것이 무엇인가를 자세하게 파악한

다음에 나의 기대와 타인의 기대를 조율할 능력을 키워야 한다.

한계를 설정하고 협상하기   사람들은 하고 싶지 않은 일을 상대방 때문에 억지로 하면 압박감을 느끼고 결국에는 화를 내거나 병에 걸리거나 관계가 단절된다. 이럴 때는 "난 못해요"라고 분명히 말함으로써 한계를 정하는 것이 좋다. 그것이 바로 원치 않는 상황에 대해 스스로 책임을 지는 것이다. 가족 중 누군가 지나친 요구를 계속할 때 분명하게 자기 의견을 말하는 것이 옳다. 시아버지가 시어머니와의 부부갈등을 해결해달라고 며느리에게 요구한다면 며느리는 분명하게 자기 입장을 표현해야 한다. 그러나 자녀가 자기 할 일을 안 하고 제멋대로 행동하려 한다면 자녀와 타협하여 한계를 설정해야 한다. 자기가 할 수 있는 것과 할 수 없는 것에 대해 분명하게 말할 수 있어야 한다. 상대방의 요구를 거절하기 힘들어 요구를 들어준다면 그 순간은 모면할 수 있을지라도 나중에는 감당하기 힘든 책임이 돌아오기 마련이다.

그냥 내버려 두기   그냥 내버려 두기는 아주 심각한 문제가 아니라면 상대방이 변하리라는 기대를 접어두고 상대방이나 상황을 있는 그대로 받아들이는 것이다. 한 예로, 남편이 아내의 청소하기, 정리하기 등에 대해 불만이 있다면 아예 그런 문제에 대해 내가 할 것을 하거나, 포기하거나, 상대방의 그런 행동 때문에 영향을 받지 않도록 해야 한다. 그러나 부부 중 한 사람이 지나치게 돈을 낭비하여 가계에 빨간 불이 켜진다면 내버려 두기가 좋은 방법이 될 수 없다. 그럴 때는 왜 내가 상대방의 문제를 그냥 받아들이기로 했는지에 관한 탐색이 필요하다. 내가 아내를 너무 통제하는 것은 아닐까? 내가 성장할 때 경제적 어려움을 겪었기 때문에 돈을 쓰는 것에 지나치게 두려움을 느끼는 것은 아닐까? 아니면 아내가 다른 심리적 압박감을 돈을 쓰는 것으로 해결하려는 것은 아닌가? 상대방이 자기 욕구 조절 능력이 적은 사람인가? 만일 상대방의 문제를 타협하는 것으로 해결하지 못한다면 나는 왜 어떤 분명한 행동을 하지 못하면서 불평만 하는가? 나는 진심으로 문제를 해결할 마음과 힘이 있는가? 그렇게 하지 못하기 때문에 불평만 하고 싸우기만 하는 것은 아닐까? 그 이유는 무엇일까? 결국에는 나의 문제를 어떻게 해결할 것인가를 탐색해야 한다.

> **작업** 분노 대처 방법 찾기

1. 화가 몹시 나는 상황을 떠올리고, 경험하는 것을 써보시오.

- 고통스러운 감정(슬픔, 수치, 불안, 당황, 공포, 질투, 경멸 등 부정적이고 불쾌한 감정)
- 고통스러운 감각(두통, 치통, 심장의 두근거림 등 신체적으로 경험하는 것)
- 고통을 불러오는 지각(부정적인 왜곡된 신념)
- 좌절된 기대(기대했지만 이루지 못한 것)
- 자기self에 대한 위협(누군가 나에게 고통을 불러일으킬 것 같은 상황)

2. 분노할 때 위의 것 중 어떤 것이 가장 강력한가를 찾아보시오. 그리고 자신의 내면에서 들리는 소리를 그대로 적어보시오.

3. 위에 적은 내용 속에 상대방을 비난하는 왜곡된 지각체계, 이름 붙이기, 짐작하기, 확대하기 등이 들어있는지 살펴보고, 상대방에 대해 그렇게 판단하는 객관적이고 정확한 근거를 제시해보시오.

4. 분노를 촉발하는 상황에 대해 개인적 책임 원칙을 적용할 때, 내가 적용해야 할 필요가 있는 것은 어느 것인가?
- 예: 효과적인 대처방식 개발하기, 자신의 기대 스스로 채우기, 새로운 자원 개발하기, 한계 설정하기 등

5. 앞에서 언급한 방법에서 하나 이상을 어떻게 적용할 것인지 구체적인 계획을 세워보시오.

분노 폭발을 막기 위한 훈련

이완하기 아무리 성숙한 사람이라도 화가 날 일은 많다. 그렇다면 화가 날 때 어떻게 할 것인가? 가장 단순하면서도 효과적인 방법 중 하나가 '심호흡하기'다. 호흡을 깊게 하면서 몸과 마음을 진정시키고 긴장을 몸 밖으로 내보내면 반사적 반응을 할 가능성이 줄어든다. 다음의 방법 중 두서너 가지를 골라 훈련해보자. 이외에도 눈을 감고 명상을 할 수도 있다.

- 몸의 긴장을 풀고 느슨하게 한다.
- 몸의 뭉쳐 있는 근육을 풀고, 모든 행동을 천천히 한다.
- 턱, 입, 어깨를 이완시킨다.
- 팔을 편다.
- 다리를 편하게 뻗는다.
- 숨을 깊게 들이마신 후 천천히 내보낸다.
- 숨을 내쉴 때 분노의 감정도 내보낸다.
- 조용히 마음을 가라앉힌다.

감정 상승에 대처하기 감정적으로 흥분하기 시작했을 때, 감정과 생각을 분리하고 마음을 가라앉히는 말을 해보자. 화가 나기 시작할 때, 다음의 방법 중 두서너 개를 택해서 적용해보자. 원한다면 다음의 방법을 자신의 상황에 맞게 변형시킬 수 있다.

아래에 기술한 방법 중에서 자신에게 맞는 방법을 골라 명함 크기의 카드에 적어 암기하거나, 휴대전화에 저장해놓고 필요할 때 찾아보자. 혹시 화가 나는 상황에 부딪히면 카드나 휴대전화의 내용을 기억하거나 찾아보고 그대로 적용한다. 나중에 자신의 대처방식이 어떠했는지 돌아보고 평가하며 부족한 점을 보완하면 좀 더 적절하게 상황에 대처하고 성장할 수 있다.

- 그 사람의 그런 행동은 자신이 바보라는 걸 확실하게 보여줄 뿐이야.
- 내가 화를 내리라 생각했는데 내가 화를 안 내면 더 약이 오르겠지.
- 그 사람은 나를 화나게 만들 수 없어. 그에게 휘둘리지 않을 거야.
- 내가 가만히 있으면 자기가 창피해지겠지.
- 저렇게 화를 내다니 저 사람 인생도 참 불행하다.
- 저 사람이 화를 내든 말든 나하고는 아무 상관이 없는 일이야.
- 내가 화를 낸다고 해서 변하는 것은 아무것도 없어.
- 화를 내면 내가 정말 원하는 것을 얻는 데 도움이 될까?
- 이렇게 화나는 걸 보니까 이 문제를 해결하라는 메시지임이 분명해.

비판에 대처하기   다른 사람의 비판에 대해서 일치적으로 반응하기 위해서는 '다른 사람들이 나의 행동과 생각, 감정과 기대에 대해 뭐라고 하든지 간에 궁극적으로 나에 대해서는 나 자신이 최종 판단자다'라는 태도를 견지해야 한다. 나는 상대방의 비판에 대해 공격적으로 선전포고를 하거나 수동적으로 굴복할 필요가 없다.

부분에 동의하기   인정되는 부분에 대해서만 동의하는 것을 말한다. 남편이 "집이 이게 뭐요? 완전 돼지우리 같네!"라고 말했을 때, 아내가 "맞아요. 오늘은 할 일이 너무 많아서 청소를 제대로 못 했어요"라고 응답함으로써 집안이 청소가 안 되어있다는 사실을 인정할 수 있다. 그러나 이때에도 앞에서 설명한 듣기, 말하기 원칙을 지키도록 한다.

가능성에 동의하기　내 생각과는 다르더라도 상대방이 그렇게 말할 수 있다는 사실에 동의한다. 남편이 "집이 이게 뭐요? 완전 돼지우리 같네!"라고 말했을 때, 아내가 "집이 돼지우리처럼 생각될 수도 있겠군요"라고 응답함으로써 남편의 생각을 인정해줄 수 있다.

원칙에 동의하기　비난하는 사람이 말하는 조건대로라면 그러한 결론에 실제로 도달하게 될 것이라는 사실에 동의하는 것이다. 아내가 "그렇게 연신 담배를 피워대다가는 언젠가 건강을 잃게 될 걸요"라고 말했을 때, 남편이 "맞아. 담배가 몸에 안 좋다는 건 사실이지"라고 인정하는 경우가 여기에 해당한다.

상대방의 비판 인정하기　비판은 마음에 상처를 주기 때문에 받아들이기가 쉽지 않다. 그러나 때로는 비판을 그대로 받아들여야 할 경우도 있다. 상대의 비판이 정확할 때는 깨끗하게 그것을 인정하는 것이 최선이다. 이때 주의해야 할 점은 상대방의 말을 비꼬거나 자신에 대해 변명하지 않도록 해야 한다는 것이다. 일단 비판을 인정하고 받아들이면, 상대는 공격할 수 없게 된다.

상대방의 메시지 반영하기　대화하는 방식과 내용을 분리한다. 많은 경우, 문제보다 오히려 대화 과정 방식 때문에 화가 날 수 있다. 특히 언성이 높아졌을 때나 감정이 격해져서 의사소통이 방해를 받을 때, 또는 핵심문제가 다루어지지 않았을 때 문제와 과정을 분리한다. 예를 들면, "시어머니가 왔다 가신 후 별것도 아닌 일로 내게 화내는 게 오늘 벌써 세 번째예요. 내가 어머니에게 섭섭하게 한 일이 있어요?" 또는 "당신 말은 친절한 것처럼 들리지만 한편으론 비꼬는 것 같군요. 왜 그런 느낌이 드는지 모르겠어요. 내가 뭐 잘못한 일이 있어요?"라는 식으로 분리해서 말한다.

상대방의 비난 인정하기 /나의 의견을 객관적으로 말하기   이것은 상대방의 비판을 점잖게 거절하는 방법으로서, 화를 내거나 공격하지 않고 상대방의 비난을 인정함과 동시에 내가 원하는 바를 전달한다. "당신이 이 상황을 어떻게 보는지 알겠어요. 그러나 내 생각은 당신과 좀 달라요" 또는 "나를 생각해줘서 고마워요. 하지만 혼자 하는 게 더 나을 것 같아요"라는 식으로 간단하면서도 정중하게 말할 수 있다.

상대방이 공격하면 대화를 잠시 미루기   몇 분이든 몇 시간이든 마음을 진정시키고 무엇을 말할지 신중하게 생각하면서 적극적으로 대응하기 위해 준비할 시간을 확보할 필요가 있다. 공격에 대해 즉시 반응하지 않는 것은 분노가 치솟는 것을 막아준다. 그렇다고 내 쪽에서 사과하거나 설명할 필요는 없다. 단지 미루는 것뿐이다. 예를 들어, "당신은 너무 많은 이야기를 했어요. 우리 점심 먹고 나서 이야기해요"라든가, "잠시 기다려줘요. 생각할 시간을 줘요"라고 말할 수 있다.

상대방의 비난으로부터 피해 줄이기   상대방의 분노를 가라앉힐 수 없거나 다른 효과적인 의사소통 경로를 찾을 수 없을 때는 그 사람의 분노 때문에 나의 자존감이 상처받지 않도록 대처할 필요가 있다. 이때 기억해야 할 사실은 내가 들은 말은 한 사람의 의견일 뿐이지 절대적인 진실이 아니라는 것이다. 그 사람이 나에게 중요한 사람이라 할지라도 그는 나와는 다른 의견을 가질 수 있다. 그러므로 나는 단순히 그의 비난에 동의하지 않기를 선택할 수 있다. 나 자신이 나에게 최선의 것을 해줄 수 있는 유일한 사람임을 기억하라. 내가 상대방의 기대에 맞지 않는다고 해서 내가 반드시 나쁘거나 어리석거나 이기적인 사람이 되는 것은 아니다.

작업 비난에 대처하기 1

다음은 상대로부터 비판을 받을 경우, 일치적 태도로 대처하기 위한 연습이다. 각각의 사례에 대해 어떤 방식으로 대처할지 주어진 항목에 따라 적어보시오.

1. 상황: 아내는 남편에게 전화를 걸었을 때 전화를 받지 않으면 갑자기 불안해진다. 그래서 왜 전화를 받지 않았는지를 꼬치꼬치 캐묻곤 하였다. 얼마 전에 카톡에 다른 여성과의 대화를 보았기 때문이다. 오늘은 집에 오는 길에 동네 가게에서 우유를 사오라는 부탁을 하려고 전화를 걸었다. 그러니까 남편이 몹시 짜증을 내었다.

- 상대방의 비판: "당신은 왜 그리 의심이 많은 거요? 내가 뭐라고 하든 언제나 믿지 못하지 않소. 도대체 왜 그렇게 꼬치꼬치 캐묻는 거요? 당신이 나를 못 믿으면 우리 관계는 더 나빠질 수밖에 없다는 걸 몰라서 그래요?"

2. 위에서 설명한 대처 방법을 사용하면서 대화할 수 있는 대안을 적어보시오.

- 이완하기

- 감정과 생각을 분리하기

- 부분에 동의하기/가능성에 동의하기/원칙에 동의하기

- 상대방의 의견이나 비난 인정하기/갈등 내용에서 의사소통 과정의 문제로 화제 전환하기

- 나의 의견을 객관적으로 말하기

- 대화 잠시 미루기

작업 비난에 대처하기 2

1. 상황: 아내는 최근 일을 시작했지만, 아직은 어린 자녀들 때문에 항상 쫓기듯이 집에 들어와야 한다. 아내가 자꾸 늦게 귀가할 사정이 생기면서 남편은 점점 불평을 늘어놓기 시작하였다.

- 상대방의 비판: "당신은 왜 그리 욕심이 많은 거요? 당신이 일을 안 해도 내가 생계를 책임질 수 있는데 왜 일을 하려고 나서는지 모르겠소. 도대체 당신에게 아이들이나 나는 어떤 의미가 있는지 모르겠소!"

2. 위에서 설명한 대처 방법을 사용하면서 대화할 수 있는 대안을 적어보시오.

- 이완하기

- 감정과 생각을 분리하기

- 부분에 동의하기/가능성에 동의하기/원칙에 동의하기

- 상대방의 의견이나 비난 인정하기/갈등 내용에서 의사소통 과정의 문제로 화제 전환하기

- 나의 의견을 객관적으로 말하기

- 대화 잠시 미루기

14장

갈등 해결을 위한 의사소통

*갈등 해결을 위한 태도
갈등 해결을 위한 협상 단계
부부갈등을 협상할 수 없을 때 사용할 수 있는 방법
상대방의 기대를 충족시켜주기
협상을 거부해야 하는 경우
자신과 협상하기*

살아가는 동안 갈등은 피할 수 없다. 갈등은 사람과 사람, 단체와 단체, 국가와 국가 사이에 항상 있게 마련이다. 그러나 갈등을 해결하지 못하는 이유는 문제 자체보다 문제를 해결하는 낡은 방법 때문인 경우가 많다. 두 사람 중 한 사람이라도 분노나 비난에 사로잡혀있거나, 자기 생각과 방식만을 고집한다면 문제 해결은 실패로 끝날 가능성이 커진다. 문제 해결을 위해서는 쌍방의 '존중과 협조적 태도'가 절실하게 요구된다. 다음은 성공적인 문제 해결을 위해서 우리가 가져야 할 기본적인 태도다.

갈등 해결을 위한 태도

갈등의 불가피성에 대해 인정하기 사람은 모두 다르다. 따라서 인간관계에서 갈등이 발생하는 것은 불가피하다. 그렇다고 해서 갈등이 반드시 나쁜 것만은 아니다. 갈등 혹은 다름은 성장의 신호다. 갈등을 어떻게 다루느냐에 따라 성장할 수도 있고 싸움으로 끝날 수 있기 때문이다.

상대방의 기대가 나의 기대와 똑같이 타당하다는 것을 인정하기 두 사람이 가진 기대 중 어느 쪽을 충족시키는 것이 더 중요하고 가치 있는지 따지는 것은 관계를 해칠 뿐이다. 사람은 누구나 자신의 경험에 따라 상황을 바라보게 마련이다. 그런 점에서 양쪽이 가진 기대가 똑같이 중요하고 타당하다는 사실을 인정하는 것이 필요하다.

서로를 존중하는 태도 지키기 상대방을 모욕하거나 무시하는 말을 해서는 안 된다. 그러한 태도는 또 다른 문제를 불러일으켜서 갈등 해결을 더욱 어렵게 한다.

갈등을 일으키는 주제가 타협할 문제인지 아닌지 분별하기 모든 갈등이 타협을 통해 해결되어야 하는 것은 아니다. 타협할 수 있는 것과 타협할 수 없는 것이 있다. 남편이 늘 필름이 끊길 정도로 술을 마시고 가끔 그 상태에서 차를 운전한다면, 이는 타협할 주제가 못 된다. 갈등을 일으키는 주제가 타협해야 할 주제인지, 타협할 가치가 있는 주제인지, 타협해서는 안 되는 주제인지를 평가하는 것이 선행되어야 한다.

문제로부터 감정 분리하기 감정이 중요하긴 하지만, 문제 해결을 위해서는 상황을 객관적으로 볼 수 있도록 감정과 사실을 분리해야 한다.

상대의 입장을 긍정적으로 바라보기 타협은 양쪽이 조금씩 양보하고 상대방을 배려함으로써 함께 만족할 수 있는 결론에 도달하기 위해서 애쓰는 과정이다. 상대방의 방법을 택했을 때 얻을 수 있는 긍정적인 부분을 고려해보는 것도 문제를 해결하는 데 도움이 된다.

양쪽이 모두 이기는 방법을 모색하고 동의할 만한 대안 선택하기 갈등 상황에서 태도를 방어적으로 취하면 결국 승자와 패자가 존재하게 된다. 갈등을 성공적으로 해결하기 위해서는 양쪽의 기대와 열망을 어떤 식으로든 함께 충족시켜야 한다. 이렇게 하려면 우선 두 사람의 기대를 간단하고 명확하게 말로 진술하는 것이 도움이 된다. 그리고 두 사람의 공통분모를 찾아 최대한 동의할 만한 제3의 대안을 찾는다.

공평한 타협을 통해 두 사람 모두에게 도움이 되는 대안 찾기 한 가지 결과에 대한 선입견으로 그 외의 다른 모든 상황을 해석하는 것은 바람직하지 않다. 내가 생각한 방법이 반드시 옳은 것만은 아니다. 삶에는 다양한 측면이 있으므로, 상대방의 방법으로 문제를 해결하다 보면 좋은 점을 발견할 수도 있다.

실패 허용하기 최종적인 해결책에 도달하기 위해서는 여러 번의 시행착오와 교정이 필요하다. 해결책이 없을 것이라고 미리 단정하고 실망하거나 포기해서는 안 된다. 타협은 과정이지 결과가 아니다. 따라서 서로 일치하는 타협점을 찾기 위해서는 각자의 감정을 분명히 표현하고 서로의 기대를 충족시키기 위한 시도를 여러 번 반복해야 할 수도 있다. 이때 갈등의 배후에 있는 상대방의 열망을 찾아내는 것은 타협으로 가는 지름길이 될 수 있다.

갈등 해결을 위한 협상 단계

갈등 상태에서는 일치적 의사소통이 매우 힘들다. 우선 갈등이 발생했을 때의 의사소통 과정을 살펴보고, 그 과정을 어떻게 변화시킬 수 있는지에 대해서 살펴보자.

보고 듣기 단계 갈등 상황에서는 의사소통의 보고 듣기 단계부터 많이 어긋나 있다. 각자가 보고 들은 것이 정확하지 않을 수 있다는 것을 인정하기보다 자신이 보고 들은 것만이 정확하다고 주장한다. 그러나 이때 누구의 말이 정확한지를 판단하기는 쉽지 않다.

말하는 사람이 의견을 명확하게 충분히 말할 때까지 기다리고, 듣는 사람은 다시 말하기와 명료화하기를 하면서 정확하게 들었는지 확인한다. 이 과정을 충분히 하면 두 사람이 말하고자 했던 내용이 무엇이었는지 확인이 된다. 그다음에는 두 사람이 함께 서로의 의견을 마치 토론의 주제같이 종이에 정확하게 적어놓는다.

의미 부여와 해석의 단계 각자 상대방의 의견에 대해 부정적 감정이 발생하는 경우에서는 상대방의 의견에 내가 부여하는 의미가 무엇인지를 탐색한다.

두 사람 사이에 해결하지 못한 감정이 있는지, 내 생각만 옳다고 믿고 있는 건 아닌지 확인한다. 그 후 해결하지 못한 과거의 경험이 있다면 그것을 다룬다. 서로가 상대방이 그랬을 수 있다는 점을 인정하고, 현재의 주제와 분리해서 다룰 것을 결정한다.

각자의 기대를 탐색하는 단계   각자의 의견에는 열망과 연결된 기대가 있다. 이 의견이 나에게 왜 그렇게 중요한지, 또 상대방에게는 그 의견이 왜 그렇게 중요한지를 탐색한다. 어쩌면 표현되는 의견과는 별 상관이 없고, 열망과 연결된 기대 때문일 수도 있다. 서로가 상대방의 기대와 열망을 알게 되면 상대방의 입장을 훨씬 더 잘 이해할 수 있고, 또 상대방의 의견을 받아들이고 싶은 마음이 생긴다.

타협 단계   서로의 기대와 열망을 알게 되면 서로 조율할 수 있다. 두 사람 모두 동등한 위치에서 서로 동의할 수 있는 공통분모를 찾을 수 있도록 타협하는 과정을 거쳐야 한다.

문제와 갈등 상황을 객관적으로 진술하기   종이 한 장을 준비해서 현재 자신이 처한 문제 상황에 대해 가능하면 육하원칙에 맞게 적는다. 주관적인 감정의 개입 없이 신문기사를 쓰듯이 해석하거나 논쟁하지 않으면서 객관적이고 구체적으로 적어야 한다.

각자의 생각과 감정을 솔직하게 표현하기   듣기, 말하기의 원칙을 지키면서 자신의 주요 감정을 서너 개 찾는다. 자신의 감정을 분명히 알게 되면 상황에서 감정을 분리하기가 쉬워진다.

각자의 기대와 목표 분명히 하기 듣기와 말하기의 태도를 지키면서 먼저 자신이 기대하는 바를 적는다. 상대방이 쉽게 동의하지 않을지라도 개의치 말고 자신의 기대를 명확하게 표현하는 것이 필요하다. 여기에는 구체적인 행동뿐만 아니라 신뢰, 안정감, 자유, 힘과 같이 보편적인 열망도 포함된다.

상대방의 빙산에 공감하면서 걸림돌 찾기 상대방의 감정, 생각, 기대에 대해 빙산 공감 피드백을 하면서 두 사람의 차이점을 찾아 적는다. 각자가 바라는 기대가 어떤 열망을 이루고자 하는 것인지 찾아서 서로 인정해준다. 두 사람이 서로의 빙산에 대해 충분한 이해를 하고 서로를 수용하게 된 다음에는, 서로가 동의하는 부분과 동의하지 않는 부분을 적는다. 그다음에는 동의할 수 있는 부분만 적는다. 이제 두 사람 모두 같이 원하면서도 동의할 수 있는 영역을 탐색한다.

가능성 있는 모든 해결책 끌어내기 동의하는 영역 내에서 가능한 방법론을 찾기 위해 브레인스토밍 과정을 거쳐 잠정적 해결책을 끌어낸다. 이 단계에서는 어떤 해결책이 좋은지 나쁜지, 또는 실천하기가 쉬운지 어려운지에 대해 따질 필요 없이 되도록 많은 아이디어를 내놓는다.

최선의 해결책 선택하기 앞에서 생각해낸 모든 해결책을 하나하나 평가해본다. 자신이나 상대방의 기대를 얼마나 채워줄 수 있는지, 서로 받아들일 수 있는 대안인지, 또한 그 대안이 얼마나 효율적인지 등이 평가 기준이 될 수 있다. 이런 과정을 거친 후 둘 다 동의할 수 있는 최선의 해결책을 찾아 나간다.

해결책을 찾은 후 실행 방법 세우기   두 사람이 동의하는 해결책에 대한 방법론을 계획하고 실행한다. 이 과정에서는 매우 구체적이고 자세하고 확실한 방법을 찾아서 적어놓는 것이 중요하다.

시행 후 결과 평가하기   상대와 의논하여 도출된 합의사항을 일정 기간 시행해본다. 그 후 결과를 평가해서 기존의 합의사항을 계속 실행할 것인지, 아니면 해결책을 보완하거나 다른 방법을 택할 것인지 결정할 수 있다.

작업 협상 과정 탐색하기

최근에 있었던 갈등 상황에 대해 생각해보고, 다음에 제시하는 문제 해결 과정에 따라 두 사람 모두에게 좋은 해결책을 찾아보시오. 또는 집단을 둘로 나누거나 대표로 두 사람을 선택해서 같은 순서에 따라 타협의 과정을 밟아보시오.

1. 갈등 상황과 문제를 객관적으로 서술해보시오.

2. 나와 상대방이 진짜 문제라고 생각하는 것이 무엇이며, 그 상황 때문에 각자가 느끼는 감정이 무엇인지 솔직하게 적어보시오.

3. 내가 이상적이라 생각하며 기대하는 것을 적어보시오.

4. 상대방의 기대라고 생각되는 바를 적어보시오.

5. 두 사람 모두 기대하는 것과 도달하고자 하는 목표를 적어보시오.

6. 브레인스토밍을 통하여 가능한 잠정적 해결책들을 모두 적어보시오.

7. 나와 상대방이 전혀 받아들일 수 없는 해결책은 제외하고, 두 사람 모두 받아들일 수 있는 해결책을 적어보시오. 그중에서 가장 만족스러운 해결책을 찾아내보시오.

8. 해결책을 실행할 계획을 세워보시오.

부부갈등을 협상할 수 없을 때 사용할 수 있는 방법

부부가 겪는 어려움은 삶의 모든 영역에 걸쳐 발생할 수 있다. 갈등의 성격이 어떠하든지, 갈등의 영역이 어디든지, 갈등을 해결하는 가장 중요한 방법은 효과적인 의사소통이다. 부부가 자존감이 높은 경우에는 서로의 차이점 때문에 발생하는 어려움을 대화를 통해 해결하지만, 그렇지 못한 부부는 서로 극렬하게 갈등을 표출하거나, 갈등을 회피하기 위해 우회적인 방법, 즉 술 마시기, 다른 사람과 연애하기, 자기 일에 빠지기, 취미 생활에 빠지기 등을 쓴다. 또는 약한 제삼자에게 분노를 표출하거나, 갈등이나 분노를 깊게 억압하면서 병을 앓거나, 극단적인 자해 및 가해 행동을 하려 한다.

서로 공평하게 나누어 갖기 아이들이 과자를 나누어 먹는 것에서부터 부부가 이혼 후 가재도구를 나누어 갖는 것에 이르기까지 이 방법은 모든 상황에 적용될 수 있다. 무엇이든 둘로 공평하게 나누고, 어느 한쪽이 하나를 선택하면 다른 사람은 나머지를 갖기로 한다.

번갈아 가면서 순서대로 하기 한 사람이 먼저 원하는 것을 하고, 그다음에는 다른 사람이 원하는 것을 한다. 토요일에는 남편이 좋아하는 운동을 할 수 있도록 아내가 집에서 아이들을 돌보고, 일요일에는 아내가 좋아하는 취미 생활을 할 수 있도록 남편이 아이들을 돌본다.

역할을 분담하여 둘이 함께하기 은행에서 대출을 받아 아파트를 분양받기로 했다고 하자. 앞으로 생활비를 절약하기 위해 아내는 아침마다 30분 일찍 일어나 남편의 도시락을 챙기고, 남편은 승용차 대신 전철을 타고 출근하기로 한다.

시행착오 해보기 한 번 시행해보고 안 되면 그때 가서 방법을 바꾸는 것이다. 딸의 성적이 떨어지자 남편은 딸에게 당장 과외를 시키려 한다. 그러나 아내는 딸이 스스로 공부하도록 놔두고 싶다. 먼저 딸의 TV 시청 시간을 제한하고 공부할 수 있는 환경을 마련해준 다음, 한 달 뒤에도 성적이 오르지 않으면 그때 가서 과외를 시키기로 한다.

각자가 자기 방식대로 하도록 수용하기 남편이 운전할 때는 남편이 원하는 지름길로 가는 것에 대해 아내가 불평하지 않는다. 반대로 아내가 운전할 때는 아내가 편안하게 생각하는 시내를 통과하여 좀 돌아가더라도 남편은 잔소리하지 않기로 한다.

조건부로 하기 남편이 일주일에 한 번씩 집을 청소하면, 아내는 남편의 와이셔츠를 미리 다려놓는다.

원하는 것 각자 하기 적금을 탔을 때 아내는 원하는 가구를 새로 사고, 남편은 자신이 원하는 컴퓨터를 산다.

절충하기 아내는 거실에 있는 가구 다섯 가지를 모두 바꾸길 원하고 남편은 그것이 낭비라고 생각할 때, 우선은 아주 낡은 것 두 가지만 바꾸고 나머지는 다음에 바꾸기로 한다. 또 남편은 골프를 치기 바라지만 아내는 경비가 많이 들어 반대할 때, 두 사람 모두 스포츠클럽의 회원으로 등록하여 골프를 대체하는 운동을 한다.

위의 방법만으로 모든 갈등이 해결되는 것은 아니다. 이미 두 사람 사이가 너무 멀어서 때로는 합의점을 찾지 못할 수 있다. 그리고 협상 과정이 원만하지 않을 때도 있다. 이럴 때는 상대방과 전혀 모르는 사이인 것처럼 또는 상담자가 내담자를 대하는 것처럼 타협해야 한다. 부부갈등에서는 남녀가 동등한 힘을 가질 때 협상이 가능하다.

작업 | 부부갈등 해결하기

1. 두 사람이 해결하기 힘든 문제를 내놓고 앞에서 제시한 방법을 적용해보시오.

2. 집단 작업 : 한 가족이 여름휴가를 가기 위한 계획을 세워보시오.

상대방의 기대를 충족시켜주기

관계 개선을 위해서는 상대방이 원하는 기대를 채워주어야 한다. 특히 친밀한 관계를 형성하고자 원할 때는 상대방의 기대하는 것을 서로 채워주도록 노력해야 한다. 그러나 이때에도 적절한 존중감, 공평성, 경계선을 유지하는 것이 중요하다.

자기중심적인 사람은 자기에게 좋은 것이 상대방에게도 좋을 것이라고 믿는다. 이들은 상대방이 나보다 훨씬 안 좋은 상황이라고 판단하면 조금은 상대방을 배려하려 하지만 그때에도 자기중심적으로 판단하려는 경우가 많다. 그렇게 한 다음에 상대방이 고마워하지 않으면 몹시 실망하거나 화를 낸다.

원하지 않은 선물을 받아본 적이 있는가? 원하지 않은 선물을 받고 매우 기뻐하는 표정을 지어야만 했던 경우는 없었는가? 그래서 현찰이 좋다는 농담 반 진담 반의 이야기도 있다. 상담하다 보면 며느리들이 시부모에게는 최소한의 비용으로 최대한의 효과를 낼 수 있는 선물을 하려 하고, 친정 부모에게는 최소한의 비용인 것처럼 보이는 값비싼 것을 선물하려 한다. 시부모 역시 딸에게는 좋은 것, 며느리에게는 힘든 일을 시키려 한다는 옛말도 있다. 이렇게 상대방이 원하는 것을 해주기보다 자신이 상대방에게 해주고 싶은 것을 일방적으로 해준 다음 상대방이 감사하지 않으면 실망할 때가 있다.

한편 내가 표현을 안 해도 상대방이 내가 원하는 것을 알아서 줄 때 사랑받는다고 생각하는 사람들도 있다. 이들은 말해야만 아는 것은 사랑하는 것이 아니라고 주장한다. 상대방이 내가 원하는 것을 하지 않았더라도 그의 행동 뒤의 의도, 사랑, 배려를 찾을 수 있다. 그러나 상대방이 원하는 것을 해주는 것이 관계 개선에 훨씬 효과적이다. 그리고 상대방이 싫어하는 행동을 줄이기보다 그가 좋아하는 행동을 늘리는 것이 더 쉽다. 모든 인간관계는 상호적이다. 내가 상대방에게 잘해줄 때 상대방도 나에게 잘해주고 싶은 마음을 갖는 것은 일반적인 상식이다.

각자가 좋아하는 것의 목록 만들기   일주일 동안 종이와 펜을 들고 다니면서 생각날 때마다 내가 좋아하는 것과 상대방이 좋아하리라 예측되는 목록을 만들어간다. 목록을 만들 때는 다음의 지침을 참고한다.

1. 처음에는 가볍고 쉽게 할 수 있는 것을 찾는다.
    실행하기 어려웠던 과거에 심각한 갈등을 일으켰던 항목들이나 실행하기 힘든 주제들은 피한다. 예를 들면, 당장 해결할 수 없는 경제적 문제나 친족과 관련된 것은 피하는 것이 좋다.

2. 처음부터 너무 큰 노력을 기울여야 하는 항목은 피한다.
    술 끊기, 체중 줄이기, 자격증 따기 등은 적절하지 않다.

3. 내가 진심으로 간절하게 원하지 않는 것은 포함하지 않는다.
    진정으로 원하지도 않으면서 남편이 좋아할 것 같으니까 '주말마다 시댁에 가기'라는 항목을 설정한다면 실제로 실행하기 쉽지 않을 것이다.

4. 세부 사항을 첨가한다.
    '몸을 청결하게 관리하기'보다는, '매일 밤 자기 전에 발 씻기' 혹은 '양말을 뒤집어 벗어 놓지 않기'라고 하는 것이 훨씬 구체적이다.

5. 기준이 불분명한 추상적인 단어 대신 측정 가능한 구체적인 단어를 사용하고, 태도보다 행동에 초점을 맞춘다.
'집에 와서 아내 안아주기'라는 표현이 '아내 더 많이 사랑하기'라는 표현보다 훨씬 더 구체적이고 행동에 초점을 맞춘 것이다.

상대방이 좋아하는 것 해주기 목록이 만들어진 다음에는 상대방이 가장 좋아하리라 믿어지는 것을 하루에 한 가지씩 해주면서 상대방의 반응을 살핀다. 이 작업을 일주일쯤 시행한 후, 상대방이 당신의 노력을 알아차렸는지, 또 그것을 고맙게 여기는지 등에 관하여 긍정적인 피드백을 교환한다.

내가 좋아하는 것 요구하기 이번에는 내가 좋아하는 것들의 목록 중에서 세 가지만 선택하여 상대방에게 다음 일주일 동안 해달라고 요청한다. 상대방에게 기대하는 행동을 요구할 때는 상대방이 언제, 무엇을, 어떻게 해야 하는지 분명하게 말해주어야 한다. 그리고 두 사람 모두 자기가 기대하는 것을 상대방이 분명히 파악했는지 확인하는 과정을 반드시 거쳐야 한다. 요구사항은 상대방에게 큰 희생을 요구하지 않는 범위 내에서 실행하기 쉬운 것이어야 하며, 상대가 원치 않는다면 다른 것을 택하는 것이 좋다.

일주일이 지난 뒤에 이 작업이 잘 실행되었는지, 서로 만족스러웠는지, 실행이 안 되었다면 그 이유가 무엇인지 등에 대해서 함께 평가한다. 만약 요구한 기대가 실행되지 않았다면 거기에는 갈등 요인이 내재해있는 것일 수 있으므로, 재차 기대하기보다 갈등의 원인을 점차 해결하도록 한다.

계약 맺기   그동안 서로가 원하는 것을 상대방이 들어주어서 만족했다면, 상대방의 기대를 채워주기 위해서 무슨 일을 언제 얼마나 자주 할 것인가에 대해 계약을 맺는다. 계약서를 작성해서 두 사람이 잘 볼 수 있는 곳에 붙여두고 실행한다. 실행하면서 협상을 통해 계약의 내용을 수정하거나 첨가해나간다.

둘 다 좋아하는 것 함께하기   일정 기간 계약이 잘 지켜지면, 이제는 두 사람이 모두 좋아하는 것을 좀 더 많이 만들어서 함께할 수 있도록 계획을 세운다. 각자의 목록에서 서로 일치하는 것부터 우선할 수 있도록 한다. 그리고 두 사람 모두 좋아했던 것이지만 오랫동안 못 해왔던 것이나 새롭게 생긴 취미활동에 대해서도 함께 머리를 맞대고 생각해낸다. 할 일이 정해지면 무엇부터, 언제, 어떻게, 얼마나 오랫동안 할 것인지에 대해 세부적인 것을 합의한다.

이 작업을 할 때 과거에도 이런저런 노력을 하였음에도 불구하고 상대방에게 문제가 있어서 소용이 없었으니 분명 이번에도 마찬가지일 것이라고 생각해서는 안 된다. 또 계약하였기 때문에 하는 것이 얼마나 가치가 있겠냐고 판단하는 것도 도움이 되지 않는다. '나를 사랑한다면 내가 표현하지 않아도 상대방이 내 마음을 알아주어야 한다'라고 기대하는 것도 전혀 도움이 되지 않는다. 상대방이 당신의 마음을 알아서 읽어주기를 기대하기보다 당신이 원하는 행동을 상대방에게 자세히 알려주고 요청하는 것이 바람직하다.

어떤 사람들에게는 이러한 연습을 시작하는 것조차 힘들 수 있다. 그렇다면 하루를 '사랑하는 날'로 정해서 시행해보는 것도 좋다. 그것도 어렵다면 하루에 한 시간 또는 하루 저녁을 정해서 사랑하는 시간으로 만들 수도 있다. 그러나 어떤 경우든 계획을 실행하기 위해서는 기쁨과 사랑을 경험할 수 있는 것으로 목록을 작성한 다음에 목록에 대해서 서로 구체적으로 의논을 할 필요가 있다.

상대방이 변화할 것이라는 나의 기대를 포기하기 만약 이런 노력도 잘 실행이 되지 않는다면 마지막으로 상대방의 변화를 기대하지 말고 그냥 자신의 삶을 살도록 한다. 자신의 삶을 충만히 살지 못하는 사람일수록 상대방에게 의존해서 삶의 즐거움을 찾으려고 한다. 비록 상대방이 내가 원하는 방식대로 해주지 못한다 하더라도 그 사람이 나를 거부하는 것이라고 해석할 필요는 없다.

우리는 흔히 상대방의 행동 중에서 자기 마음에 맞는 것은 집중하지 않고 자기 마음에 맞지 않는 것만 골라 선별적으로 받아들이고 집중한다. 그리고 자기중심적인 사람은 자신의 삶을 살기보다 다른 사람의 삶을 통제하면서 만족하려 한다. 그러나 사람마다 타고난 성격적 기질은 다를 수밖에 없으므로 상대방을 있는 그대로 수용하고, 내가 원하는 것은 내가 스스로 충족시키면서 살아갈 수 있어야 한다.

작업 기대 타협하기

나를 즐겁게 해주는 것	상대방을 즐겁게 해주는 것	일차적으로 내가 바라는 것 요구하기	협의하여 계약 맺기

협상을 거부해야 하는 경우

연인관계, 부부관계에서 갈등은 언어적 폭력과 신체적 폭력으로까지 드러난다. 신체적 폭력은 외부로 잘 드러나는 데 반해 언어적 폭력은 외부로 잘 드러나지 않는다. 그러나 언어적 폭력도 신체적 폭력과 비슷한 특징을 드러낸다. 어떤 종류의 폭력이든지 폭력을 부추기는 감정은 분노와 격노다. 처음에는 몇 마디 욕설을 내뱉다가 점차 강한 욕설을 아무렇지도 않게 퍼붓게 되고, 그다음에는 신체적 폭력도 함께 사용하게 된다. 언어적 폭력은 폭력이 아니라고 생각하는 사람들도 있다.

신체적 폭력과 마찬가지로 언어폭력을 당하게 되면 피해자는 점차 가해자가 비난하는 것을 받아들여 피해자 자신이 문제가 있는 것은 아닌지 의심하게 된다. 이들은 우울해지고, 자책하고, 죄책감에 빠지고, 수치심을 느끼게 되고, 가해자가 문제라고 보기보다 자신에게 문제가 있는 것이 아닐지 의심을 하게 되면서 점차 자존감이 낮아져서 자기를 상실하게 된다.

폭력을 가하는 사람들은 자기중심적이라 상대방을 자기의 확장으로 여긴다. 그래서 상대방이 내 마음대로 움직여주지 않는 것을 받아들이기 힘들어한다. 더군다나 폭력 가해자는 자신의 행동이나 감정의 원인을 자각하지 못하기 때문에 배우자에게만 그 원인을 돌리려 한다. 그럴 때 가해자에게 피해자의 입장을 설득하려 하면 오히려 가해자의 화를 부추겨 더 큰 폭력을 유발하게 된다.

분노를 쏟아내면 가해자는 일시적으로 기분이 좋아지기도 하지만 피해자는 점차 부정적 감정에 뒤덮이게 되고, 때로는 피해자 역시 가해자와 똑같이 분노를 표출하게 된다. 때로는 이들의 폭력을 예측해서 피하려 하지만, 이들의 분노는 비이성적이고, 아무 때나 떠오르기 때문에 대처하기 힘들다. 어떤 폭력이든지 폭력 관계 안에 있게 되면 내적 안정감을 상실하게 되고, 자기 존재 자체가 파괴된다. 만약 타인과 이런 관계에 놓여있다면 이들과의 의사소통은 쉽지 않기 때문에 이 관계에서 벗어나기 위한 내적 힘을 키워야 한다.

폭력적인 배우자와 같이 신체적·언어적 폭력과 함께 알코올, 약물, 도박, 성, 일, 담배, 게임 등에 중독된 배우자와는 협상을 위한 의사소통이 불가능할 때가 많다. 이들은 자기중심적이고, 통제 욕구가 강하고, 자신과 타인에게 부정직하며, 지각체계가 왜곡되어있고, 내면이 매우 혼란스럽고, 방어가 강하고, 완벽주의적인 성향이 높다. 건망증도 심하고, 의존적이고, 경쟁적이고, 매우 부정적이다. 책임을 타인에게 전가하고, 비윤리적이고, 세상을 자기 식대로 보고, 무엇보다 비일치적으로 의사소통을 한다. 따라서 병리 증상에서 벗어나지 못한 상태에 있는 이들과 갈등을 해결하려다 오히려 주위 사람들이 신체적·심리적·영성적 차원에서 망가질 수 있다. 이러한 문제를 가진 사람들을 공동의존적인 사람이라고 부른다.

공동의존적인 사람들은 그들이 고치려고 하는 대상을 떠나지 못하고 오히려 끝까지 돌보고 고치려 한다. 이들 역시 중독적인 사람과 함께 절실하게 치료가 필요한 사람들이다. 공동의존적인 사람들의 특징도 자기중심적이고, 자기(중심-나)를 만나지 못하고, 자존감이 낮고, 외부에 초점을 맞추며,

과도하게 타인을 돌보려 하고, 경계선이 부재하기 때문에 강박적이며 통제 욕구가 심각하다. 이들은 외부에 드러나는 자신의 이미지를 좋게 유지하기 위해 에너지를 쏟는다. 신체적 증상을 보이는 경우도 많다. 이들이 보이는 이러한 심리적 기제와 행동들은 문제를 지닌 사람들과 더욱더 상호 의존하게 한다. 이들은 문제를 지닌 상대방이 문제를 직면하거나 홀로 서는 힘을 갖추는 것을 방해할 수 있다. 자신이 중독자는 아니더라도 공동의존적인 성향을 가지고 있다면 본인의 문제도 심각하게 다루어야 한다. 이런 경우에는 단순히 의사소통의 기술로만 해결될 문제가 아니기 때문이다.

위와 같은 상황에 있는 사람은 내적인 힘을 키워 관계를 변화시키거나, 그것이 불가능하다면 그 관계에서 벗어날 수 있어야 한다. 혼자서 이 과정을 거칠 수 없다면 외부의 도움을 적극적으로 찾는 것이 필요하다.

자료 | 협상하기 힘든 사람들의 특징

아래의 특징을 나타내는 사람과는 갈등 해결이 힘들다. 아래의 특징을 지닌 사람과 계속 관계를 맺다 보면 결국 상처 입고, 자존감이 낮아지고, 여러 가지 신체적 증상이 나타난다. 그럴 때는 왜 내가 그 관계를 왜 계속 유지하고 있는지 자신을 탐색해야 한다.

- 내가 크게 잘못한 것이 없는데도 상대방이 일주일에 서너 번씩 화를 벌컥 낸다.
- 상처를 입어 문제를 제기하면 아무것도 아닌 것을 문제시한다고 오히려 비난한다.
- 상대방이 왜 화를 내는지 설명하지 않기 때문에 혼란스럽고 좌절감을 느낀다.
- 상대방과 갈등이 발생할 때마다 갈등의 원인보다 의사소통 과정이 힘들고 문제가 된다고 느낀다.

- 나는 내가 무언가 잘못된 것은 아닌가 하는 의심을 가질 때가 자주 있다.
- 상대방이 자신이 느끼는 감정, 생각, 계획 같은 것을 나누지 않고 자기 마음대로 한다.
- 내가 무슨 말을 하든지, 무슨 의견을 제시하든지, 상대방은 곧바로 반대 의견을 이야기한다.
- 상대방이 나를 존중하기보다 자기에게 복종해야 하는 사람으로 여긴다.
- 나는 한 번도 상대방에게 부적절한 언행을 할 때 "이제 그만해"라고 분명하게 말해본 적이 없다.
- 내가 갈등 해결을 하자고 할 때마다 상대방은 화를 내거나 의견을 무시한다.

자신과 협상하기

우리는 살아가면서 끝까지 갖고 가야 할 기대도 있지만, 반드시 그래야만 하는 것은 그리 많지 않다. 그러나 사람들이 그리 중요하지도 않은 기대를 놓지 못하고 있는 것을 목격한다. 채우지 못한 기대를 놓아버리지 못하면 계속 삶에 부정적 영향을 끼친다. 그래서 자기 자신과 타협하고 기대를 내려놓는 것이 때로는 필요하다.

협상할 수 없는 기대 내려놓기 우리의 기대 중에는 절대로 협상이 될 수 없는 것들이 있다. 어린 시절의 가족 환경, 학교 환경, 외모 등 내가 선택할 수 없는 것들, 되돌릴 수 없는 과거, 이룰 수 없는 비현실적인 꿈 등이다. 이런 것들이 아무리 부족했던 것들이어도 그로 인해 얻은 것들도 많았기 때문에 지금의 '내'가 될 수 있도록 도움을 준 것에 대해 고마움을 표현한다.

학창시절에 공부를 못했던 사실을 계속 후회하면서 자녀에게 공부를 강요하거나, 무엇이 되겠다는 꿈을 이루지 못한 것을 지금도 후회하고 있거나, 일류 대학에 들어가지 못한 자신을 지금도 용서하지 못하고 있거나, 젊어서 헤어진 애인을 잊지 못하고 지금의 배우자를 외면하거나, 이미 투자에 실패했는데 속상해서 술로 세월을 보내는 것들은 우리가 되돌릴 수 있는 일이 아니다. 되돌릴 수 없는 것을 붙잡고 있으면 끊임없이 분노, 슬픔, 실망, 무력감에 빠지게 된다. 이제 기대를 놓아주지 않을 때 치르게 될 대가가 무엇인지 직면하고, 그 기대를 내려놓아야 한다.

영진이 엄마는 지금까지 어떻게 살아왔나를 되돌아보니 후회가 밀물같이 몰려온다. 그녀는 가난한 집 막내딸로서 필요 없는 존재로 성장했다. 외로움을 해결하기 위해 책에 파묻혀 지냈다. 자신이 원하는 책은 사볼 수 없었고 오빠, 언니들이 읽다가 던져놓은 책을 손에 잡히는 대로 읽었다. 이런 독서 때문인지 그녀는 항상 상위권에 속하는 학생이었다. 그러나 아버지가 간암으로 돌아가시고 큰오빠 밑에서 성장하게 되었고, 큰올케의 주장으로 그렇게 가고 싶었던 중학교에 다니지 못했다. 그녀는 이불을 뒤집어쓰고 숨죽여 울면서 수많은 밤을 보냈다. 그래서 결혼을 하고 자신의 아이들에게는 마음껏 공부할 수 있도록 열심히 지원했다. 그러나 큰아이는 중학교 때 왕따를 당한 이후 정신이 좀 이상해졌고, 작은아들은 동네 깡패들과 어울려 다니다가 퇴학을 당했다. 그녀가 한 것은 뼈가 가루가 되도록 일해서 돈 벌어 아이들이 해달라는 것 다해주고, 철저하게 공부 시간을 관리해준 것뿐이었다.

기대를 충족시키기 위한 다른 방법 찾기   열망을 충족시키는 구체적인 방법은 기대다. 따라서 열망을 충족시키기 위한 기대를 충족시키는 방법은 반드시 어느 한 방법으로만 해결해야 하는 것은 아니다. 내가 원하는 방식은 단지 열망을 충족시키는 방법이기 때문에 다른 방식으로 열망을 충족시킬 수 있도록 나 자신과 타협하는 것이 필요하다.

대부분의 사람들은 어린 시절에 어떤 한 사람(선생님, 이웃집 오빠, 꼬마 친구, 배우)하고만 사랑이 이루어진다고 생각했다. 그러나 세월이 흐르면서 이러한 기대가 얼마나 순진하고 어리석은 것이었는지 차츰 깨닫게 된다. 사춘기 자녀가 이 친구가 아니면 인생을 살아갈 가치가 없을 것만 같다고 하더니, 얼마 지난 후 다른 친구를 데리고 와서 그 아이가 영원한 자기 짝이라고 말하기도 한다. 이렇게 사랑에 대한 열망 자체는 사라지는 것이 아니지만, 그것을 채울 수 있는 구체적인 방법, 즉 기대는 얼마든지 바뀔 수 있다.

협상을 거부할 때 치러야 할 대가 직면시키기 사람들은 기대를 채우지 못하면 괴로워하면서도 그 기대를 놓으려 하지 않는다. 괴롭지만 그 감정에 너무 익숙해져 있거나 오랜 세월 동안 그 문제에만 주의를 집중했기 때문에 다른 방법을 찾기가 힘들기 때문이다. 또는 상대방을 쉽게 용서해준다는 것이 너무 억울해서 기대를 붙잡고 있으려 한다. 또는 자기 자신을 용서할 수 없어서 자기를 벌주고 있는 예도 있다. 그런 경우에는 채우지 못한 기대를 붙잡고 있을 때 치러야 할 대가를 아주 구체적으로 따져보는 것이 도움이 된다. 더 나아가서 2년 후, 5년 후, 10년 후, 20년 후, 또 죽음을 마주한 순간에 자신의 모습을 그려보고 그때의 감정을 떠올려보면 삶에 대한 지금의 태도를 변화시키고 싶은 마음이 더 커질 수 있다.

부잣집에서 성장하고 최고 학력을 지닌 여인이 있었다. 어려서부터 아무도 그녀의 말을 거스르는 사람이 없었다. 그런데 감히 하찮은 대학을 나온 가난한 집의 아들인 남편이 외도하다니! 그녀는 자기 말에 순종하고 자기를 최고의 여인으로 여기던 남편의 외도를 도저히 받아들일 수 없었다. 그렇다고 이혼할 자신도 없었다. 또 남편을 버리기에는 아까운 점도 있다. 그러나 그냥 받아들이기에는 도저히 자존심이 허락하지 않았다. 그녀가 남편을 밤새 재우지 않고 달달 볶아대던 지도 벌써 일 년이 지났다. 화 한 번 못 내던 남편이 마침내 단호하게 이혼을 요구하게 되었다. 이제는 이렇게 살 수 없다는 결론을 확고하게 내린 것이다. 그녀는 이제 남편을 용서하지 않으면 남편과 헤어져서 혼자만의 삶을 살아야 하는 대가를 치러야 한다.

현재에 집중하도록 직면시키기   실제 삶은 현재뿐이다. 미래는 아직 오지 않았고, 과거는 이미 지나간 것이다. 그러나 미래와 과거는 현재에 영향을 끼친다. 미래와 과거에 매여 현재를 살지 못하고 새로운 선택을 하지 못하면 자신의 삶은 사라지고 만다. 이런 사람에게는 과거에 매여있을 때의 치러야 할 대가에 직면시킨다.

김 씨는 어린 시절에 겪었던 가난을 생각하기만 해도 소름이 끼친다. 사는 것이 전쟁이었다. 전쟁터에서 살아남기 위해 목숨 걸고 싸우듯이, 먹고살기 위해서 죽기 살기로 일을 했다. 중학교에 가는 것은 꿈도 꾸지 못했다. 대신 농기구를 만드는 아주 작은 가게에서 일했다. 농기구들을 불에 달구어 만드는 동안 또래들은 중학생 교복을 입고 가게 앞을 지나갔다. 그때 느꼈던 부러움과 수치심, 열등감은 쇠를 녹이는 불같이 가슴에서 활활 타올랐다. 그렇게 억척같이 일을 하였기 때문에 김 씨는 돈을 모아 자녀들을 대학까지 다 보낼 수 있었다. 그는 자신의 못 배운 한을 해결하기 위해 자녀들이 돈 걱정하지 않고 공부를 마음껏 해서 교수가 되기를 원했다. 그러나 정작 자녀 모두 공부에는 관심이 없고, 미술, 음악 같은 돈벌이도 안 되는 것만 하겠다고 하였다. 그래서 자녀들과 심각한 갈등을 겪게 되었다.

나의 기대는 내가 채워야 한다. 나의 기대를 다른 사람, 특히 자녀가 채워주기를 바라는 것은 또 다른 불행을 낳는다. 나 자신의 기대를 내가 채우는 것이 나와 주위 사람들을 행복하게 하는 지름길이다.

작업 충족시키지 못한 기대 다루기

두 사람이 짝을 이루어 각각 20분씩 충족시키지 못한 과거의 기대를 객관적으로 상대방에게 말해보시오. 듣는 사람은 듣기 기술을 사용하여 잘 들으면서, 다음에 나오는 항목을 마음에 두고 상담자와 같은 태도로 이야기를 진행시켜보시오. 한 사람이 끝나면 서로 역할을 바꿔서 해보시오.

1. 그 당시 상대방으로부터 기대한 것은 무엇인가?

2. 그 기대가 이루어졌을 때 충족되었을 열망은 무엇인가?

3. 그 기대를 채울 수 있는 다른 방법은 무엇이 있을까?

4. 다른 방법으로 그 기대를 채웠을 때의 모습은 어떠하겠는가?

5. 만약 그렇게 하지 않는다면, 그 결과가 어떠할지 상상해보시오.

참고문헌

Agin, D. (2009). *More than genes*. Oxford: England. Oxford University Press.

Alberti, R. & Emmons, M. (1986). *Your Perfect Right*. 5th ed. San Luis Obispo, CA: Impact Publisher.

Alvarez, R. P., Biggs, A., Chen G., Pine, D. S., Grillon, C. (2008). Contextual fear condition in humans: cortical-hippocampal and amygdala contribution, *Journal of Neuroscience*.

Amen, D. G. (1998). Change your Brain Change your Life. N.Y.: Three Rivers Press.

Amen, D. G. (2008). *Healing the Hardware and the Soul: Enhance Your Brain to improve your work, love, and spiritual life*. N.Y.: Free Press.

Anderson, H., Goolishian, H. A. (1988). Human systems as linguistic systems: Evolving ideas about the implications of theory and practice. *Family Process*. 27:371-393.

Archives Of Rehabilitation Therapy. (1958). 2, 9-10. Early Recollections As A Projective Technique. *Journal Of Projective Techniques*. 22, 302-311.

Augusberg, D. W. (1986). *Pastoral Counseling Across Cultures*. Philadelphia: The Westminster Press.

Baldwin, M. (2000). (2nd Ed). *The Use of Self in Therapy*, N.Y.: Haworth Press.

Banmen, J. ed. (2006). *Applications of the Satir Growth Model*. Seattle, WA: The Virginia Satir Network.

Banmen, J. (2008a). (Ed). *Satir Transformational Systemic Therapy*. CA: Science & Behavior Books.

Banmen, J. (2008b). (Ed). In Her Own Words...: Virginia Satir Selected Papers 1963-1983. Phoenix Arizona: Zeig, Tucker & Theisen, Inc.Bancroft L. (2002). *Why Does He Do That?* London: Penguin Books.

Bateson, G. Jackson, D. Haley, J., & Weakland, J. (1956). Toward A Therapy Of Schizophrenia. *Behavioral Science*. 1, 251-264.

Beach, S. (2003). The effectiveness of MFT: Affective Disorder. *Journal of Marital and Family Therapy*. 29.

Beck, A. T. (1979). *Cognitive Therapy And The Emotional Disorders*. N.Y.: New American Library.

Beesdo, K., Lau J., McClure-Tone E. B., Guyer A. E., Monk C. S., Nelson E. E., Fromm S. J., Goldwin M. A., Wittchen H-U., Leinbenluft E., Ernst M., Pine D. S.(2009). Common and specific amygdala-function perturbations in depressed versus anxious adolescents. *Arch General Psychiatry*.

Behary, W. T., LCSW. (2008). *Disarming the narcissist: Surviving & Thriving with the Selfabsorbed*. Oakland, CA: New Harbinger. Bellah, Robert N, et al. (1985). The Habits of the Heart. N.Y.: Harper and Row.

Bellah, Robert N., et al. (2007). *Habits of the Heart: Individualism and Commitment in American Life*. CA: University of California Press.

Bentheim, S. (2008). Couple Congruence and Spirituality In the Satir Model: Part II. The Satir Journal: *Transformational Systemic Therapy Volume 2, No.1*.

Birdwhistell, R. L. (1970). *Body Language In the Workplace*. N.Y.: Penguin.

Bloomfield, H. (1983). *Making Peace With Your Parents*. Toronto, Canada: A Ballantine Book.

Bowlby, J. (1988). *A Secure Base: Parent-Child Attachment and Healthy Human Development*. N.Y.: Basic Books.

Bray, J. H., & Jourriles, E. N. (1995). Treatment Of Marital Conflict And Prevention Of Divorce, *Journal Of Marital And Family Therapy*. 21, 461-474.

Brisch, K. (2002). *Treating Attachment Disorders*. N.Y.: The Guilford Press.

Brown, N. W., Ed. D., LPC. (2008). *Children of the Self-Absorbed* 2nd Ed.: A Grown-up's guide to getting over narcissistic parents. Oakland : Raincoast Books.

Bry, A. (1976). *How To Get Angry Without Feeling Guilty*. N.Y.: New American Library.

Buber, M. (1958). *I-Thou*, N.Y.: Charles Scribner's Sons.

Byng-Hall J. (1998). *Family Scripts: Improvisation and Systems Change*. N.Y.: The Guilford Press.

Campbell, J. D. (1990). Self-Esteem And Clarify Of The Self-Concept. *Journal of Personality And Social Psychology*. 59, 538-549.

Carlock, C. Jesse. (1998). *Enhancing Self-esteem*, 3rd ed., Ann Arbor, MI: Edward Brothers.

Cicchetti, D. & Toth, S. (2005). *Child maltreatment. Annual Review of Clinical Psychology*, 1.

Clark, J. (1998). *Defense Mechanisms In the Counseling Process*. Thousand Oaks, CA: Sage Publications.

Coleman, J. C. (1984). *Intimate Relationship, Marriage, And Family*. Indianapolis, IN: The Bobbs-Merrill.

Csikszentmihalyi, M. (1990). *Flow: the psychology of optimal experience*. N.Y.: Harper Collins Publisher.

Dattilio, F. M. & Padesky, C. A. (1990). *Cognitive Therapy With Couples*. Fl: Professional

Resource Exchange.

Doidge, N. (2007). *The Brain That Changes Itself*. N.Y.: Penguin Books.

Donaldson-pressman S., Robert M. Pressman., (1997). *The Narcissistic Family: Diagnosis and Treatment*. CA: Jossey-Bass.

Engel, B. (2006). *Healing Your Emotional Self: A Powerful Program to Help You Raise Your Self-Esteem, Quiet Your Inner Critic, and Overcome Your Shame*. N.J.: John Wiley & Sons, Inc.

Engles, F. (1972). *The Origins of the Family, Private Property*, and the State. N.Y.: International Publisher.

Ellis, A. (1962). *Reason And Emotion In Psychotherapy*. N.Y.: Lyle Stuart.

Ellis, A. & Harper, R. A. (1962). *A New Guide To Rational Living*. N.J.: Prentice Hall.

Ellis, A. (1975). *A New Guide To Rational Living*. CA: Whilshire Books.

Evans, P. (2010). *The Verbally Abusive Relationship: How to Recognize It and How to Respond*. M.A.: Adams Media.

Finkelhor, D. (2008). *Childhood Victimization: Violence, Crime, and Abuse in the Lives of Young People*. England: Oxford University Press.

Flett, G., Blankstein, K., & Obertinsky, M. (1996). Affect intensity, coping style, mood regulation expectancies, and depressive symptoms. in Baer, R. A. (2010). *Assessing Mindfulness & Acceptance Processes in Clients: lluminating the Theory & Practice of Change (Mindfulness & Acceptance Practice Series)*. Oakland: New Harbinger Publications.

Fonagy, P., Gergely, G., Jurist, E., & Target, M. (2002). *Affect regulation, mentalization, and the development of the self*. New York: Other Press.

Forward, S. (1989). Toxic Parents: *Overcoming Their Hurtful Legacy and Reclaiming Your Life*. C.A: Bantam Books.

Freeman, W. J. (1995). *Societeis of Brains : A study in the neuroscience of love and hate*. N.J.: Hillsdale.

Fromm, E. (1965). *Escape from Freedom*, N.Y.: Avon.

Geertz, C. (1977). *The Interpretation of Cultures*. N.Y.: Basic.

Gendlin, E. T. (1981). *Focusing*. N. Y.: Bantam Book.

Gendlin, E. T. (1996). F*ocusing-Oriented Psychotherapy*. N.Y.: The Guilford Press.

Gipple, D., Lee, S. & Puig, A. (2006). Coping and dissociation among female college student: Reporting childhood abuse experiences. *Journal of College Counseling*, 9, 33-46.

Glick, I. D. & Kessler, D. (1974). *Marital And Family Therapy*. N.Y.: Green And Station.

Goldenberg, H. & Goldenberg, I. (2007). (7th Ed). *Family Therapy: An overview*. N.Y.:

Brooks Cole.

Goldsmith, R. & Freyd, J. (2005). Awareness for emotional abuse. *Journal of Emotional Abuse*, 5(1), 95-123.

Gotlib, I. & Hammen, C. (1992). *Psychological aspects of depression: Toward a cognitive interpersonal integration*. N.Y.: Wiley & Sons.

Gottman, J., Notarius, C., & Gonso, J., Markman, H. (1976). *A Couple's Guide to Communication*. Champaign, IL: Research Press.

Greenberg, J. R. & Mitchell, S. A. (1983). *Object Relation in Psychoanalytic Theory*. Cambridge, MA: Harvard University Press.

Greenberg, L. S. & Johnson, S. M. (1988). *Emotionally Focused Therapy for Couples*. N.Y.: Guilford Press.

Halford, W. K., Sanders, M. R., & Behrens, B. C. (1993). A Comparison Of The generalization of Behavioral Marital Therapy And Enhanced Behavioral Marital Therapy. *Journal of Consulting and Clinical Psychology*.

Hall, E. T. (1990). *The Hidden Dimension*. N.Y.: Doubleday.

Harris, A. & Curtin, L. (2002). Parental perceptions, early maladaptive schemas, and depressive symptoms in young adults. *Cognitive Therapy and Research,* 26, 405-416.

Heath, R. G. (1972). Pleasure and pain activity in man. *Journal of Nervous and Mental Disease*, 154(1): 13-18.

Herman, J. L. (1997). *Trauma and Recovery*. N.Y.: Basic Books. Heath, R. G. (1972). Pleasure and pain activity in man, Journal of Nervous and Mental Disease, 154(1): 13-18.

Hofstede, G. (2010). *Culture and Organizations: Software for the mind*. London: Mcgraw-Hill.

Holmes, J. (2012). *John Bowlby and Attachment Theory*. N.Y.: Routledge

Hotchkiss, S. (2003). *Why is it always about you?* N.Y.: Free Press.

Jeffrey, K. Zeig, Ph.D. (1987). (Ed). *The Evolution of Psychotherapy: The 1st Conference*(Dec. 11-15, 1985).

John, M. Gottman & Nan Silver. (1999). *The Seven Principles for Making Marriage Work*. N.Y.: Three Rivers Press.

Johnson, S. M. (2003). The revolution in couple therapy: A practitioner-scientist perspective. *Journal of Marital and Family Therapy*, 29, 365-384.

Jourard, S. M. (1971). *The Transparent Self: Self-Disclosure And Well-Being*. 2nd Ed. N.Y.: Van Nostrand Reinhold.

Kandel, E. (2006). *In Search of memory*. N.Y.: W. W. Norton & Co.

Kernberg, O. F. (1975). *Borderline condition and pathological narcissism.* N.Y.: Jason Aronson.

Kim P., McKay M. (2001) *When Anger Hurts your Relationship: 10 simple Solutions for couples who fight.* CA: New Harbinger Publications, Inc.

Kim, Young Ae, Ph.D. dissertation. (1991). "Han: From Brokenness to Wholeness-A Theoretical Analysis of Korean Women's Han and a Contextualized Healing Methodology" Claremont Theological Seminary. CA.

King, L. & Emmons, R. (1990). Conflict over emotional expressions: Psychological and physical correlates. *Journal of Personality and Social Psychology,* 58, 864-877.

Klein, M. (2002). *Envy and Gratitude* (1946 - 1963). N.Y.: Free Press.

Klein, M. (2002). *Love, Guilt and Reparation: And Other Works 1921-1945 (The Writings of Melanie Klein, Volume 1).* N.Y.: Free Press.

Kohut, H. (1971). *The analysis of the self.* N.Y.: International University Press.Konecki, J. M. A., Ph.D. (Cand). (2006). The Satir model Universality and Cross-Cultural Applicability.

Krause, E., Mendelson, T., & Lynchg, T. (2003). Childhood emotional invalidation and adult psychological distress: The mediating role of emotional inhibition. *Child & Abuse Neglect,* 27(2), 199-213.

Kwang-il Kim. (1988). *Kut and the Treatment of Mental Disorder. Shamanism: The Spirit World of Korea,* Eds., Chai-Sin Yu and Richard Guisso, Berkely CA: Asian Humanities Press.

Lacoboni, M. (2009). *Mirroring People: The Science of Empathy and How We Connect with Others.* N.Y.: Farrar, Straus and Giroux.

Lange, A. J. & Jakubowski, P. (1976). *Responsible Assertive Behavior.* Champaign. IL: Research Press.

Laurel, Parnell. (2008). *EMDR in the Treatment of Adults Abused as Children.* N.Y.: Munidang PublishingCo.

Lawrence, E. Abt, Ph.D. & Irving, R. Stuart, Ph.D. (1982). (Eds). *Meditation Techniques in Clinical Practices by Patricia Carrington, Ph.D. in The Newer Therapies A Source Book.* N.Y.: Van Nostrand Reinhold Co.

Lee, R. E. & Everett, C. A. (2004). *The Integrative Family Therapy Supervisor.* N.Y.: Routledge.

Lerner, R. (2009). *The Object of my affection is in my Reflection coping with Narcissists.* FL: Health Communications, Inc.

Lewi, L. M. (2008). *Freeing Yourself from the Narcissist in Your Life.* N.Y.: Penguin Books.

Lewis, H. B. (1971). *Shame and Guilt in Neurosis*. N.Y.: International University Press.

Lim, W. (2008). (Ed). The Use of Self of the Therapist. in Banmen, J. (2008a). (Ed). *Satir Transformational Systemic Therapy*. CA: Science & Behavior Books.

Loeschen, S. (1997). *Systematic Training in the Skills of Virginia Satir*. CA: Brooks/Cole Publishing Co.

Loeschen, S. (1997). *Transforming the Inner and Outer Family*. N.Y.: The Haworth Press.

Lopez, F. G., Mauricio, A. M., & Gormerley B. (2001). Adult Attachment Orientation and College Student Distress: The mediating role of problem coping styles. *Journal of Counseling and Development*.

Lowen, A. (1985). *Narcissism: Denial of the True Self*. N.Y.: Macmillan Publishing Co.

Lowen, A. (1997). *Narcissism: Denial of The True Self*. N.Y.: Touchstone Rockefeller Center.

Luft, J. (1984). *Group Process: An Introduction to Group Dynamics*. Palo Alto, CA: National Press Books.

Marone, M. (1998). *Attachment and Interaction*. London, UK: Jessica Kingsley Publishers.

Masterson, J. (1990). *The Search for Real Self*. N.Y.: Free Press.

Masterson, J.F., M.D. (1988). *The Search For The Real Self: Unmasking the Personality Disorders of Our Age*. N.Y.: The Free Press.

Meier, P., M. D., Charlebois L., L.C.S.W, Munz C., L.M.F.T. (2009). *You Might be a Narcissist if...: How to Identify Narcissism in Ourselves and Others and What We Can Do About It*. MN: Langdon Street Press.

Mosak, H. H. (1954). The Psychological Attitude In Rehabilitation. *American Archives of Rehabilitation Therapy*, 2, 9-10.

Mosak, H. H. & Kopp, R. (1973). The Early Recollections Of Adler, Freud, And Jung. *Journal Of Individual Psychology*. 29, 157-166.

Nichols, M. P. & Schwartz, R. (2006). (7th Ed). *Family Therapy: Concepts and Methods*. N.Y.: Pearson Education, Inc.

Nisbett, Peng, Choi & Norenzayan. (2001). Culture and systems of thought: Holistic vs. analytic cognition. *Psychological Review*.

Nolen-Hoeksema S, (2003). *Women Who ink Too Much*. N.Y.: Owl Books.

Novaco, R. (1975). *Anger Control-The Development And Evaluation Of Experimental Treatment*. MA: C. D. Health.

O' Farrell, T. J. & Fals-Stewart, W. (2003). The effectiveness of MFT: Alcohol abuse. *Journal of Marital and Family Therapy*. 29, 121-146.

Patterson, G. R. (1982). *Coercive Family Process*. Eugene, Or: Castalia.

Payson E. D., M.S.W. (2009). *The Wizard of Oz and other Narcissists: Coping with the oneway Relationship in Work, love, and family*. MI: Julian Day.

Philip, J. Guerin, Jr. (1976). (Ed). *Family Therapy: Theory and Practice*, N.Y.: Gardner Press, Inc.

Raing, R. D. (1969). *The divided self*. N.Y.: Pantheon Books.

Rizzuto, Ana-Maria M.D. (1979). *The Birth of the Living God: A Psychoanalytic study Chicago*: The University of chicago Press.

Rogers, C. (1951). *Client Centered Therapy*. N.Y.: Houghton Mifflin.

Rogers, C. (1980). *A Way of Being*. N. Y.: Mariner Books.

Rubin, I. R. (1969). *The Angry Book*. N.Y.: Collier Books.

Satir, V. (1950). *Letter From Lewis Lefkowitz*. Santa Barbara, CA: Virginia

Satir, V. (1967). *Conjoint Therapy*. (3rd ed., in 1983) Palo Alto, CA: Science and Behavior Books.

Satir, V. (1972a). *Peoplemaking*. (Revised in 1988 as The new peoplemaking.) Palo Alto, CA: Science and Behavior Books.

Satir, V. (1975). *Self-esteem*. CA: Celestial Ares.

Satir, V. (1976). *The Five Freedoms*. CA: Celestial Arts.

Satir, V. (1978). *Your Many Faces. Millbrae*, CA: Celestal Arts.

Satir, V. (1983). *Conjoint Family Therapy*. CA: Science and Behavior.

Satir, V. (1988). *The New Peoplemaking*. CA: Science and Behavior Books.

Satir, V. (1988a). *The New Peoplemaking*. Palo Alto, CA: Science and Behavior Books.

Satir, V., Banmen, J., Gerber, J. & Gomori, M. (1991). *The Satir model: beyond the Family Therapy*. CA: Science & Behavior Books.

Satir, V. Banman, J., Gerber, J. & Gomori, M. (1991). *The Satir Model: Family therapy and beyond*. Palo Alto, CA: Science and Behavior Books.

Satir, V, & Baldwin, M. (1984). *Satir step by step*. CA: Science & Behavior Books.

Satir, V. & Baldwin, M., Eds. (1987). T*he use of self in therapy*. Binghamton, N.Y.: Haworth Press.

The Satir Journal: Transformational Systemic Therapy, vol. 1, no. 1, 2006; 2007; 2008

Scharff and Scharff. (1987). *Object Relations Family Therapy*. Northvale, London: Jason Aronson.

Schore, A. N. (1994). *Affect regulation and the origin of the self: The neurobiology of emotional development*, Hillsdale, N. J. : Lawrence Erlbaum Associates

Schore, A. N. (2003). *Affect regulation and the repair of the self*. N.Y.: Norton & Co.

Schore, A. N. (2003). *Affect dysregulation and disorders of the self.* N.Y.: W. W. Norton & Co.

Schwartz, R. C. (1997). *Internal Family Systems Therapy.* N.Y.: The Guilford Press.

Segal, H. (1988). *Introduction to the Work of Melanie Klein.* N.Y.: Karnac Books.

Shapiro, D. (1965). *Neurotic Styles.* The Austen Riggs Center Monograph Series Number 5: Basic Books, Inc.,

Shapiro, F. (2001). (2nd Ed). *Eye Movement Desensitization and Reprocessing: Basic Principles, Protocols, and Procedures.* N.Y.: The Guilford Press.

Sherman, R. Ed.D., Norman Fredman, Ph.D. (1986). *Handbook of Structured Techniques in Marriage and Family Therapy.* Levittown, PA. Brunner/Mazel

Siegel, A. M. (1996). *Heinz Kohut and the Psychology of the Self.* N.Y.: Routledge

Siegel, D. J., & Hartzell M. (2003). *Parenting from the Inside Out.* N.Y.: Penguin Books.

Siegel, D. J. (1999). *The Developing Mind.* N.Y.: Guilford Press.

Slipp, Samuel, M.D. (1984). *Object Relations: A Dynamic Bridge Between Individual & Family Treatment.* London: Jason Aronson.

Smith, M. J. (1975). *When I Say No I Feel Guilty.* N.Y.: Dial Press.

Stern, D. J. (1985). *The Interpersonal World of the Infant.* N.Y.: Basic Books.

Stern, D. J. (2000). *The Interpersonal World of the Infant: A View from Psychoanalysis and Developmental Psychology.* N.Y.: Basic Books.

St. Clair. Michael, (1996). *Object Relations and Self Psychology: An Introduction.* CA: Cole Publishing Company.

Stone, D., Patton B,, Heen S. (2010). *Difficult Conversations: How to Discuss What Matters Most.*: Penguin Books.

Suhd, M. M., et al. (2000). *Virginia Satir: Her Life and Circle of Influence.* CA: Science & Behavior Books

Susan, A. C. (2010). T*he Trauma Myth: Truth About the Sexual Abuse of Children and Its Aftermath.* N.Y.: Basic Books.

Sullivan, H. S. (1953). *The Interpersonal Theory Of Psychiatry.* N.Y.: Norton.

Thomte, R. (1980). ed., with collaboration with Anderson A. B. Kierkegaard Writings. VIII. T*he Concept of Anxiety.* p. xiii. N.Y.: Princeton University Press.

Tillich, P. (1952). *The courage to be.* New Haven, CT: Yale University Press.

Tillich, P. (1957). *Systemic Theology.* Vol. 2. Chicago: University of Chicago Press.

Tillich, P. (1959). *Theology of culture.* N.Y.: Oxford Free Press.

Travis, C. (1982). *Anger-The Misunderstood Emotion.* N.Y.: Simon & Schuster.

Triandis, H. C. (1995). *Individualism and Collectivism.* CO: Westview Press.

Whitehead, A. N. (1978). *Process and Reality*. N.Y.: Free Press.
Wolpe, J. (1958). *Psychology By Reciprocal Inhibition*. CA: Stanford University Press.
Wolpe, J., & Lazarus, A. (1966). *Behavior Therapy Technique*. N.Y: Pergamon Press.
Triandis, H., Kagitcibasi, C., Choi, S. C. & Yoon, G. (1994). *Individualism and collectivism: Theory, method, and applications*. CA: Sage.
Tu, Wei-Ming. (1996). *Confucian tradition in East Asian modernity*, Cambridge, MA: Harvard University Press.
Wright, K. & Gudjonson, G. H. (2007). The development of a scale for meaning offence related feelings of shame and guilt. *The Journal of Forensic Psychiatry & Psychology*, 18(3).
Wright, M., Crawford E., & Del Castillow C. (2009). Childhood emotional maltreatment and later psychological distress among college students: The mediating role of maladaptive schemas. *Child Abuse Neglect*, 33.
Whitehead, A. N. (1979). (2nd Ed). *Process and Reality* (Gifford Lectures Delivered in the University of Edinburgh During the Session 1927-28). N.Y.: Free Press.
Yu Dan. (2009). *Confucious from the Heart: Ancient Wisdom for Today's World*, Atria Books.
Zayn, C., & Dibble K. (2007). *Narcissistic Lovers: How to Cope, Recover and Move On*. NJ: New Horizon Press.
김영애 (2024). 사티어 경험주의 가족치료: 이론과 실제, 서울: 김영애가족치료연구소.
김영애 (2023). 아름다운 사람 만들기: 사티어 모델 부모지침서, 서울: 김영애가족치료연구소.
김영애 (2016). 자기성장을 위한 성격심리학, 서울: 시그마프레스.
김영애 (2015). 통합적 사티어 모델: 이론과 실제, 서울: 김영애가족치료연구소.
김영애 (2014). 사티어 모델: 핵심개념과 실제 적용, 서울: 김영애가족치료연구소.
마이클 P. 니콜스 (2015). 가족치료, 김영애 옮김, 서울: 시그마프레스.
버지니아 사티어 (2016). 사티어 모델: 가족치료의 지평을 넘어서, 김영애 옮김, 서울: 김영애가족치료연구소.
마이클 P. 니콜스 (2017). 가족치료: 개념과 방법, 김영애 옮김, 서울: 시그마프레스.
마이클 P. 니콜스 (2019). 가족치료 현장으로의 초대: 만남, 사랑 그리고 가족 이야기, 김영애 옮김, 서울: 시그마프레스.